휴머놀로지

A SCIENTIST'S GUIDE TO OUR AMAZING EXISTENCE :

HUMANOLOGY
휴머놀로지

루크 오닐 지음

김정아 옮김

파우제

들어가며

예술과 과학은 종종 다른 활동으로 비친다. 종사하는 사람이 다르기 때문이다. 예술에 관심 있는 사람들은 손으로 빗어 넘긴 듯한 머리에 무심한 듯 멋진 표정을 짓고, 과학이 예술을 망치기 전인 그 옛날 좋은 시절에는 값비싼 프랑스 담배를 피웠다. 과학밖에 모르는 괴짜들은 뻐드렁니에 두꺼운 안경을 쓰고, 어려운 계산을 뚝딱뚝딱 해내고, 온갖 패거리를 이뤄 서로 무시하기 일쑤다.

그렇지만 더 가까이 들여다보면 예술인과 과학자 모두 실제로는 같은 일을 하고 있다. 왜 어떤 사람은 붓을 집어 들어 종이에 물감을 칠할까? 또 왜 어떤 사람은 인간의 뇌나 면역 체계가 몸 안에서 어떻게 작동하는지를 알아내려 할까? 글쎄, 뭐니 뭐니 해도 재미가 있어서일 게다! 하지만 더 중요한 답이 있다. 이런 시도는 모두 예술과 과학을 하나로 묶는 이 질문에 답하려는 것이다. '인간으로 존재한다는 것은 무슨 뜻일까?'

에르빈 슈뢰딩거Erwin Schrödinger는 이 경계선을 넘나든 사람이다. 1933년에 양자역학으로 노벨 물리학상을 받은 그는 시를 쓰기도 했다. 2차 세계대전이 격렬했던 1943년 2월 어느 추운 밤, 그는 더블린 대학교 트리니티 칼리지에서 '생명이란 무엇인가?'를 주제로 대중 강연을 열어 세상을 더 괜찮은 곳으로 바꿔놓았다. 슈뢰딩거는 그곳에서 무엇을 했을까? 왜 그 특별한 물음을 던졌을까? 슈뢰딩거는 더블린 고등 연구소 교수로 근무했으므로 이 대중 강연에 나설 의무가 있었다. 당시 아일랜드의 수상 에이먼 데 벌레라 Éamon de Valera 가 독립 후 사실상 처음으로 과학 연구에 참여하고자 슈뢰딩거를 살살 구슬려 더블린으로 불러들였다. 슈뢰딩거는 너무나 인간답게도, 생명의 근간이 무엇인지, 인간으로 존재한다는 것이 무엇인지를 궁금하게 여겼다. 그리고 이 주제에 물리학자로서 온 힘을 쏟았다. 슈뢰딩거가 그 대중 강연을 했을 때 우리가 생명에 대해 아는 지식은 참으로 알량했다. 이를테면 그때만 해도 유전자를 만드는 물질인 DNA를 발견하기 전이었다. 알다시피 인간은 지구에 존재하는 모든 생명과 마찬가지로(과학자라면 무릇 마음이 늘 열려 있어야 한다) DNA가 핵심 요소다. 슈뢰딩거의 강연으로 탄생한 책은 엄청난 영향을 미쳤다. DNA의 구조를 공동 발견한 왓슨과 크릭뿐 아니라 많은 과학자에게 곧장 영감을 불어넣어, 생명에 대한 중요하고 과학적인 질문을 받아들이게 했다. 사람들은 DNA 구조의 발견을 20세기 과학이 낳은 가장 큰 진전이라고 여겼다. 생명의 근본 원리 즉 정보를 이중나선 형태로 다음 세대에 전달하는 방식을 설명할 수 있었기 때문이다. 이 발견은 그때에도 입이 다물어지지 않을 만큼 짜릿한 성과였고, 오늘날에도 여전히 그러하다.

75년이 지난 오늘날로 눈길을 돌리면, 우리는 이제 생명이 무엇인지를 어마어마하게 많이 이해한다. 여기에 우리 호모사피엔스의 자기도취를 고려하면, 인간이 어떤 존재인지를 더 깊이 이해할 수 있다. 알고 보면 슈뢰딩거는 끊임없이 솟구칠 로켓을 쏘아 올리도록 도화선에 불을 붙인 셈이다. 우리가 이렇게 많은 것을 이해한다는 사실은, 과학자들이 멈추지 않는 호기심으로 이 모든 엄청난 지식을 발전시키는 데 헌신했다는 증거다.

이 책에서 나는 이 모든 진전에 대해 전하고자 한다. 시작은 생명의 기원이다. (생명은 늦어도 42억 년 전에 기원했다는 쪽으로 의견이 모이고 있다.) 우리 호모사피엔스 종이 어떻게 약 20만 년 전에 아프리카 초원에서 진화했고, 어떻게 지구 곳곳에 살게 되었을까? 우리는 어떻게 짝을 찾고, 정자와 난자는 어떻게 결합할까? 우리를 이성애자나 동성애자로 만드는 것은 무엇일까? 우리는 무엇을 믿고, 왜 믿을까? 우리를 흥미로운 종으로 만드는 것은 무엇일까? (유머와 음악을 향한 사랑이다.) 우리는 왜 잠을 자고, 왜 대략 24시간인 생체 주기를 유지할까? 우리는 질병을 막을 새로운 방법을 찾고자 얼마나 큰 노력을 기울일까? 우리가 초인을 만들 수 있을까? 우리가 만든 엄청난 기계는 무엇일까? 우리는 어떻게 그리고 왜 나이를 먹을까? 우리는 어떻게 죽을까, 과연 죽음에서 벗어날 길은 없을까? 우리는 결국 멸종할까?(유쾌하게도, 피할 수 없는 일이다.) 이 밖에도 우리가 발명한 컴퓨터공학, 로봇공학, 인공지능이 과학의 발견 과정을 얼마나 진전시키고 촉진하는지도 다루려 한다. 이들 분야는 이로운 면도 많지만 우려하는 시선도 많다.

　내 목표는 생명이 무엇인지, 인간으로 존재한다는 의미가 무엇인지 이해하는 데 과학이 얼마나 뛰어난 방법인지를 알리는 것이다. 이러한 이해는, 더 나은 결과를 이루고자 연구하는 인간의 개별 분석과 집단 분석, 행동을 아우르는 진화의 정점이다. 그러니 당신이 예술가이든, 괴짜든, 양쪽에 모두 발을 걸친 사람이든, 당신 안에 깃든 과학자를 받아들이라. 그리고 생명의 기원으로, 나아가 무엇보다도 큰 수수께끼인 인간학humanology으로 향하는 이 흥미로운 여정을 함께 떠나보자.

차례
Contents

1장

생명은 어떻게 시작되었을까?
: 생명 탄생의 과학

WELCOME O LIFE!
HOW LIFE GOT STARTED

어떤 사람들에게 생명이란 히피 같은 두 남녀와 말하는 뱀 한 마리에서 시작되었다. 어떤 사람들에게는 우주를 품은 거대한 알에서였고, 또 어떤 사람들에게는 세상을 뒤흔들어 생명을 불어넣은 무지개 뱀에서 시작되었다. 어쩌면 이 가운데 맞는 이야기가 있을지도 모른다. 실제로 수많은 사람이 창조 신화라는 것을 믿으니까. 하지만 과학성을 지닌 사람이라면 세계에서 가장 오래된 과학 단체, 런던 왕립 학회의 좌우명을 저도 모르게 따르기 마련이다. 1660년에 아이작 뉴턴Issac Newton과 로버트 보일Robert Boyle 등 내로라하는 과학자들이 설립한 이곳의 좌우명은 'Nullius in Verba' 즉 '누구의 말도 그대로 믿지 말라'이다. 달리 말하자면 '증거를 보이지 못하겠거든 입 다물라'는 것이다. 과학계 모임에서는 뒷받침할 자료가 없는 주장을 다들 귓등으로 흘려듣는다. 그렇다면 과학은 우리가 한껏 자기도취에 빠져 던지는 가장 근본적인 물음, 모든 물음의 끝판왕에 무엇이라 답할까? '지구의 생명은 어떻게 생겨났을까?'

이 물음에 답하려면 과학이 문제 해결에 동원하는 모든 분야를 이

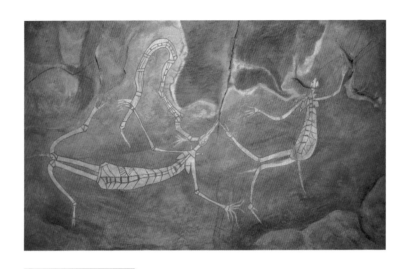

무지개 뱀. 오스트레일리아 일부 원주민의 창조 설화에 등장한다.

용해야 한다. 화학, 생물학, 지질학은 물론이고 천체물리학까지. 아울러 겸손해야 한다. 이 물음은 사악하다 할 만큼 답을 찾기 어려운 문제다. 거대한 수수께끼다. 한창 물이 오른 과학은 여기저기 수수께끼를 푸느라 바쁘다. 사실 아직도 모든 분야마다 과학이 할 일이 어마어마하게 많다. 우리가 여러 분야에서 많은 것을 알아냈다지만, 앞으로 알아내야 할 것이 아직 너무나 많이 남아 있다.

생명이 어떻게 생겨났을까라는 물음과 관련하여, 과학자들은 무생물이, 그러니까 암석과 무기물이 살아 숨 쉬는 유기체를 어떻게 형성했느냐는 수수께끼에 아직 명확한 답을 내놓지 못했다. 도대체 어쩌다 진흙 한 덩이가 살아 숨 쉬는 생명체가 되었을까? 아, 조물주 이야기는 하지 말자. 그건 다른 책이 다룰 일이다. 그래도 엄청난 진전이 있었던 덕분에, 우리는 이제 생명이 어떻게 시작되었고 또 어떻게 우리에 이르렀는지를 꽤 많이 안다.

운석으로 꼼꼼히 추정해보니 지구는 약 45.4(±0.5)억 년 전에 형성되었다. 그리고 첫 생명체로 보이는 증거는 42.8억 년 전에 생성되었다. 그러므로 지구에 생겨난 첫 세포 즉 우리의 가장 중요한 조상과 우리 사이에는 무려 42.8억 년이라는 세월이 흐른다. 42.8억 년이 얼마나 긴 시간인지 잠시 생각해보라. 또 우리가 1년을 어떻게 여기는지 생각해보라. 10년은 우리가 느낄 수 있는 시간이다. 하지만 1,000년이라는 시간이 피부에 와닿는가? 10만 년은 어떠한가? 100만 년은? 42.8억 년이라는 시간을 실감할 수 있겠는가? 그런 시간은 우리가 이해할 수 있는 범위를 훌쩍 넘어선다. 그때 인류가 출현했다면(물론 사실이 아니다.) 지금까지 약 1억 4천만 세대가 흘렀을 것이다. 서기 1,000년부터 지금까지 겨우 34세대가 흘렀을 뿐이니, 42.8억 년이 얼마나 긴 시간인지 가늠할 수 있다. 아마 그래서 우리는 지구가 겨우 6,000살 남짓이라는 견해를 더 편하게 여길 것이다.

아일랜드 출신 성직자 제임스 어셔James Ussher는 지구의 나이를 체계적으로 산출하려 한 첫 인물이라 평가받는다. 1650년에 도서관에 간 그는(그 옛날 사람들은 책을 읽으려고 도서관이라는 곳에 갔다.) 거기서 찾은 성경을 주로 이용해, 천지창조가 기원전 4004년 10월 22일 오후 6시에 시작해 그날 자정에 끝났다고 계산했다. 우리라면 저녁을 먹고 〈왕좌의 게임Game of Thrones〉 마지막 시즌을 몰아 보기에

제임스 어셔(1581~1656). 아일랜드 아마의 대주교이 자 아일랜드의 수석 대주교였다. 성경을 주요 증거로 삼 아, 천지 창조가 기원전 4004년 10월 22일 오후 6시에 일어났다고 밝혔다. 그때치고는 나쁘지 않은 시도였다. 하지만 빗나간 시도였다.

도 넉넉지 않은 시간인데, 기가 막힐 정도로 재빠르기도 했다. 이 지 구 창조 시기는 킹 제임스 성경에 포함되었을뿐더러, 1800년대가 다 끝나가도록 진실로 여겨졌다. 틀림없이 진실만을 담는다고들 믿어온 책을 이용해 학식 높은 사람이 계산한 결과였기 때문이다. 지금이야 웃음이 나올 만큼 터무니없어 보이지만, 이용할 만한 자료가 적었고 또 과학이라는 개념조차 없던 때라는 사실을 고려하면, 당면한 문제 에 대한 체계적인 접근이었고 1650년치고는 뛰어난 시도였다.

그러다 드디어 처음으로 지구 나이가 6,000살보다 많다는 견해 가 제기되었다. 말할 것도 없이 사람들은 혼란과 불안에 빠졌다. 1899년, 지구 연대 추정을 개척한 아일랜드 물리학자 존 졸리^{John Joly} 가 바닷물의 염도를 근거로 지구 나이를 계산했다. 그는 암석에 있던 소금이 빗물에 일정량씩 녹아 바다로 흘러들었으리라 가정하고서,

지구 나이를 0.8~1억 년으로 추정했다. 이 시도도 나름 타당했다. 물론 몇몇 집단은 소스라치게 놀랐을 것이다. 오늘날에는 마침내 방사성연대 측정법이라는 기술을 이용해 지구의 형성 연대를 45.67억 년 전으로 추정한다. 방사성연대 측정법은 우라늄을 함유한 광물에서 납, 칼슘, 알루미늄 같은 원소의 방사성이 얼마나 붕괴했느냐를 측정한다. 방사성이 일정 비율로 붕괴한다고 알려졌으므로, 이런 원소들의 붕괴율에 따라 암석의 연대를 추정할 수 있다. 따라서 우리가 비록 그 세월을 실감하지는 못하지만, 지구가 45.67억 년 전에 형성되었다고 자신 있게 말할 수 있다.

그 시기에 형성된 암석으로 보건대 당시 지구 대기에는 사이안화수소 같은 독성 화학물질이 가득했다. 이렇게 혹독하기 짝이 없는 곳이라 어떤 생명체도 존재할 수 없었다. 생명체가 있었다고 동의할 만한 첫 증거는 그 뒤로 몇 억 년이 더 흐르고야 나타났다. 그 몇 억 년 동안 지구에는 살아 숨 쉬는 것이 없었다. 부글부글 끓는 거대한 가마솥 같은 곳에서 갖가지 화학물질이 제멋대로 형성되었다가 사라지거나 서로 화학반응을 일으켰을 뿐이다. 그러다, 어찌 된 일인지 몰라도, 제멋대로 반응하던 온갖 화학물질이 뜨거운 물을 내뿜는 해저 구멍에서 나왔을 열에너지에 힘입어 첫 생명체가 되었다. 하지만 지금까지 관찰된 증거는 실제 생명체가 아니라 생명체가 지나간 흔적으로 보이는, 관처럼 생긴 구조들이다. 과학자들은 42.8억 년 전에 형성된 캐나다 퀘벡의 암석에서 발견한 이 증거가 생명체의 존재를 충분히 증명한다고 믿는다. 당시 지구는 온갖 화학물질과 기체가 가득

한 거대한 시험관 같았고, 바다 밑바닥에서 나오는 열이 분젠 버너처럼 시험관을 달궜다. 게다가 번개가 치면서 전기불꽃도 튀었다. 지구가 내뿜는 전기불꽃과 열이 에너지를 제공해 '시험관'에 든 물이 끓어올랐고, 그 덕분에 화학물질들이 서로 부닺혀 반응을 일으켰다.

번개가 끝없이 내리친 덕분에 기후가 열악한데도 실제로 생명이 생겨났고, 우리는 드디어 처음으로 세포가 되었다. 그런데 첫 세포는 정말 캐나다 출신이었을까? 이 문제는 아직 깔끔하게 결론이 나지 않았다. 오스트레일리아 서부의 암석에서 발견한 흔적을 생명체가 남긴 가장 오래된 증거로 봐야 한다는 주장이 맞서고 있기 때문이다. 이 흔적은 연대가 캐나다 것보다 더 최근인 41억 년 전으로 추정되고, 조사에 참여한 과학자 중 한 명인 마크 해리슨Mark Harrison에 따르면 "생체 활동을 한 생명체가 남긴 끈적끈적한 유해" 형태다. 하나부터 열까지 모두 연구가 진행 중인 이 분야는 과학 연구를 진행하는 절차를 고스란히 보여준다. 즉 증거를 제시하고, 평가한 다음, 결론에 이른다. 아무튼 앞으로 결과가 어떻게 나오더라도, 첫 세포는 미국 출신이 아니리(어찌나 다행인지.) 캐나다 출신이거나(캐나다인들이 무척이나 반가워할 것이다.) 아니면 오스트레일리아 출신일 확률이 높다.

그것이 무엇이었든, 첫 세포는 상황을 완전히 바꿔놓았다. 과거로 날아가 이 세포를 살펴보려면 현미경을 들고 가야 한다. 이 세포가 실상은 오늘날 우리가 박테리아라 부르는 단세포생물이기 때문이다. 우리 인간은 서로 유기적으로 맞물려 활동하는 여러 다양한 세포로 구성되니, 박테리아는 우리와 아주 딴판이다. 따라서 현미경으로 박테리아를 들여다보면 인간의 세포를 볼 때와 사뭇 달라서, 정말이지 따분할 만큼 단순하기 짝이 없다. 하지만 40억 년 전에는 단순하기 짝이 없는 구조가 적합했다. 박테리아는 영양분을 쏙쏙 빨아들인 뒤 분열하여 새끼 박테리아를 만들면서 번성했다. 지구 최초의 세포. 이것이 우리의 시작이었다. 나팔을 쩌렁쩌렁 울려야 마땅한 순간이었다. 셰익스피어 William Shakespeare 가 희곡《헨리 4세 Henry IV》에서 웨일스의 마법사 오언 글렌다우어의 탄생을 묘사한 모습처럼 "하늘이 온통 불길에 싸인 별똥별과 혜성으로 뒤덮였다. … 두려움에 질린 땅이 겁쟁이처럼 등줄기를 벌벌 떨었다. … 염소들이 산에서 냅다 달아났다." 아, 사실 염소가 산에서 달아나는 일은 없었다. 첫 세포가 생겨났을 때는 염소가(그리고 아마 산도) 생겨나지도 않았다.

모든 생명체가 세포로 구성되므로, 우리는 세포를 생명의 기본단위라 정의한다. 하지만 달리 정의하자면, 세포는 자신을 복제할 화학물질을 담은 주머니이기도 하다. 따라서 '지구의 생명은 어떻게 생겨났을까'라는 물음은 이제 이렇게 바뀐다. '첫 세포는 어떻게 생겨났을까?' 첫 세포가 생겨나려면 현미경으로 들여다봐야 할 만큼 작은 주머니가 형성되어야 했고, 그 주머니 안에 자가 복제로 더 많은 주머니를 만들 수 있는 분자가 있어야 했다. 그렇다면 첫 주머니는 어떻게 지구에 생겨났을까?

이 물음의 답은 아직 확실하지 않다. 하지만 우리가 알기로는 틀림없이 답이 화학 영역에 있고 물리법칙을 따른다. 우리에게 생명 활동을 불어넣은 것이 화학작용과 물리현상이기 때문이다. 틀림없이 당시 사방에 존재하던 화학물질이 서로 반응해 더 복잡한 화학물질을 형성했고, 복잡한 화학물질들이 잇달아 반응을 일으키다 마침내 첫 세포를 형성했을 것이다. 결국 첫 세포는 어떤 주머니에 든 여러 생화학물질로 형성되었다. 아마 주머니 자체는 일찌감치 형성되었을 것이다. 화학물질들이 주머니 안에 농축되었다가 서로 반응하려면 먼저 주머니가 있어야 했을 테니까. 오늘날 우리 세포를 형성하는 주머니가 지질이라는 지방 분자로 만들어졌듯이, 당시 세포 주머니도 틀림없이 물에 녹지 않는 분자로 만들어졌을 것이다.

화학반응이 일어나려면 화학물질들이 근접해야 한다. 달리 말해, 화학물질들이 서로 자연스럽게 반응해 결합함으로써 화합물을 형성해야 하므로, 각 화학물질이 일정한 농도에 이르고 다른 화학물질과 가까이 있어야 한다. 서로 가까이 다가간 화학물질은 대개 촉매의 도움을 받아 반응하여 새로운 화학물질을 형성한다. 첫 세포에서는 이 작용이 자가 복제가 가능한 화학물질을 생성한다는 뜻이었을 것이다. 앞으로 보듯이 DNA가 하는 일이 바로 이런 자가 복제다. 자가 복제가 일어난 뒤에는 새로 형성된 화학물질이 자신만의 지질 주머니 안에 들어갈 터이므로, 이제 세포 주머니는 자신을 복제한 첫 주머니와 복제된 주머니, 총 두 개다. 자, 드디어 출발이다. 생명의 출발. 각 주머니가 계속 분열해 새로운 주머니를 만들면서 생명이 시작한다. 그러므로 생명을 달리 정의하면, '자신을 빼닮은 화학물질 주머니를 새로 만들 줄 아는 화학물질 주머니'다. 아니면 제임스 브라운 James Brown 의 노래 제목처럼 '멋진 변화를 만들어낼 줄 아는 아빠 그런데 생명체는 무엇으로 만들어질까? 이 물음에 더 자세히 답하려면 생체 화학물질을 조금은 알아야 한다. 이 물음은 근대 들어 생물학이 생겨나면서 간단히 답할 수 있었다. 생물학자들이 생명체의 세포와 조직을 쪼갠 뒤 화학분석을 실행해, 생명체가 어떤 물질로 만들어졌는지를 알아냈기 때문이다. 생명체의 시작은 아주 단순하다. 모든 생명체는 크게 네 가지 화학물질로 구성된다. 네 물질이 서로 협력하고 의지하므로 어느 것 하나 빠짐없이 중요하지만, 그래도 우리는 대체로 핵산에서 출발한다. 핵산은 생명 정보를 전달하는 분자다. 그 가운데에서도 DNA(데옥시리보 핵산)는 세포를 만들 화학 성분의 조합을 알려주는 제조법이다. DNA는 복제될 수 있고, 세포에 단백질을 만드는 법을 알려줄 정보를 담고 있다.

두 번째로 중요한 생체분자는 단백질이다. 매우 복잡한 화학물질인 단백질은 궂은일을 도맡는 졸병이다. 음식물에서 에너지를 뽑아내고, 생체의 화학반응을 촉진하고, DNA에 든 정보를 복제해 다른 세포를 만든다. 그러니까 생명이 서류를 복사할 줄 아는 복사기(DNA) 덕분에 시작했다고 한다면, 이 과정을 도울 사무원으로서 단백질이 생긴 셈이다.

세 번째로 중요한 물질은 탄수화물이다. 포도당은 전형적인 탄수화물이다. 우리는 모든 인체 기관을 작동시키는 데 필수인 에너지를 탄수화물을 태워 얻는다. 또 관절을 유지하는 콜라겐 같은 구조에도 탄수화물이 쓰인다. 다시 사무실을 예로 들자면, 탄수화물은 사무원이 먹을 점심이다.

마지막으로 중요한 물질은 지질로 알려진 지방이다. 알고 보니 지방은 생명에 절대 없어서는 안 될 요소였다. 지질은 물에 녹지 않으므로, 세포의 모든 것을 담는 자그마한 주머니 즉 막을 형성한다. 이런 막이 없다면 모든 것이 희석되어 아무런 반응도 일어나지 않을 것이다. 이 막이 복사기가 있는 사무실의 테두리를 정한다. 사무원은 사방을 돌아다니는 대신 사무실로 들어가므로, 효율이 훨씬 더 올라간다. 그러므로 생명을 우리 나름대로 정의하자면, 자가 복제가 가능한 복잡한 화학물질이 가득 찬 주머니다. 아니면 복사기가 든 사무실이거나.

생명을 복제하는 복사기는 늦어도 35.67억 년 전부터 작동했고, 쉼 없이 작동한 끝에 우리에 이르렀다. 그러니 우리는 역사가 무려 35.67억 년 전으로 거슬러 올라가는 아주 오래된 DNA 가닥이다. 따라서 우리가 생명에 유일하게 부여할 수 있는 타당한 목적은 DNA 복제다. 세포는 DNA 복제가 벌어지는 그릇이고, 우리가 지구에서 보는 생명체는 모두 하나같이 지금도 DNA를 복제하고 있다. 그러므로 이 정의에 따르면 우리 인간은 그리 대단한 존재가 아니다. 우리는 지구에 존재하는 전체 DNA 중 기껏해야 아주 조금만을 보유할 뿐이다. 어디 그뿐인가? 모든 지구 생명체는 처음으로 자신의 DNA를 복제한 캐나다 출신(또는 오스트레일리아 출신) 세포 하나에서 비롯한 후손들이다. 최근 어느 연구에서 생물체의 탄소량을 이용해 생물량을 추정했더니, 인간은 겨우 0.01%를 차지할 뿐이었다. 생물량

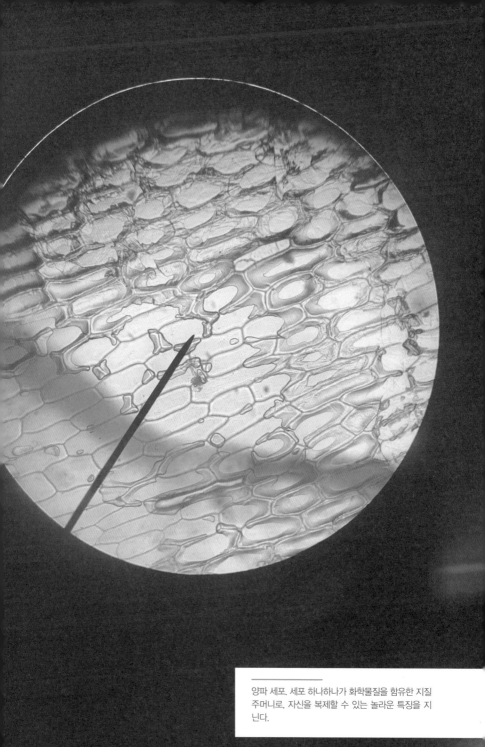

양파 세포. 세포 하나하나가 화학물질을 함유한 지질 주머니로, 자신을 복제할 수 있는 놀라운 특징을 지닌다.

의 대부분은 식물이 차지했고, 그다음으로 두드러지는 집단은 박테리아였다. 둘 다 장소를 가리지 않고 어디에서나 대규모로 존재하는 생물들이다. 그러므로 처음 생겨난 세포가 뒤이어 나타난 모든 후손 세포에 "나아가 번식하라"라고 말했다면, 즉 "네 DNA를 계속 복제하라"라고 말했다면, 우리는 아주 작은 기여를 하고 있을 뿐이다. 게다가 우리 인간은 야생 포유류의 83%와 식물의 절반을 파괴했다. 그러니 인간이 최고인 양 으스댈 일이 아니다. 더구나 우리가 몸속에 갖가지 박테리아 형태로 다른 유기체를 수없이 품고 있다는 사실을 고려하면 두말할 나위가 없다.

첫 세포가 어떻게 생겨났느냐는 물음을 설명하려 할 때 마주치는 첫 문제는 핵산, 단백질, 탄수화물, 지방이 하나같이 외부 환경에 매우 취약하다는 것이다. 이 화학물질들은 산, 열, 심지어 산소도 좋아하지 않는다. 산소마저 좋아하지 않는다니 놀랍지 않은가? 흔히들 산소가 생명에 필수라고 생각하잖은가. 우리에게는 맞는 말이다. 우리는 산소를 이용해 음식에서 에너지를 뽑아낸다. 하지만 산소는 독성이 매우 강한 물질이기도 하다. 따라서 세포는 산소를 이용할 방법을 찾아내야 했다. 열 문제는 주성분이 단백질인 달걀을 삶을 때 어떤 일이 벌어지는지를 떠올려보라. 따라서 이 화학물질들이 생성되려면 조건이 한 치도 어긋나지 않게 딱딱 맞아떨어져야 했다. 너무 뜨거워도, 너무 차가워도 안 되었다. 그러니 생명 탄생은 골디락스 이야기[*]와 같았다. 다만 여기에서는 수프가 아니라 핵산, 단백질, 탄수화물, 지방을 이야기하는 것이 다를 뿐이다.

35.67억 년 만에 인간이 이 골디락스 세계를 재현할 첫 실험을 실행했다. 1950년대 초, 두 과학자 스탠리 밀러^{Stanley Miller}와 해럴드 유리^{Harold Urey}가 그때까지 파악한 원시 지구 상황을 바탕으로 물을 담은 유리 기구를 이용해 실험 장치를 설치했다. 장치 안의 공기는 원시 지구의 대기에 존재했을 단순한 화학물질 곧 암모니아, 메탄, 수소로 채웠다. 번개가 치는 상황은 전극으로 불꽃을 일으켜 재현했다. 유리 용기 아래쪽에서는 해저 구멍이 내뿜은 열을 대신해 불꽃으로 열을 가했다. 또 생성된 수증기가 실험 장치 안에서 계속 순환하여 냉각기를 거친 뒤 물방울이 맺히게 함으로써, 모든 물질이 틀림없이 순환하는지 확인했다. 두 사람의 실험실은 틀림없이 프랑켄슈타인 박사의 실험실처럼 번개가 번쩍번쩍 내리치고 액체가 부글부글 끓어올랐을 것이다. 밀러와 유리는 이런 상황이 며칠 동안 이어지도록 놔뒀다. 그러던 어느 날 아침 실험실에 들어섰더니, 놀랍게도 용기 안에 자그마한 합성물이 모습을 드러냈다. 드디어 생명이 형성되었다! 음, 사실 생명은 아니었다. 하지만 두 사람이 발견한 합성물은 생명

_* 《골디락스와 곰 세 마리_{Goldilocks and the Three Bears}》. 골디락스라는 소녀가 곰 세 마리가 사는 오두막에 들어갔다가 뜨거운 수프, 차가운 수프, 알맞게 따뜻한 수프 중에 따뜻한 스프를 기분 좋게 먹는다는 이야기. 경제성장률이 높으면서도 물가가 상승하지 않는 이상적인 경제 상황을 설명하는 용어로 많이 쓴다.

만큼이나 놀라웠다.

표본을 추출해 확인해보니, 아미노산 즉 단백질의 구성 요소가 들어 있었다. 그러니 겉보기에는 원시 지구의 화학 조건에서 생명이 탄생할 가망이 없었지만, 실제로는 생명을 구성하는 유기물을 만들 능력이 있었다. 밀러-유리 실험Miller-Urey experiment이라고도 하는 이 실험은 곧 유명해졌고, 1953년에는 논문으로 발표되었다. 같은 해에 제임스 왓슨James Watson과 프랜시스 크릭Francis Crick이 DNA가 이중나선 구조라는 더 유명한 발표도 내놓았으니, 1953년은 생명을 설명하는 데 기적이 일어난 해라 할 수 있다. 밀러-유리 실험은 물에 용해되는 단순한 기체와 악천후를 뜨거운 물웅덩이에 적용하면 적어도 생체분자 하나는 만들 수 있다는 원리를 확립했다. 그 뒤로 화학물질 조합을 달리한 실험이 이어지면서, 이 실험의 의미가 훨씬 더 깊어졌다.

생명에 중요한 또 다른 정보 분자는 RNA(리보핵산)라는 것이다. 이 RNA가 DNA보다 먼저 나타났으리라는 증거가 있다. RNA가 DNA처럼 정보를 지니면서도, 모든 과정을 돕는 효소처럼 행동하기 때문이다.(그 자체가 복사기이기도 한 로봇 사무원을 떠올리면 된다.) 한 연구진이 밀러와 유리가 실행한 것과 비슷한 실험을 마련했다. 하지만 이번에는 사이안화수소, 황화수소, 자외선만을 이용했다. 정말 그뿐이었다. 원시 대기에 있던 가스 두 종류와 풍부했다는 말로는 모자라는 햇빛. 그리고 이 세 가지만으로도 충분했다. 연구진은 RNA 분자의 구성 요소가 합성되는 것을 확인했다. 게다가 더 큰 진전이 있었다. 이 실험 조건에서 단백질의 전구물질도 만들어졌기 때문이다.

Miller-Urey experiment
1953

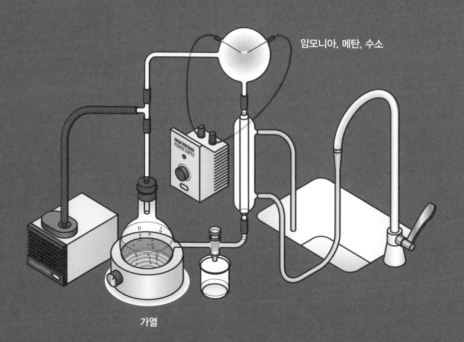

암모니아, 메탄, 수소

가열

생명의 기원. 밀러와 유리는 실험실에서 원시 지구의 상황을 재현했다. 기체와 물을 열 및 전류(악천후)에 간단히 결합함으로써 생명의 핵심 구성 요소인 아미노산이 생겨나게 했다.

그리고 진전을 거듭한 끝에, 연구진은 지질 즉 세포를 만들 막을 형성하는 지방의 구성 요소도 확인했다.

이 결과로 보건대, 화학반응이 딱 한 번만 일어났어도 생명의 구성 요소 대부분이 한꺼번에 생겨날 수 있었다. 따라서 이제는 날씨가 맑디맑아도, 기체가 두어 가지밖에 없어도, 생명을 구성하는 많은 기본 단위가 함께 나타난다는 사실이 밝혀졌다. 드디어 어머니 지구께서 밀가루와 설탕과 달걀, 그러니까 생명을 구울 기본 재료를 만드셨다. 사이안화수소는 특히 중요했을 것이다. 증거로 보건대 사이안화수소가 수백만 년 동안 지구에 비처럼 쏟아져 내렸기 때문이다. 그러므로 이제 이렇게 생각할 수 있다. 지구 환경이 수백만 년에 걸쳐 세포의 구성 요소를 생성했고, 이어서 그 요소들이 스스로 결합해 첫 세포를 형성했다. 이 세포가 DNA를 복제하면, 이제 첫 세포의 첫 자손이 생긴다. 따라서 마침내 우리로 이어지는 첫 생명이 시작한다.

이 세포는 이름도 있다. 그 이름은 루카LUCA, 모든 지구 생명체의 공통 조상Last Universal Common Ancestor라는 뜻이다. 이탈리아 냄새가 물씬 나는 이름이지만, 안타깝게도 루카는 이탈리아 출신이 아니다.(혹시 이탈리아의 암석에서 루카를 발견하고, 그 암석이 캐나다 암석보다 연대가 앞선다면 또 모르겠다.) 우리는 세계 곳곳에 최초 조상 루카를 찬양하는 조각상을 세워야 한다. 루카와 루카에서 비롯한 세포는 모두 독신 즉 단세포였다. 이들은 다른 세포와 결합하지 않은 채 홀로 행복하게 살았다. 오늘날에도 박테리아에서 그런 모습을 볼 수 있다. 박테리아는 가끔 군집을 이루기도 하고 서로 엉겨 붙어 덩어리를 이루기도 하지만, 군집을 이루는 각 세포는 전문 분야로 분화하지 않은 채 모두 동일하다.

이 세포들이 인간으로 나아가는 다음 큰 진전은 전문 분야를 드러내는 세포들로 군집을 형성하는 유기체가 되는 것이다. 이것이 우리를 형성하는 유기체 즉 세포마다 특별한 역할이 있는 다세포다. 우리 몸을 보면 뇌에는 뉴런이라는 세포가 있고, 혈관에는 감염에 맞서 싸우는 대식세포가 있고, 간에는 알코올을 해독하는 간세포가 있다. 그뿐 아니라 이 모든 세포가 정자와 난자가 수정할 때 만들어진 세포, 그래서 우리 몸의 모든 세포를 만드는 데 필요한 모든 정보를 보유한 세포에서 비롯한다. 그렇다면 우리는 어떻게 단세포 생명체에서 복잡한 다세포 생명체가 되었을까?

이번에도 답은 과학이 쥐고 있다. 그런데 그런 변화를 지켜보려면 아주 끈기 있게 기다려야 한다. 지구에 복잡한 다세포생물체, 그러니까 현미경 없이도 볼 수 있는 생물체가 나타나기까지 무려 25억 년이 걸렸기 때문이다. 달리 말해, 첫 세포가 생기기까지 걸린 시간보다 첫 세포가 다세포가 되기까지 걸린 시간이 훨씬 길었다. 이렇게 된 이유는 다세포라는 존재가 생겨날 확률이 워낙 낮아서였던 듯하다. 루카가 생겨나게 한 화학반응이 일어날 확률은 원숭이가 셰익스피어의 글을 쓸 확률과 비슷하다.(이를 무한 원숭이 정리 infinite monkey theorem라고 한다.) 이론상으로는 한 방에 원숭이를 엄청나게 많이 집어넣고 타자기를 한 대씩 준 뒤 기다리면, 언젠가는 마침내 어느 원숭이가 셰익스피어의 글을 쓸 수 있다. 첫 세포가 생겨나는 데 필요했던 마구잡이 화학반응도 이런 일로 보인다. 그러니 다세포 생명체가 생겨났을 때는 정말로 무언가 특이하기 짝이 없는 일이 벌어졌다. 즉 한 박테리아가 다른 박테리아 안으로 들어가 거기에 머물렀다. 두 박테리아는 서로 이익인 동맹체를 형성했다. 그리고 숙주 박테리아가 분열할 때 공생한 박테리아도 분열했다. 한 세포가 다른 세포 안으로endo 들어가면서 일어나는 공생symbiosis 관계이므로, 이를 '세포내공생endosymbiosis'이라고 한다. 그런데 이런 일은 실패할 확률이 높다. 다른 세포 안으로 들어간 세포가 잡아먹히기 십상이기 때문이다.

알고 보니 세포내공생이 가능했던 원인은 산소였다. 박테리아는 벌써 35억 년 전에 햇볕에서 에너지를 흡수하는 법을 진화시켰었다. 그리고 이런 박테리아가 약 30억 년 전에 첫 식물이 되었다. 이 자체로도 경이로운 성취였다. 지구의 화학물질에만 의존해 에너지를 얻던 때와 달리, 지구 생명체가 곧장 우주와 연결하여 햇빛을 이용할 수 있다는 뜻이었기 때문이다. 식물은 햇빛을 이용해 당분도 만들었다. 그리고 당분을 저장했다가 나중에 태워 에너지로 썼다. 그러므로 이때 생명은 이미 배터리를 만들 길을 찾아냈다. 필요할 때 태워 쓰도록 에너지를 당분 형태로 저장하는 길을. 이때 부산물로 생겨난 것이 산소였다. 산소는 워낙 독성이 강해 접촉하는 분자를 산화시키므로, 그냥 두면 지구를 말 그대로 녹투성이로 만들 수 있었다.

그런데 만약 산소를 이용해 음식을 소화할 때 더 많은 에너지를 얻을 수 있다면 어떻게 해야 할까? 바로 그런 일을 할 줄 아는 세포가 나타났다. 그리고 이렇게 영리한 생화학작용을 일으킬 줄 알았던 어느 세포가 그런 일을 할 줄 몰랐던 다른 세포 안으로 들어가 동맹을 맺었다. 기생 세포가 포도당을 태울 때 산소를 이용했으므로, 새로운 숙주세포는 산소 농도가 낮은 환경을 만들 길을 얻었다. 이 과정에서 기생 세포는 에너지를 얻었고, 그사이 숙주세포는 안전한 피난처와 영양분을 제공했다. 마치 우리가 세포의 예로 들었던 복사실 안에 전체 공장이 쓸 발전기가 떡하니 들어와 풍부한 동력원을 제공한 셈이다. 이에 따라 크나큰 성공을 거두는 결합이 생겨난다.

이 결합이 성공했다는 것을 아는 까닭은 이 무렵부터 이렇게 결합한 종이 엄청나게 많이 진화하기 때문이다. 이런 세포를 진핵세포라 부르고, 진핵세포 안에 들어간 세포를 미토콘드리아라 부른다. 이때부터 세포 분화가 진화한다. 즉 한곳에 서식하는 다른 세포가 저마다 다른 역할을 발전시킨다. 이를테면 어떤 세포는 먹이를 흡수하고, 어떤 세포는 먹이를 소화한다. 실제로 이런 분업에 힘입어 생체 효율이 크게 올라가므로, 생물이 더 오래 생존하고 한층 더 진화한다. 이 상황도 사무실 및 공장에 빗대자면, 이제는 여러 부서가 존재하고 부서마다 복사실(핵)이 따로 있다. 복사실에는 새 부서를 만들 지시서가 있고(신규 부서는 세포가 분열할 때 만들어진다.) 부서마다 기능이 다르다. 이를테면 어떤 부서는 포장 업무를 맡고 어떤 업무는 상품 수납을 맡는 식이다. 진화는 그 뒤로도 계속 효과를 발휘한다.

여기서 유념할 것이 있다. 진화는 마구잡이로 일어나는 일이다. DNA가 복제될 때마다 언제나 자잘한 오류가 일어나 조금씩 다른 세포가 생기는 과정에서 일어나는 사건이다. 이때 주변 환경에 더 적합한 세포가 살아남는다. 다윈주의의 용어를 빌리자면 적자생존 survival of the fittest 이다. 사실 이 용어는 허버트 스펜서 Herbert Spencer 가 찰스 다윈 Charles Darwin 의 책《종의 기원 On the Origin of Species》을 읽은 뒤 만든 것이다. 이런 방식으로 다양한 종이 형성되기 시작하면서, 지구에 생물들이 꽤 빠르고 풍부하게 출현한다. 겨우 5억 4,100만 년 전 어느 놀라운 시기에는 달랑 2,000~2,500만 년에 걸쳐 지구에 다양한 동물이 한꺼번에 출현했다. 지질 연대에서 캄브리아기에 속하는 시기에 일어난 일이므로, 이를 캄브리아기 대폭발 Cambrian explosion 이라고 한다.

이 모든 과정은 루카가 어떻게 우리에 이르렀느냐가 에너지와 관련한다는 뜻이다. 발전기는 안간힘을 다해 복사실 안으로 들어갔다. 그리고 산소를 이용해 먹이를 태울 수 있는 능력에 힘입어 많은 에너지를 흡수했다. 닉 레인 Nick Lane 이《바이털 퀘스천 The Vital Question》에서 말했듯이, "진화를 이끈 것은 DNA와 결합한 활기찬 에너지다." 우리 인간을 포함해 복잡한 다세포 생명체가 진화하려면 에너지를 효율적으로 생산해야 했다.

다세포생물은 에너지가 많이 필요했을 것이다. 유기체 안의 모든 세포 활동을 조율하려면 세포와 연락을 주고받아야 하고, 이런 신호가 대다수 유기체에서는 뉴런 즉 신경세포를 타고 오간다. 이 뉴런이 에너지를 굉장히 많이 사용한다. 그런 에너지를 산소가 나타나면서 발생한 세포내공생이 제공했다. 이 모든 요인을 고려하면 생명의 고갱이를 우리 인간에게 맞게 정의할 수 있다. 지금 여기 우리가 존재할 수 있는 까닭은 DNA 복제와 산소를 활용한 에너지 생산 덕분이다. 이 모든 일이 초기 지구에서 마구잡이로 일어난 화학반응 때문에 첫 세포가 생겨나고, 이어서 산소를 이용해 먹이를 소화할 줄 아는 어느 세포가 그런 능력이 없는 세포와 우연히 부딪힌 덕분에 일어났다. 두 세포의 동맹 덕분에 에너지를 매우 효율적으로 생산하고 활용할 수 있었고, 동맹으로 태어난 이 새로운 진핵생물이 산소를 태워 얻은 에너지 덕분에 계속 진화해 다세포 유기체를 형성했다. 이 다세포 유기체가 진화하고 번성해 마침내 우리 인간이 생겨났다.

이 모든 과정을 묘사하는 유명한 방법은 지구 역사를 24시간으로 설명하는 것이다. 이 모든 일이 하루 만에 일어났다고 치면, 우리는 자정이 되기 17초 전에야 나타났다. 히피 같은 두 남녀와 말하는 뱀 한 마리와는 사뭇 다른 이야기다. 하지만 이 이야기를 뒷받침하는 과학이 워낙 탄탄하므로, 지구에 생명이 어떻게 생겨나 어떻게 우리에 이르렀느냐는 물음에 이 설명이 가장 적합하다고 널리 받아들인다.

이 모든 연구 결과를 보고서, 과학자들은 두 가지 중요한 물음을 떠올린다. 첫째, 다른 행성에도 생명이 존재할까 아니면 우주에서 유일하게 지구에만 생명이 존재할까? 다른 행성에도 생명이 존재할 가능성은 갈수록 커지고 있다. 67P/추류모프-게라시멘코 67P/Churyumov-Gerasimenko 혜성을 둘러싼 대기에서 유기 분자의 전구물질과 인(DNA와 세포막의 핵심 성분이다.)뿐 아니라, 아미노산의 한 종류인 글리신을 찾아냈다. 지금도 생명체가 살기에 적합한 골디락스 지대 Goldilocks zone 에 있는 행성들이 발견되고 있다. 마지막으로 계산했을 때 우리

은하에서만도 크기가 알맞고 해당 태양계에서 태양과 적절한 거리를 유지해 생명을 만드는 화학반응이 일어날 만한 행성이 400억 개였다. 무려 400억 개. 이 정도면 셰익스피어의 글을 쓰는 원숭이를 기대해볼 만도 하다.

그러니 이제 은하계 어딘가에 우리 말고도 생명이 존재하는 것이 거의 틀림없다. 생명이 존재하거나 존재했을 후보지로 최근 떠오른 곳은 토성 주위를 도는 위성 엔켈라두스다. 미국 항공 우주국^{NASA}과 유럽 우주국^{ESA}의 공동 탐사 활동 과정에서 무인 탐사선 카시니^{Cassini} 호가 엔켈라두스 가까이 접근했다. 1997년에 지구를 떠난 카시니 호는 오랜 항해 끝에 2004년 7월 1일, 지구에서 12.72억 킬로미터 떨어진 엔켈라두스에 접근했다. 그야말로 엄청난 성과였다. 지구에서 엔켈라두스까지는 까마득히 먼 거리라, 어느 날 밤 차에 올라 시속 50킬로미터로 달린다면 거의 3천 년 뒤에야 도착할 것이다. 아무래도 커피와 샌드위치를 두둑이 챙겨서 떠나는 것이 좋겠다. 카시니 호는 엔켈라두스까지 최대한 빨리 날아가고자, 행성 주위를 돌며 행성의 중력을 이용해 튕겨 나가듯 가속을 얻는 슬링샷^{slingshot} 항법을 금성에서 두 번, 지구에서 한 번, 목성에서 한 번씩 총 네 번 이용했다.

천문학자들은 카시니가 보내온 영상에서 엔켈라두스를 뒤덮은 얼음을 뚫고 수증기가 분출하는 모습을 보았다. 당연히 그 안에 무엇이 들어 있을지가 궁금했다. 카시니가 조사에 나선 결과, 놀랍게도 자유 수소를 찾아냈다. 자유 수소는 엄청난 에너지원이다. 식물이 광합성을 할 때 햇빛을 받아 만드는 에너지가 바로 수소다. 미토콘드리아가 모든 세포가 사용하는 에너지 화폐 즉 ATP 분자를 만들 때 쓰는 에너지가 바로 수소다. 이 발견은 엄청난 흥분을 불러일으켰다. 자유 수소가 있으니 생명의 구성 요소를 만들 수 있을뿐더러, 자유에너지가 생겨 모든 상황을 진전시킬 것이기 때문이었다. 자유 수소는 설탕과 밀가루와 달걀을 합쳐 케이크 즉 에너지를 만들게 할 잃어버린 조각이었다. 오븐이 생명을 굽도록 할 열기였다.

따라서 과학자들은 생명 창조가 지구 말고도 다른 곳에서 적어도 한 번은 더 펼쳐졌으리라고 어느 때보다 확신한다. 여기에서도 다시 한 번 우리 인간이 유달리 특별한 존재가 아니라는 사실이 드러난다. 우리는 태양계나 우주의 중심이 아니다. 게다가 우리가 무생물이 아닌 살아 있는 존재라 해서 더 특별할 것도 없다. 우리가 앞으로 지능을 가진 생명체를 발견할지는 모를 일이다. 하지만 과학자들은 세포내공생이 일어날 환경이 곳곳에 존재한다면, 우리처럼 복잡한 생명체로 진화할(앞으로 무슨 일이 일어날지 누가 알겠는가?) 다른 생명체를 발견하리라 확신한다.

과학자들이 떠올린 두 번째 물음은 '다음에는 무슨 일이 일어날까?'였다. 지구에 모습을 드러낸 뒤로 쭉 그랬듯, 생명은 앞으로도 계속 진화할 것이다. 그러니까 내 말은, 우리가 지구 생명체를 모조리 멸종시키지 않는다면 말이다. 안타깝게도 이런 사태가 벌어질 확률은 생각보다 높다. 하지만 우리가 지구온난화나 다른 재앙을 일으켜 지구를 망가뜨리더라도, 어떤 생명은 살아남아 계속 진화할 것이다. 모든 생명이 멸종하려면, 우주에서 무슨 일이 벌어져 지구가 커다란

엔켈라두스. 토성의 위성 중 하나다. 여기에서도 생명 창조가 일어났을까?

소행성과 충돌하거나 감마선 폭발*에 노출되는 사건이 일어나야 할 것이다. 하지만 그때도 어느 외지고 구석진 곳에 사는 생명이 살아남을지 모를 일이다. 이때 만약 특정 형질에 유리한 선택 압력을 명확하게 받는다면, 우리는 한층 더 진화할 것이다. 설사 지구 생명체가 첫 세포로 처음 모습을 드러낸 뒤로 지금까지 온갖 몸부림을 친 끝에 끝내 멸종하더라도, 어느 머나먼 은하계의 다른 행성에서는 생명이 계속 이어질 것이다.

누가 뭐래도 생명이란 몇 번이고 되풀이해 자신을 복제할 수 있는 화학물질 주머니일 뿐이잖은가. 설사 지구에서야 존재하지 못하더라도 다른 곳에서까지 존재하지 못할 이유가 있을까?

---

* 은하계의 거대 천체가 붕괴하거나 중성자별이 합쳐질 때 일어나는 에너지 폭발 때문에 감마선 섬광을 내뿜는 현상. 방사선 피폭과 오존층 파괴로 대멸종을 일으킬 수 있다.

2장

우리 인간은 어떻게 이렇게 똑똑해졌을까?
: 인류 진화의 과학

HOW WE GOT TO BE SO SMART
AND WHY SEX WITH A CAVEMAN WAS A GOOD IDEA

당신이 지금 거기 앉아 이 문장을 읽고 있다지만, 당신의 몸과 마음은 약 20만 년 전 살았던 어느 조상과 그리 다르지 않다. 20만 년 전 우리 호모사피엔스사피엔스('슬기롭고도 슬기로운 인간'이란 뜻이다. 어찌나 슬기로운지 이름에 슬기롭다는 말을 두 번이나 썼다.) 종은 아프리카 초원에서 비만도 스마트폰도 없이, 또 핵무기도, 우주선이나 대형 강입자 충돌기*도, DNA 지식도 없이 살았다. 하지만 당시 사람을 현대로 데려와 가르친다면, 당신이 할 줄 아는 것을 당신과 마찬가지로 모두 너끈히 해내게 할 수 있다. 그 사람을 비행기 조종사로도, 의사로도, 정치인으로도 탈바꿈시킬 수 있다. 그렇다면 우리가 오늘날에 이르기까지 무슨 일이 벌어졌을까? 우리는 그동안 20만 년 전에 진화시킨 영리함을 갖가지 흥미로운 방식으로 활용했다.

무엇보다도 먼저, 특별한 지능을 이용해 가뭄에 대비했고, 아이들

---

* Large Hadron Collider(LHC). 유럽 입자 물리 연구소가 우주의 신비를 알아내고자 설치한 장비다.

이 위험에 빠지지 않게 보호했고, 함께 협력해 커다란 동물을 잡았고, 사랑하는 사람의 죽음을 애도했고, 부족 안에서 내 서열이 어디쯤인지를 파악했다. 여기에서 중요한 과학적 물음이 떠오른다. 침팬지는 지금 말한 일들을 거의 하지 못하는데(적어도 우리만큼 잘하지는 못하는데), 침팬지와 비슷했던 우리 유인원 조상은 어떻게 인간으로 진화했을까?

물론 당신이 사이언톨로지교 신자라면 외계인 지누^{Xenu}가 7,500만 년 전에 자기 종족을 지구에 데려와 화산 속에 집어넣었고, 이때 흩어진 영혼이 우리 인간에 깃들어 산다고 믿을 것이다. 하지만 과학은 현생인류의 조상이 늦어도 20만 년 전에 아프리카에서 출현해 4만 5천 년 전에 유럽에 이르렀고, 만 년 전에 마침내 내가 사는 아일랜드에 발을 디뎠다고 말한다. 그런데 약 700만 년 전이었다면 침팬지의 세 종 중 하나(나머지 두 종은 침팬지와 보노보로, 우리와 가장 밀접하게 관련된 유인원이다.)로 분류되었을 종은 도대체 어떻게 유인원이라는 정체성을 뛰어넘어 우리 인간이 되었을까? 도대체 어떻게 보노보가 '보노^{Bono*}'가 되었을까?

늘 그렇듯 이런 물음에서는 DNA부터 살펴봐야 한다. 기억하는가? DNA는 모든 생명체를 만드는 제조법이다. 단백질 즉 음식물 소화에서부터 두뇌 활동, 감염 차단까지 온갖 궂은일을 도맡는, 우리 몸속 모든 세포의 졸병을 만들 지시서를 제공한다. 이 제조법은 핵산의 기

---

* 아일랜드의 가수 겸 작곡가

본 단위인 뉴클레오타이드로 구성된 화학식으로 쓰어 있다. 핵산은 아주 작은 구슬들을 한 줄에 꿴 모양이다. 이때 구슬 하나하나가 저마다 다른 뉴클레오타이드를 나타낸다. 그나마 다행히도 뉴클레오타이드는 아데닌, 타이민, 사이토신, 구아닌 딱 네 가지뿐으로, 간단히 A, T, C, G라 부른다. 이 네 가지 뉴클레오타이드가 서로 결합하여 DNA를 품은 구조체 즉 염색체를 형성한다.

그렇다면 우리 염색체 안에는 이런 구슬이 모두 몇 개나 들어 있을까? 믿기지 않게도 무려 총 30억 개다. 정말이지 엄청나게 많은 구슬에 엄청나게 많은 실이 들어 있는 셈이다. 하지만 사실이다. 게다가 DNA는 사실 두 가닥이 서로 휘감아 사슬 모양으로 꼬이는 그 유명한 이중나선 구조라 더욱더 경이롭다. 가운데를 중심으로 꼬인 모양이기는 하지만, 이런 이중나선 결합 덕분에 DNA는 사다리처럼 안정된 구조가 된다. 왓슨과 크릭은 로절린드 프랭클린^{Rosalind Franklin}이 X선 결정학^{X-ray crystallography}*이란 것을 이용해 찍은 DNA 사진을 보고, 처음으로 DNA가 3차원 구조일 것이라고 추론했다. 믿기지 않는 발견이었다. 왓슨에 따르면, 두 사람은 그날 점심때 캠브리지를 대표하는 술집 '더 이글^{The Eagle}'로 달려가 "우리가 생명의 비밀을 알아냈다!"라고 외쳤다 한다. 이들이 왜 그렇게 외쳤을까? 자, 서로 휘감는 두 DNA 가닥을 살펴보자. 무언가 아주 경이로운 모습이 보인다. 한

---

* 결정 형태인 물질에 X선을 쪼여 산란한 X선의 모양으로 물질의 3차원 원자 배열을 연구하는 방법이다.

'더 이글'. 1953년에 왓슨과 크릭이 생명의 비밀을 알아냈다고 발표한 곳이다.

쪽 가닥에 A 구슬이 있으면 다른 쪽 가닥에서는 언제나 T 구슬이 짝을 이룬다. 두 구슬이 마치 레고 블록처럼 아귀가 딱딱 들어맞는다. 또 한쪽 가닥에 C 구슬이 있으면 다른 쪽 가닥에는 언제나 G 구슬이 있다. 두 구슬이 마치 사다리 양쪽을 연결하는 가로대처럼 두 가닥을 연결한다.

이 구조를 보고 크릭은 우리가 새로운 세포를 만들 정보를 어떻게 전달하는지를 알아챘다. 이중나선이 풀려 두 가닥으로 나뉘면, 기존 한 가닥에 대응하는 새로운 가닥이 한 번에 하나씩 구슬을 만들며 형성된다. 새로 만들어진 구슬은 원래 가닥에서 쌍을 이루는 구슬과 찰카닥 결합해 제자리를 찾는다. 이 과정을 DNA 복제라고 한다. 기존 가닥과 새로 생긴 가닥은 이중나선 구조로 결합했다가, 세포가 분열할 때 다시 나뉜다. 그리고 각 가닥이 다시 새로운 가닥을 복제하여,

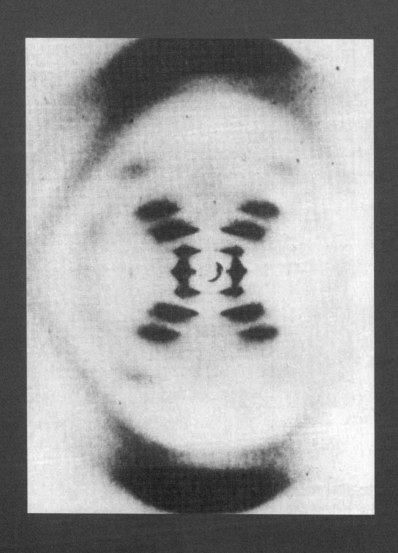

결정화된 DNA를 찍은 X선 회절 사진. 킹스 칼리지 런던에서 로절린드 프랭클린에게 지도받던 박사 과정 학생 레이먼드 고슬링 Raymond Gosling이 찍은 것이다. 이 사진 덕분에 DNA의 이중나선 구조를 설명할 수 있었고, 현대의 분자 생물학이 탄생했다.

로절린드 프랭클린. DNA의 분자 구조를 밝히는 데 중요한 역할을 했다.

달리 말해 A는 T를, C는 G를 합성하여 새로운 이중나선을 형성한다. 왓슨과 크릭은 곧바로 생명의 비밀을 알아냈다. 우리가 다음 세대로 정보를 전달하는 비법을. A가 T와, C가 G와 딱딱 결합하는 규칙은 지구의 모든 생명체에 적용된다. 애초에 첫 세포에서 생겨난 이 규칙에 따라 모든 후손 세포가 생겨났다.

이제 DNA 가닥의 구슬이 배열되는 순서를 알기만 한다면, 즉 A, T, C, G의 순서를 알려주는 DNA 염기 서열을 알기만 한다면, 생명을 만들 제조법을 손에 쥐는 셈이다. DNA 염기 서열은 세포에 번역이라는 매우 복잡한 과정을 거쳐 단백질을 만들라고 지시한다. 연속한 뉴클레오타이드는 특별한 단백질을 만든다. 이를 유전자라고 한다. 이 단백질이 우리와 같은 생명체를 만든다. 어떤 단백질이냐에 따라 머리에 뿔이 나기도 하고, 털북숭이가 되기도 하고, 또 키가 커지거나 작아지기도 한다.

　따라서 서로 다른 종의 DNA 염기 서열이 얼마나 비슷하냐에 따라 종들을 비교할 수 있다. 아일랜드의 분자생물학자 데즈먼드 히긴스Desmond Higgins와 동료들이 바로 그런 일을 하는, 즉 여러 DNA 염기 서열을 나란히 놓고 얼마나 비슷한지를 비교하는 컴퓨터 프로그램을 만들었다. 히긴스가 발표한 논문은 컴퓨터공학 분야에서 가장 많이 인용된 논문으로 꼽힌다. 달리 말해 과학자들이 히긴스의 논문을 그 분야의 어떤 논문보다도 많이 언급했다. 대단한 업적이 아닐 수 없다. 알고 보니 바나나의 DNA 가닥에 있는 구슬 중 얼추 절반이 인간의 DNA 가닥에 있는 구슬 절반과 같다고 한다. 우리가 생명 제조법을 바나나와 절반쯤 공유하는 셈이다. 안타깝게도 내 친구 중 몇몇은 어째 인간보다는 바나나에 조금 더 가까운 것 같다. 크게 보면 내 생각이 말이 된다. 바나나가 우리와 똑같은 특성을 많이 보이기

DNA 복제. DNA 두 가닥이 이중나선 구조로 결합한다. 그러다 세포가 분열할 때 두 가닥이 분리된다. 분리된 각 가닥이 A는 T를, C는 G를 형성하며 새로운 가닥을 복제한 뒤 새로운 이중나선을 형성한다.

때문이다. 즉 세포의 구성 요소가 대체로 같고, 비슷한 효소를 이용해 찌꺼기를 배출하고 양분을 소화해 에너지를 얻는 등 갖가지 살림살이를 한다.

침팬지 및 보노보와 비교하면 세 종의 DNA 제조법이 약 95% 똑같으므로, 서로 조상이 같다는 사실이 확인된다. 700만 년 전에는 세종이 공통 조상 즉 침팬지 비슷하게 생긴 동물로 존재했다. 이 동물의 자손 중 한 갈래가 700만 년 전 우리 조상이 되었고, 다른 두 갈래가 약 200만 년 전에 침팬지와 보노보의 조상이 되었다. 그리고 시간이 지날수록 두 종과 5% 다른 DNA 염기 서열이 서서히 모습을 드러냈다. 문제는 스마트폰을 쓸 줄 아는 인간과 그럴 줄 모르는 침팬지를 만드는 그 5%가 무엇인지를 모른다는 것이다. 어쩌면 신경의 활동 효율을 높이는 특별한 뇌 단백질 제조법이 그 5%일지 모른다. 아니면 성대를 말하기에 적합하게 만들고 소리를 더 잘 처리하도록 뇌의 배선을 만드는 단백질 제조법이 그것일 수도 있다. 다만 아직은 알지 못한다.

그리스퍼CRISPR라는 유전자 편집 기술을 이용해 실제로 실행할 수도 있는 흥미로운 실험이 있기는 하다. 침팬지의 DNA 5%를 우리

```
인간 :   G   C   C   G   A   T   A   G   C   C
         |   |   |   |   |   |   |   |   |   |
침팬지 :  G   C   C   G   A   G   A   A   C   C
```

인간의 DNA로 교체한 뒤 무슨 일이 일어나는지 보는 것이다. 그러면 우리가 인간을 만들 수 있을까? 아마 아닐 것이다. 생명에는 제조법이 명시한 구성 요소의 항목뿐 아니라 양도(이것도 DNA 염기 서열에 들어 있다.) 중요하기 때문이다. 침팬지와 인간은 구성 요소의 양도 다르다. 이를테면 똑같은 요리법으로 케이크 두 개를 만들더라도, 밀가루 양을 다르게 집어넣는다면 살짝 다른 케이크 두 개가 나올 것이다. 마치 우리가 크게 보면 침팬지와 닮았지만 뚜렷한 차이를 보이듯이 말이다. 그렇다 해도 실험에서 흥미로운 통찰을 얻을지 모른다. 그 5% 차이가 틀림없이 우리를 인간답게 만드는 부분이기 때문이다.

우리 인간과 침팬지의 실제 차이를 설명하기는 더 쉽다. 바로 이런 일을 하는 사람들이 있다. 인류학자는 다른 유인원을 연구해 그들의 행동과 능력을 우리와 비교한다. 인류학자들이 보기에는 우리가 진화 과정에서 침팬지와 달리 독창성이라는 형질을 얻었거나, 적어도 침팬지보다는 훨씬 더 독창적인 존재가 되었다. 그 덕분에 갖가지 흥미로운 방식으로 도구를 쓰기 시작했다. 이런 독창성과 능력을 이용해, 불을 피우는 법도 깨닫고 배웠다. 그 덕분에 불을 이용해 먹거리를 요리할 수 있었고, 엄청난 편익을 얻었다. 요리는 음식의 소화를 촉진한다. 달리 말해 불로 요리한 음식을 먹으면 에너지를 더 효과적으로 흡수할 수 있다. 또 훈연처럼 먹거리 보관 방법으로도 불을 썼으므로, 식량이 부족했을 때 유용했을 것이다. 이런 일을 할 줄 아는 사람은 그렇지 못한 사람에 견줘 살아남아 후손에게 그런 형질을 물려줄 확률이 더 높았다. 따라서 그런 형질이 압도적으로 널리 퍼졌을 것이다.

우리는 동물을 죽여 살을 발라내거나 자신을 보호할 정교한 도구를 만드는 법도 배웠다. 어느 때부터인가는 똑바로 서서 두 발로 걷기 시작했고, 여기에서도 편익을 얻었다. 두 손을 마음대로 쓸 수 있으니 사냥의 효율이 올라갔을뿐더러, 주변 환경을 더 멀리 빠르게 살필 수 있었기 때문이다. 우리는 또 매우 사회적인 동물이 되었다. 물론 여기에서도 편익을 얻었다. 다른 유기체에서도 마찬가지이지만, 우리 인간에게 사회적인 동물이 된다는 것은 자신이 지위 서열에서 어느 자리를 차지하는지를 파악해야 한다는 뜻이었다. 이때부터 우리는 지위에 집착하기 시작했다. 자기 지위를 엉뚱하게 파악했다가는 자칫 목숨을 잃을 수도 있었기 때문이다. 당신이 자신을 우두머리 수컷이나 암컷이라고 생각하는데 사실은 그렇지 않다고 생각해보라. 그랬다가는 진짜 우두머리가 당신을 죽이거나, 흠씬 두드려 패거나, 무리에서 내쫓을 것이다. 그러면서도 우리는 더 많은 자원을 얻고자 자신보다 약한 사람 위에 군림해야 했다. 따라서 오늘날까지도 지위 불안이 우리를 괴롭히는 특성이 되었고, 어떤 차를 몰고 어떤 집에 살고 어떤 옷을 입느냐 같은 많은 행동이 지위 불안에서 비롯한다.

이 모든 일이 아프리카의 대초원, 사바나에서 일어났다. 그 뒤로 우리는 여러 곳으로 이주하기 시작한다. 아마 처음에는 식량과 다른 자원을 찾을 셈이었을 것이다. 우리가 사바나에서 진화시킨 열망과 호기심이 이렇게 모험을 찾아 이주하도록 우리를 부추겼다. 이 호기심이라는 형질 덕분에 우리는 마침내 크게 번성하여 지구를 지배하는 종으로 자리 잡는다. 또 과학자가 되기도 한다. 또 독창성에 힘입어, 과학이 발견한 것을 유용하게 이용할 줄 안다. 쓸모 있는 물건을 만들고, 근력을 넘어서는 동력을 이용해 우리를 도울 기계를 만들고, 우리를 괴롭히는 질병을 치료할 새로운 약을 개발한다. 호기심은 아마 자원이 부족해질 때 반드시 새로운 곳으로 이주하도록 우리를 이끌고자 진화했을 것이다. 아니면 짝을 찾아내 자신의 DNA를 물려주는 데 도움이 되도록 진화했을지도 모른다. 그도 아니면 앞으로 무슨 일이 일어날지 궁금하게 여겨 미리 대비하는 능력 때문에 나타났을 것이다. 그런 능력이 있으면 분명히 생존에 유리하다.

다른 동물들도 이런 형질을 보이기는 한다. 하지만 수준이 다르다. 도구를 정교하게 사용하는 동물도 더러 있지만, 그래 봤자 우리 발끝도 못 따라온다. 이를테면 침팬지는 나뭇가지의 이파리를 훑어낸 뒤 곤충을 잡는 낚싯대로 이용한다. 나뭇가지로 벌통을 헤집어 꿀을 얻기도 하고, 사냥한 동물의 뼈에서 골수를 빼내기도 한다. 또 나뭇잎을 뭉쳐 물을 빨아들이게 한 뒤 목을 축인다. 고릴라는 깊은 강을 건널 때 지팡이를 이용한다. 그러니 도구를 사용하는 동물은 우리 인간만이 아니다. 하지만 우리가 도구를 훨씬 수준 높게 이용할 줄 알므로, 다른 종을 죽이는 최고 포식자 자리를 차지한다.

우리는 무척 영리했다. 그래서 마침내 동굴 벽에 그림을 그리는 법을 깨우친다. 아마 처음에는 다른 사람들에게 '이런 동물들을 사냥하라' 같은 정보를 전달하는 방법으로 그림을 그렸을 것이다. 하지만 동굴 벽화는 예술의 시작이기도 했다. 예술은 우리를 표현하는 방식이자 우리가 만족을 얻는 길이다. 어쩌면 예술 감각은 우리가 똑똑해서 생겨난 부산물일지도 모른다. 사냥한 동물을 그리려면 자신이 그 동물을 닮은 상징을 벽에 그릴 수 있다는 것을 알아야 하고, 사냥한 동물을 그릴 때 그 동물을 제어할 수 있다는 기분이 든다는 것도 알아야 했을 터이기 때문이다. 아니면 그림을 그리면 절로 웃음이 나와서, 우리 똑똑한 뇌가 그런 기쁨을 즐겼는지도 모른다.

우리는 틀림없이 죽음도 궁금하게 여기기 시작했다. 자기 아이가 죽는 일을, 친구가 싸우다 죽는 일을, 나이 든 피붙이가 죽는 일을 겪을 때마다, 죽은 이에게 깊은 애착을 느낀 만큼 죽음에 달갑지 않은 감정을 느꼈다. 다른 동물도 사랑하는 대상이 죽으면 깊이 슬퍼한다. 수컷 고릴라는 죽은 암컷 옆에서 구슬피 운다. 새끼를 잃은 돌고래는 애끓는 소리를 낸다. 하지만 우리는 한 걸음 더 나아간다. 죽은 이를 정성을 다해 떠나보낸다. 장례는 위생 때문에 시작된 행위일 수도 있지만, 죽음이 우리를 불안에 빠뜨리기 때문에 발생한 행위이기도 하다. 우리는 어떻게든 죽음을 통제하려 애쓴다. 아마 이런 행동도 우리가 똑똑해서 생겨난 부산물일 것이다.

따라서 우리를 규정하는 두 특성, 예술 활동과 장례 의식이 뚜렷이 나타난다. 어떤 동물도 우리처럼 뛰어난 예술 감각을 보이지 않고, 우리처럼 많은 시간을 들여 예술 작품을 창조하거나 감상하지 않는다. 또 어떤 동물도 사랑하는 이를 저세상으로 떠나보낼 때 우리처럼 온갖 수고를 쏟지 않는다. 정성 들인 장례식으로 죽은 이를 묻지도 않고, 죽은 이를 묻은 곳에 표지를 남기지도 않고, 유해가 놓인 곳을 다시 찾지도 않는다.

우리는 세계 곳곳으로 이주하면서 이런 형질도 함께 퍼뜨렸다. 우리가 아프리카 밖으로 이주한 시점은 약 10만 년 전이다. 아프리카로 성이 차지 않기 시작한 우리는 이때부터 아프리카 밖으로 나갔다. 인간 뼈 화석의 연대로 볼 때, 이를 뒷받침하는 증거는 무척 흥미로운 사실을 알려준다. 아프리카 밖으로 이주한 일은 어쩌면 아프리카가 너무 북적이는 바람에 일어났을지도 모른다. 또 어쩌면 이곳저곳을 돌아다니던 한 부족이 우연히 중동에 발을 디뎠다가 돌아가지 못하는 바람에 일어났을지도 모른다. 증거에 따르면 조상 중 아주 적은 수만이 이 여정을 떠났다. 그리고 유럽인, 아시아인, 아메리카인이 모두 이렇게 두려움을 몰랐던 집단의 후예다. 게다가 우리가 아프리카를 떠날 때 흥미로운 일 두 가지가 벌어진다. 첫째, 우리는 식물이 자라기 쉬운 중동의 비옥한 초승달 지대라는 곳으로 이주한다. 그리고 식물의 씨앗이 떨어진 곳에 같은 식물이 그대로 자라는 모습을 보고서 그 땅이 기름지다는 사실을 알아챈다. 그렇게 우리는 농경을 발명한다.

어떤 과학자들은 인간이 농경을 발명한 일을 커다란 실수로 본다. 농경으로 갖가지 괴로움이 생겨났다고 여기기 때문이다. 힘들게 육체노동을 해야 하는 일의 괴로움, 무릇 남자라면 아침 일찍 일어나 들일을 해야 하는 괴로움 말이다. 약 만 년 전, 수렵 채집인이던 우리는 난데없이 농경인이 되었다. 이는 더 커다란 공동체에서 살아야 한다는 뜻이기도 했다. 우리는 처음으로 도시와 마을을 세웠다. 또 전

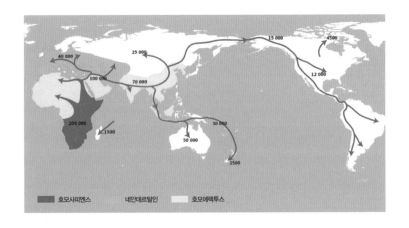

현생인류는 아프리카에서 생겨난 뒤 세계 곳곳으로 이주했다.

염병에 걸려 아프기 시작했다. 우리가 길들인 동물에 살던 박테리아와 바이러스가 사람에게로 훌쩍 옮겨 와 노동에 지친 인간 사이로 쉽게 퍼졌기 때문이다. 가축성 병원균이 동물의 몸에 있을 때는 행복하게 번식할 뿐 동물을 아프게 하지 않았지만, 우리 몸에 들어왔을 때는 새앙을 불러일으켰다.

사회는 더 불평등해졌다. 지배 서열이 더 뚜렷하게 확립되었다. 세상은 가진 자(남보다 조금 더 똑똑한 덕에 땅을 소유하고 씨앗을 장악한 자)와 못 가진 자(가진 자를 위해 일하는 자)로 나뉘었다. 불평등한 사회가 모습을 드러냈고, 우리는 오늘날까지도 그런 사회를 견디며 살아간다. 그러니 곡식을 재배하고 가축을 기르기 시작했을 때, 우리가 이 세상을 에덴동산이 아니라 사실은 많은 사람에게 생지옥인 곳으로 만들었다고 말해도 지나치지 않다. 농경 이진에 인간이 실제로 어떻게 살았는지 알려주는 정보가 충분하지 않아 단언하기는 어렵지만, 인류 역사 대부분에서 한 줌도 안 되는 소수가 인류 대다수를 통제하고 착취하는 막강한 삶을 누렸다. 사회주의가 이런 구조를 어느 정도는 바꿔놓았지만, 우리는 지금도 몹시 불평등한 세상에서 산다.

오늘날 이런 불평등을 고스란히 보여주는 대상을 찾자면 구글이나 페이스북Facebook에서 일하는 직원 대다수일 것이다. 이들 회사의 설립자들은 말도 안 되게 부유하지만, 직원들은 하나같이 설립자들의 재산에 견주면 쥐꼬리만큼 적은 보수를 받는다. 이들은 로마 사람들이 말한 '빵과 서커스'(오늘날로 치면 포장 음식과 넷플릭스랄까?)만 있다면 반기를 들지 않을 것이다. 하지만 미국이 마약성 진통제를 오남용하는 위기를 맞은 이유가, 또한 사람들이 주말이면 코가 비뚤어져라 술을 마시는 이유가 실은 우리가 아프리카 사바나에서 자유롭게 살아야 해서이지 않을까 하는 생각을 피할 길이 없다. 사람들이 마약을 하거나 술을 마시는 목적은 불안을 달래거나 따분함을 덜거나 스트레스를 푸는 등 갖가지이므로 확실히 말하기는 어렵다. 하지만 만약 지금 우리가 농경을 발명하기 전처럼 진화가 우리를 최적으로 적응시킨 환경에서 자유롭게 산다면, 마약이나 술에 기대 살 이유가 그리 많지 않을 것이다.

둘째, 아프리카 밖으로 이주하면서 우리는 먼 사촌과도 마주쳤다. 약 4만 5천 년 전에는 유럽에서 네안데르탈인을 만났다. 네안데르탈인은 우리와 같은 사람속Homo의 한 종으로, 60만 년 전에 공통 조상에서 갈라져 나갔다. 그 뒤 20만 년 전에 공통 조상의 후예 중 일부가 바로 우리 호모사피엔스가 된다. 대학수학능력시험에서 만점을 받는 (또는 20만 년 전에 그만큼 대단한 일을 해냈던) 영리하기 그지없는 종이. 네안데르탈인은 우리와 달리 지능이 그리 뛰어나지 않았는데도 (최근 연구에서 다른 의견이 나오고 있기는 하다), 번성했다. 과학자들에 따르면 한때 유럽에는 100만 명에 이르는 네안데르탈인이 살았다. 그러다 유럽으로 이주한 우리 호모사피엔스와 맞닥뜨렸고, 그 뒤로 겨우 5,000년 만에 자취를 감춘다. 훨씬 똑똑했던 우리가 네안데르탈인을 공격해 휩쓸어버리는 바람에, 유럽의 저 끄트머리로 밀려난 네안데르탈인이 생존하지 못했을지도 모른다. 아니면 우리가 고약한 병균을 옮기는 바람에 하릴없이 목숨을 잃었는지도 모른다. 그도 아니면 우리 호모사피엔스의 인구가 그저 크게 불어나 네안데르탈인을 흡수했을지도 모른다.

우리가 네안데르탈인과 섹스를 했느냐를 두고 한동안 뜨거운 논쟁이 오갔다. 언뜻 듣기에는 가능성이 없는 주장이었다. 마치 침팬지와 섹스를 했다는 말 같았기 때문이다. 그런데 DNA를 살펴봤더니, 우리가 네안데르탈인과 짝짓기를 했다는 증거가 나왔다. 실제로 우리 유전자 중 1.8%는 네안데르탈인에게서 물려받은 것이다. 그러니 호모사피엔스와 네안데르탈은 오랫동안 수도 없이 짝짓기를 했을 것이다. 게다가 최근 증거에 따르면 네안데르탈인의 DNA에서도 조금이지만 호모사피엔스의 DNA가 발견되므로, 두 종이 4만 5천 년보다 훨씬 전부터 서로 짝짓기를 했을 것이다. 실제로 무슨 일이 일어났든, 우리는 모두 네안데르탈인과의 짝짓기로 태어난 자손의 후예다. 영화에서 보면 땅에 질질 끌릴 만큼 긴 팔에, 이마가 좁고 툭 튀어나온 그 동굴인 말이다. 이들이 우리처럼 조금이라도 예술 감각을 지녔다거나 망자를 땅에 묻었다는 증거는 많지 않다. 하지만 이런 일을 증명할 증거가 존재하나 아직 발견되지 않았을 뿐인지도 모르니, 단정하기는 이르다. 그러므로 우리가 확신할 수 있는 것은 우리 호모 사피엔스와 네안데르탈인이 실제로 아주 가깝게 이웃으로 지냈다는 것이다. 이제 알다시피, 우리는 DNA의 1.8%를 네안데르탈인에게서 물려받았다.(아무래도 내 친구 몇몇은 조금 더 많이 물려받은 것 같지만.) 그렇다면 어떤 DNA를 물려받았을까?

네안데르탈에게서 물려받은 BNC2라는 유전자에는 하얀 피부를 만드는 제조법이 들어 있다. 그러므로 유럽인의 살갗이 하얀 데는 네안데르탈인도 한몫했다.(아프리카에서 출발할 때만 해도 우리는 살갗이 검었다.) 우리 피부는 햇빛을 이용해 비타민D를 만드는데, 무엇보다도 뼈 건강에 이 비타민D가 중요하다. 하얀 피부는 햇빛을 최대한 흡수하므로, 햇볕이 적게 비추는 북반구에서는 하얀 살갗이 유리했을 것이다. 따라서 우리가 아프리카 밖의 삶에 적응하는 데 네안데르탈인의 DNA가 도움이 되었을 것이다.

하지만 네안데르탈인에게서 물려받은 DNA가 모두 유익하지는 않다. 어떤 유전자는 우리를 특정 질병 이를테면 2형 당뇨병과 소화기 염증성 질환인 크론병에 더 취약하게 만든다. 우리와 네안데르탈인은 생활 방식 예컨대 식습관이 달랐을 것이다. 정확히 알기는 어렵지만, 그런 차이가 네안데르탈인의 유전자와 결합하여 우리를 이런 질병에 걸릴 위험에 빠뜨렸을 수도 있다.

우리가 네안데르탈인에게서 물려받은 또 다른 흥미로운 유전자는 우리를 니코틴 중독에 빠뜨릴 확률이 높다. 담배를 끊지 못하게 막는 유전자가 네안데르탈인에게서 왔다니 놀라운 일이다. 그렇다고 이 사실을 알아낸 과학자들이 우리와 함께 진화한 사촌들이 동굴에서 뻐끔뻐끔 담배를 피웠다고 주장하는 것은 아니다. 이 유전자는 틀림없이 다른 기능을 했을 것이다. 어쩌면 생존의 열쇠를 쥔 어떤 먹거리에 사족을 못 쓰게 하는 구실을 했을지도 모른다. 피부, 머리칼, 손톱을 튼튼하게 만드는 섬유 단백질인 케라틴 섬유를 만드는 유전자도 네안데르탈인에게서 왔다. 이 유전자 덕분에 우리는 추운 날씨를 견딜 더 두툼한 단열재를 얻었을 것이다.

네안데르탈인에게는 없었지만 우리에게는 있는 유전자 중에 무척 흥미로운 유전자가 있다. 바로 폭스피2^{FOXP2}다. 과학자들은 우리가 이 유전자 덕분에 목소리를 정교하게 낼 수 있어서 언어 능력이 크게 높아졌다고 생각한다. 이 유전자를 쥐에게 주입했더니, 쥐기 이전에는 불가능했던 낮은 울음소리를 냈다고 한다. 사실상 과학자들이 낮게 웅성거리는 쥐를 만든 셈이다. 하지만 뇌는 전과 다를 바가 없었으므로, 쥐는 자신이 내는 소리가 무슨 뜻인지 이해하지 못했다. 자기가 내는 소리를 이해하지 못했으니, 생쥐에게는 틀림없이 몹시 당황스러운 일이었을 것이다. 네안데르탈인에게도 이 유전자가 없었으므로, 이들이 낼 줄 아는 소리는 호모사피엔스에 견줘 한계가 있었을 것이다. 그러니 당연하게도 우리는 대개 네안데르탈인을 힘세고 말수가 적은 종으로 묘사한다.

마지막으로 언급할 유전자는 면역 체계를 강화한다. 네안데르탈인은 아마 유럽의 혹독한 생활환경에서 살아남고자 이 유전자를 진화시켰을 것이다. 정확히 말하기는 어렵지만, 네안데르탈인 사이에 폭력을 휘두르는 일이 잦아 다치는 일이 흔했고, 그래서 감염도 더 자주 발생했을 것이다. 그 과정에서 면역 체계가 강한 네안데르탈이 살아남아 그런 유전자를 우리에게 물려줬을 것이다.

이렇게 말하고 보니 섹스를 끝낸 털북숭이 사내가 뻐끔뻐끔 담배를 피우는 모습이 떠오른다. 입담 좋은 이 사내는 섹스 중에 몸에 들어온 균을 모조리 물리칠 만큼 면역 체계가 강했다. 동지들이여, 바로 이 남자가 우리 조상이다. 놀랄 것도 없이 이 남자는 더 거칠었던 사촌, 네안데르탈인과 짝짓기를 했다.

유럽에서 눈길을 돌려 아시아로 건너가면, 우리가 다른 사람속인 데니소바인과 이종교배한 증거가 보인다. 데니소바인은 네안데르탈인 및 호모사피엔스와 밀접하게 관련한다. 증거에 따르면 데니소바인도 호모사피엔스와 짝짓기를 했고, 이들이 물려준 유전자가 현재 파푸아뉴기니에 사는 멜라네시아인, 그리고 오스트레일리아 원주민에서 나타난다. 오스트레일리아 원주민은 특별히 언급할 가치가 있다. 형제자매가 유럽에 발을 디디기 훨씬 전인 6만 5천 년 전에 오스트레일리아에 도착했기 때문이다. 이들은 가족을 뒤로하고 여행을 떠난 식구와 같다. 남아 있던 가족의 후예는 다시 5천 년이 흐른 6만

크리스토퍼 콜럼버스 Christopher Columbus가 아메리카 원주민과 맞닥뜨리
는 모습. 4만 년 만에 일어난 가족 상봉이었다.

년 전에 집을 떠나 유럽으로 향한다. 그리고 수만 년이 흐른 1770년
에 제임스 쿡 James Cook 선장이 오스트레일리아에 발을 디뎠을 때, 오
랫동안 연락이 끊겼던 이 집안의 후손들이 드디어 다시 상봉한다. 하
지만 이 가족 상봉은 오스트레일리아 원주민에게 그리 좋은 일이 아
니었다. 사촌인 유럽인이 문을 두드렸을 때 이들은 꽁꽁 몸을 숨겼어
야 했다. 이들은 오늘날까지도 이 가족 상봉의 대가를 치르고 있다.

  따라서 오늘날 우리는 사람속의 세 갈래가 모두 30만~40만 년 전
에 아프리카에 살았던 한 종의 후예라 본다. 먼저 중동으로 이주했던
한 갈래가 갈라져 일부는 유럽으로 이주해 네안데르탈인이 되었고,

또 일부는 아시아로 이주해 데니소바인이 되었다.

20만 년 전에는 계속 아프리카에 머물렀던 후예가 바로 우리 호모사피엔스로 진화했다. 약 10만 년 전에는 우리도 마침내 아프리카를 떠나 유럽과 오스트레일리아로 향한다. 그 과정에서 오랫동안 소식이 끊겼던 사촌 즉 유럽의 네안데르탈인과 아시아의 데니소바인을 만나 서로 짝짓기를 한다. 아시아로 이동한 호모사피엔스는 2만 년 전 아메리카 대륙으로 이주하고, 그 후예가 아메리카 원주민이다.

1492년에 드디어 또 한 번 가족 상봉이 일어난다. 이번에는 유럽으로 이주했던 갈래가 아시아를 거쳐 아메리카로 이주했던 사촌을 만났다. 이들은 늦어도 4만 년 전에 갈라졌던 가족이었다. 이번에도 가족 상봉은 아메리카 원주민에게 좋은 결과로 끝나지 않았다. 그래도 오늘날 아메리카 대륙은 온갖 인종을 하나로 아우르는 가장 커다란 용광로다. 네안데르탈인의 DNA를 지닌 인종이든, 데니소바인의 DNA를 지닌 인종이든, 호모사피엔스의 모든 갈래가 어우러져 DNA를 뒤섞고 있기 때문이다. 이런 상황이 불러올 편익과 난관은 앞으로 연구해봐야 할 문제다. 커피를 마시는 수많은 커피색 인간에게 행운이 깃들기를.

어떻게 보든, 호모사피엔스는 이 지구를 공유하는 영리한 대가족이다. 그러니 인간들이여, 제발 싸움질을 멈추고 형제자매와 사이좋게 지낼 길을 찾아보시라. 어찌 되었든 엄청난 진화와 여행과 섹스 끝에 이 세상에 존재하는 우리가 아닌가.

3장

우리는 왜, 어떻게 사랑하게 되었나?
: 사랑과 호르몬의 과학

I WANT YOU, I WANT YOU SO BAD:
THE SCIENCE OF FINDING LOVE

2장에서 살펴봤듯이 4만 5천 년 전 유럽에 도착한 우리 조상들은 네안데르탈인을 만났다. 알고 보니 네안데르탈인에게는 좋지 못한 일이었다. 우리가 그들을 모조리 없앴기 때문이다. 하지만 그러기에 앞서, 우리는 마치 교미가 끝나면 수컷을 잡아먹는 검은과부거미처럼 네안데르탈인과 짝짓기를 했다. 놀랍게도 우리는 모두 이런 짝짓기로 탄생한 후손이다. 비록 1.8%뿐이지만, 우리 DNA에는 네안데르탈인의 DNA가 들어 있다. 처음에는 우리가 털북숭이 짐승 같은 동굴인과 짝짓기를 했다는 견해에 많은 과학자가 코웃음을 쳤다. 마치 우리가 침팬지와 섹스를 했다는 말로 들렸기 때문이다. 하지만 이제는 우리가 실제로 네안데르탈인과 짝짓기를 했다는 강력한 증거가 있다. 그렇다면 우리는 도대체 그들의 어떤 모습에 끌렸을까? 동굴인이 매력 있다고 느낀 사람은 가임기 여성뿐이었을까? 우리는 어떻게 미래의 짝을 고를까?

무릇 남자라면, 수컷 냄새를 풀풀 풍기는 '올드 스파이스' 향수를 쓰고, 양복 가슴 주머니에 몽블랑 펜을 눈꽃 무늬가 또렷이 보이도록 꽂고, 허리와 엉덩이 비율을 9대 10으로 유지하고, 위스키를 스트레이트로 마시고, 무대에서 화끈하게 춤 솜씨를 뽐내야 하지 않을까? 최근 매력에 숨겨진 과학이 관심을 끄는 주제로 떠올랐다. 그리고 놀랍고도 눈이 번쩍 뜨이는 발견 몇 가지가 우리가 어떤 종이냐를 알려주는 본질과 맞닿는다. 당신이 실제로 짝을 고를 때 상대에게 충실하여 행복한 관계를 유지할 확률은 얼마일까? 어쩌면 과학이 이 물음에도 답을 알려줄지 모른다.

매력을 파헤치는 과학은 큰돈이 걸린 사업이다. 그래서 결혼 정보 회사들이 오랫동안 이 분야를 연구하고 있다. 지난날에는 잘 맞는 남녀를 짝지어주는 중매쟁이가 중요한 구실을 했다. 20세기 후반에는 소개 과정의 효율을 높이고자, 누군가가 스피드 데이트라는 것을 고안했다. 고대 로마에서는 사랑의 신 큐피드가 두 사람을 하나로 묶는다고 생각했다. 그때도 우리가 연인에게 매력을 느끼는 과정을 수수께끼로 여겼기 때문이다. 왜 저 사람에게는 끌리지 않는데 이 사람에게는 끌릴까? 결혼 정보 업체가 알기로는 관심사, 가치관, 성장 배경이 중요하다. 그런데 최근 어느 연구에서 실험 참여자에게 자신과 관련한 상세한 설문지를 작성하게 한 다음, 설문지를 근거로 참여자들이 서로 얼마나 맞는지를 따져 누가 누구를 좋아할지를 예측했다. 그 뒤 이들을 스피드 데이트에 참여시켰다. 결과가 어떻게 나왔을 것 같은가? 예측이 보기 좋게 빗나갔다. 연구진은 "두 사람이 만나기 전에는, 인간의 짝짓기에서 궁합을 좌우하는 요인을 예측하기 어렵다"라고 결론지었다.

그렇다 해도 우리는 자신과 비슷한 사람을 고르는 경향을 보인다.

13세기 프랑스의 연애시 《장미 이야기|ROMAN DE LA ROSE》를 묘사한 14세
기 그림. 사랑의 신이 화살을 쏘고 있다.

사실 지금껏 증명된 바에 따르면 우리는 피붙이와 닮은 사람에게 끌
린다. 이 말을 읽자마자 당신은 '웩!' 소리를 내고 말았을 것이다. 그
런데 우리는 왜 그런 선택을 할까? 확실하지는 않지만, 거부당할 위
험이 줄어들어서일 수 있다. 나와 사뭇 다른 사람을 고르면, 상대방
이 나를 다른 부족으로 여겨 자신을 해치지 않을까 걱정할지도 모른
다. 또 다른 이유로는, 피붙이와 비슷하게 생긴 사람일수록 나를 떠
나지 않고 곁에 머물며 아이를 함께 키울 확률이 높아서일 수도 있
다. 한 연구에 따르면, 우리는 부모와 닮은 사람에게 끌린다. 나이 든
부모에게서 태어난 사람은 나이 든 사람에게 끌린다. 어쩌면 부모와

닮은 사람에게서 안전함을 느끼기 때문일지도 모른다. 한편, 보자마자 찌릿하게 육체에 끌리는 현상에서는 왜 이런 일이 일어나는지를 설명하지 못할 때가 많다. 한 가지 문제는 이를 과학적으로 연구할 방법이 거의 없다는 것이다. 실험실이라는 환경에서는 매력을 그대로 재현하기가 거의 불가능하다. 환하디환한 불빛에 하얀 가운을 입은 사람들에게 정을 붙이기란 누가 봐도 어렵다. 그렇다면 북적이는 방 안 저쪽에 있는 누군가를 보고서 '음, 저 사람 마음에 드는데'라고 생각하는 순간, 우리는 도대체 무엇을 느끼는 것일까?

무엇보다도 후각이 작용한다. 우리는 다른 사람의 체취가 끌리는 냄새인지 역겨운 냄새인지를 알아챈다. 페로몬의 세계에 온 것을 환영한다. 페로몬은 우리가 주로 땀과 함께 내뿜는 휘발성 화학물질이다. 이성을 손쉽게 사로잡는 향수를 만들 열쇠가 페로몬일 수 있으므로, 지금까지 여러 회사가 페로몬 연구에 큰돈을 쏟았다. 페로몬이 동물에서 효과를 발휘한다는 것은 잘 알려진 바다. 그렇다면 인간이라고 다를 까닭이 있을까? 발정기인 암캐가 페로몬을 내뿜으면, 수 킬로미터 떨어진 수컷도 알아채고서 울음소리를 낸다. 곤충들은 주로 페로몬을 이용해 짝짓기 상대를 유혹한다. 이런 소통은 잠재의식에서 일어나므로, 우리는 이런 일이 일어나는 줄도 모른다.

꽤 인정을 받는 한 연구에서(이런 연구는 반드시 미심쩍은 눈초리로 살펴봐야 한다.) 남성 참여자에게 다양한 월경 주기에 있는 여성들의 티셔츠를 주고 냄새를 맡게 했다. 알고 보니 여성이 배란기(이 여성이 섹스를 한다면 임신할 가능성이 크다는 뜻이다.)일 경우 티셔츠에서 좋은 냄새가 난다는 평가가 통계적으로 유의미한 상관관계를 보였다. 이 결과는 말이 된다. 난자가 수정될 수 있는 상태라면 여성이 짝을 유혹하고 싶을 터이므로, 말하자면 몸이 남자를 잡아끌 페로몬을 만들 것이다. 남성 참여자에게 여성이 배란기일 때와 아닐 때의 사진을 보여주고 평가하라고 했을 때도 같은 결과가 나타났다. 즉 여성이 배란기일 때 남성의 눈길을 더 잡아끌어서, 매력 점수가 더 높았다. 이 실험은 후각과 아무런 관련이 없었다. 그렇다면 원인은 무엇이었을까?

한 가지 유력한 차이는 동공 확장이었다. 여성은 배란기일수록 눈동자가 커진다. 그리고 여성의 눈동자가 클수록 남성이 매력을 느낀다. 동공 확장은 성욕으로 몸이 달아올랐다는 신호이기도 하다. 이를테면 단춧구멍 같은 눈동자는 이성에게 매력 있게 보이지 않는다. 배란기 여성이 보이는 또 다른 특징은 살갗을 더 많이 드러낸다는 것이다. 연구자들이 여성들에게 여러 날 동안 사진을 찍게 한 뒤 월경 주기에 따라 살갗을 얼마나 많이 드러냈는지를 계산해보았다. 배란기와 맨살 노출은 뚜렷한 상관관계를 보였다. 배란기에는 체온이 조금 올라가므로 나타난 결과일 수도 있지만, 호르몬 상태 때문에 여성이 성에 더 자신감을 느껴 나타난 결과일 수도 있다.

이때도 남성은 살갗을 더 드러낸 여성이 매력 있다고 느꼈다. 또 다른 색보다도 빨간 옷을 입은 여성이 더 매력 있다고 평가했다. 같은 이유로 새빨간 립스틱을 바른 여성에게 더 매력을 느꼈다. 연구진에 따르면, 여성이 성욕을 느낄 때 몸이 붉어지므로 남성들은 빨간 옷을 여성이 흥분했다는 신호로 해석한다. 실제로 여성은 배란기일 때 빨간 옷을 입을 확률이 높다. 마지막으로 목소리도 배란기일 때 성적 매력을 더 강하게 풍긴다고 평가되었다. 따라서 생명 활동이라는 장기판에서 남성은 특정 정자를 난자에 수정하여 두 사람의 DNA를 합침으로써 새로운 생명을 만드는 임무를 맡은 졸이다.

그렇다면 반대는 어떨까? 여성이 남성에게 끌리게 하는 요소는 무엇일까? 이때도 냄새가 중요한 역할을 하는 듯하다. 한 연구에서 여성에게 남성의 땀내가 밴 러닝셔츠를 주고 냄새를 맡게 했더니, 기분 좋다고 평가받은 냄새와 남성의 외모 대칭성에서 상관관계가 나타났다. 이 독특한 분야를 이끄는 과학자의 이름이 그에 걸맞게도 랜디 손힐Randy Thornhill(randy:성적으로 흥분한)이다. 여성을 잡아끄는 화학물질을 밝히고자 여러 번 시도한 끝에, 테스토스테론의 대사 산물인 안드로스테론, 안드로스타다이에논, 안드로스테놀이 유력한 후보로 떠올랐다. 하지만 남성이 이런 물질을 몸에 뿌렸을 때 여성이 매력을 느낀다는 증거는 기껏해야 어쩌다 가끔 나타날 뿐이다. 관련 화학물질을 혼합하는 비율도 중요할뿐더러, 여성이 어떤 상황에서 이런 냄새를 맡느냐도 중요하기 때문이다. 배리 화이트Barry White의 달콤한 사랑 노래가 들려오고 촛불이 은은하게 켜진 식당에서라면 효과 만점일 것이다.

몇몇 연구에 따르면 우리는 대칭에서 매력을 느낀다. 아름다운 얼굴이란 대칭을 이루는 얼굴이다. 대칭을 이루는 얼굴은 그 사람이 좋은 유전자를 지녔다는 신호를 보낸다. 몸이 튼튼해 불균형하게 성장하지 않았다는 증거를 알린다. 따라서 대칭성은 자손에게 최고의 유

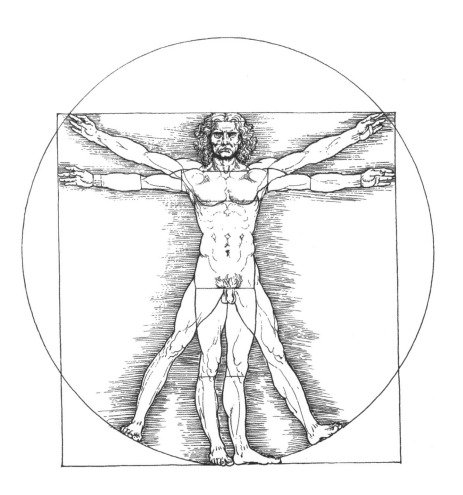

비트루비우스 인간L'uomo vitruviano. 고대 로마의 건축가
비트루비우스 Vitruvius가 묘사한 이상적인 인체 비례를
근거로, 1490년에 레오나르도 다빈치l Leonardo Da Vinci
가 그린 그림.

전자를 물려줄 짝을 유혹하는 데 유용하다. 많은 연구가 대칭성을 주제로 다뤘다. 예컨대 몸이 대칭을 이루는 남성과 짝을 이루는 여성일수록 오르가슴을 더 자주 느꼈다. 가슴이 대칭인 여성일수록 여성 호르몬의 수치가 높아 임신 가능성이 컸다. 아마 난소의 기능을 촉진하는 에스트로겐 수치가 정상적으로 안정되었다는 것이 가슴 대칭으로 드러나는 듯하다.

대칭성 말고도 남성의 매력과 관련된 또 다른 신체 특성은 약지 길이다. 여성은 자신도 모르게 남자의 넷째 손가락 길이를 알아챘다. 그러니 남성들이여, 정신 차려라. 어떤 여성이 당신의 약지를 보더라도, 당신이 결혼했는지를 알아보려는 의도는 아닐 것이다. 넷째 손가락의 길이는 그 남성이 자궁 속에 있을 때 테스토스테론에 얼마나 많이 노출되었는지를 알려주는 강력한 신호다. 검지에 견줘 약지가 길수록 테스토스테론에 많이 노출되었다는 뜻이다. 테스토스테론 수치가 높을수록 정자도 많으므로, 생식능력이 높아진다. 그러나 여성들이여, 정신 바짝 차리길. 약지가 긴 남성은 짝에게 충실하지 않은 성향을 보인다. 이 현상도 테스토스테론이 성욕을 부추기는 탓에 나타날 것이다.

뻔한 소리로 들리겠지만, 테스토스테론 수치의 차이가 남성과 여성을 가르는 열쇠로 드러났다. 어쩌면 테스토스테론 때문에 남녀의 뇌 구조가 조금 다를지도 모른다. 지금도 논쟁이 벌어지고 있지만, 남성의 뇌와 여성의 뇌가 물리적으로 다르게 설계되었느냐는 계속 토론해봐야 할 문제다. 최근 한 연구가 이 물음과 관련하여 뇌 영상을 대규모로 살펴봤더니, 어느 정도 차이는 있지만 그래도 다른 점보다는 비슷한 점이 더 많았다고 한다. 이 연구에서는 여성 2,750명과 남성 2,466명의 뇌 영상에서 뇌 영역 68곳을 살펴보았다. 대뇌 겉질이라는 영역은 남성보다 여성이 더 두꺼웠다. 대뇌 겉질이 두꺼울수록 일반적인 지능 검사에서 높은 점수를 받는다. 그런데 남성은 대체로 해마(기억과 공간 인식을 담당한다), 줄무늬체(학습과 보상을 담당한다), 시상(감각 정보를 뇌의 다른 영역에 전달한다)이 여성보다 더 컸다. 남성은 대뇌 겉질의 크기도 여성보다 다양하게 나타났다. 이는 지능 검사에서 여성보다 남성의 지능 분포가 더 큰 사실과 일치한다. 이 연구가 흥미롭기는 하지만, 이런 차이가 여성에 견줘 남성의 행동이나 지능이 다르다는 뜻이냐라는 논쟁을 해결하지는 못한다.

남성과 여성이 다르게 행동한다는 것은 누구나 아는 바다. 동물계를 봐도 어느 종이든 수컷이 더 공격적이다. 남성은 공간 추론에도 대체로 더 뛰어나다. 이와 달리 여성은 대체로 감정이입과 보살핌에 더 뛰어나다. 이런 차이가 테스토스테론 수치 때문에 나타날 수도 있다. 하지만 남성과 여성의 성장에 환경이 미치는 영향을 과소평가해서는 안 된다. 어느 흥미로운 연구에 따르면, 아이가 여자아이일 때보다 사내아이일 때 모유의 영양분이 더 풍부하다. 영양분 차이는 성장에 갖가지 영향을 미치므로, 남녀 차이로 이어질 수도 있다.

그런데 여성에서 테스토스테론 수치가 아주 다양하게 나타나기도 한다. 이 때문에 운동경기에서는 테스토스테론이 논쟁거리다. 어떤 여성 선수들은 높은 테스토스테론 수치를 타고나서 근육량과 근지구력이 월등하다. 국제 육상 경기 연맹은 그런 여성이 대회에 참가하지 못하게 막으려 하지만, 이를 두고 갑론을박이 벌어지고 있다. 유명한 사례는 2012년과 2016년 올림픽 800미터 달리기에서 금메달을 딴 캐스터 세메냐Caster Semenya다. 성별 논란에 휩싸인 세메냐는 검사를 받아야 했고, 그 결과 테스토스테론 수치가 평균보다 세 배나 높다는 사실이 드러나면서* 남성호르몬을 낮추는 약물을 투약하라는 명령을 받았다. 하지만 우사인 볼트의 다리가 용수철처럼 말도 안 되게 탄력이 뛰어나다 해서 출전을 금지한 적이 있던가? 문제는 산소 섭취 능력에서든, 근육에 젖산이 많이 쌓여도 잘 견디는 능력에서든, 생리기능이 최상층인 선수들이 언제나 있다는 것이다.

많은 연구에 따르면 여성은 테스토스테론이 넘치는 근육질에, 평균보다 키가 크고, 어깨가 넓고, 턱이 단단한 남성에 매력을 느낀다. 그렇다고 여성이 반드시 사내다운 남자를 선택하지는 않는다. 여성이라고 해서 모두 근육질 남성을 좋아하지는 않는다는 뜻이다. 이때도 여성이 어떤 월경 주기에 있느냐에 따라 선호도가 달라진다. 한 연구에 따르면 배란기인 여성은 근육질인 남성에게 더 끌린다. 그런데 흥미롭게도 짝이 근육질이 아닐 때만 그렇다. 이 결과를 해석하자면, 여성은 자신의 난자가 근육질인 남성의 정자와 수정하기를 바라지만, 이때 말고는 근육질이 아닌, 그래서 가족을 더 살뜰히 보살필 남성을 원하는 듯하다. 그런 남성일수록 아이에게 더 좋은 아버지가

* 정확히 말하면 남성과 여성의 특징을 모두 지닌 간성 판정을 받았다.

068

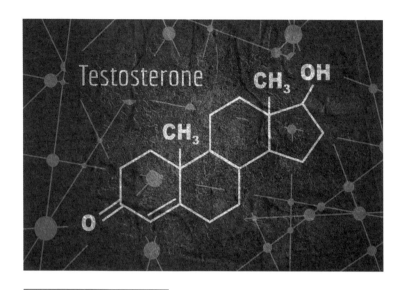

테스토스테론. 중요한 남성 호르몬으로, 남성의 생식 기관 발달에 핵심 역할을 하고, 근육량 증가와 체모 같은 2차 성징을 촉진한다.

되고 바람을 피우지 않을 터이기 때문이다. 하지만 이런 해석은 순전히 추측일 뿐이다.

한 가지 흥미로운 면은 남성의 냄새가 그의 주요 조직 적합 복합체 major histocompatibility(MHC)의 유전자 정보를 어느 정도 알려준다는 것이다. 주요 … 뭐라고? 쉽게 말해, 면역 체계에서 중요한 역할을 맡는 유전자란 뜻이다. 여성은 자신과 MHC 유전자가 다른 남자를 선호한다. 아이들이 더 다양한 MHC를 지니면 감염에 맞서 더 잘 싸울 수 있기 때문이다. 어찌 보면 MHC는 무기고와 같다. 다양성은 인생을 살맛나게 하는 양념이다. MHC 유전자가 다양할수록 침입한 병균을 죽일 확률이 높다. 그런데 여성이 피임약을 먹을 때는 상황이 완전히 뒤바뀐다는 사실도 증명되었다. 피임약을 먹는 여성은 근육질이 아닌 남성을 선호할뿐더러, MHC가 자신과 비슷한 남성을 선호한다.

이런 일이 일어나는 까닭은 피임약 때문에 몸이 임신 상태인 줄로 착각하면서, 주변 사람을 잘 보살피는 짝에게 더 끌리기 때문이다. MHC 측면에서 보자면 MHC가 비슷할수록 혈연관계가 있을 터이므로, 그 남자가 여성의 자녀를 보살필 확률이 더 높다. 피임약과 관련한 또 다른 흥미로운 결과는 성생활 만족도와 관련한다. 여성이 피임약을 먹는 동안 짝을 선택하면, 약을 계속 먹는 동안은 짝에게 더 큰 만족을 느낀다고 한다. 아마 약이 상대가 내뿜는 페로몬 냄새를 더 예민하게 느끼도록 하여 여성이 짝을 인지하는 방식을 어느 정도 바꾸지 않나 싶다. 만약 여성이 피임약을 끊으면, 그 남성의 냄새에서 더는 매력을 느끼지 않을 것이다.

일부 여성이, 그것도 배란기일 때만 매력을 느끼는 형질이 하나 있다. 바로 위험을 무릅쓰는 행동이다. 예전에는 담배를 피우는 행동을 성적으로 매력 있다고들 여겼다. 강인함을 나타내는 신호였기 때문이다. 몸이 담배를 견딜 수 있다면 틀림없이 유전자가 뛰어나다는 뜻이다. 스카이다이빙이나 포뮬러 원 경주처럼 목숨을 건 아슬아슬한 행동은 강인함과 용기를 훤히 드러내므로 성적인 매력을 풍긴다. 음악인에게 매력을 느끼는 까닭도 무대에 올라 연주할 때 용기와 자신감이 드러나기 때문이다. 운동선수에게 매력을 느끼는 이유도 마찬가지다. 그런 매력에는 남들에게 높이 평가받는 것도 한몫한다. 그런 평가가 우두머리 자리와 우수한 유전자를 가리키기 때문이다. 이성에게 내뿜는 자신감도 마찬가지로 성적 매력을 내뿜지만, 지나치게 자신만만한 모습은 매력적이지 않다. 지나치게 자신만만하다면 무엇인가를 감추거나 자기도취에 빠진 사람이라는 뜻일 것이다.

좋은 소식을 전하자면, 우리는 누군가의 몸을 훑어보고 냄새를 맡은 뒤 선택을 마치도록 프로그램이 입력된 엉성한 기계가 아니다. 트랠리의 장미^{Rose of Tralee}*라면 누구나 알듯이 성격도 중요하다. 따라서 매력에 중요한 구실을 하는 성격 특성이 있다. 한 연구에 따르면 다정한 성격은 사람을 더 매력 있어 보이게 한다. 이 연구에서는 실험 참여자에게 사진 속 얼굴의 매력을 평가하라고 요청했다. 2주 뒤 참여자에게 다시 사진을 평가하라고 요청했는데, 이번에는 일부 사진에 '다정하다', '정직하다' 같은 성격 특성을 적어놓았다. 결과가 어떻게 나타났을 것 같은가? 바람직한 성격 특성을 적어놓은 사진의 매력 점수가 처음보다 더 올라갔다.

그런데 이런 연구는 한결같이 수행하기가 어렵다. 우리가 저마다 다른 특성을 선호하기 때문이다. 어떤 사람은 작은 발을 선호하고, 어떤 사람은 정장을 선호하고, 어떤 사람은 대머리를 선호한다. 그렇기는 해도 우리 대다수가 높이 사는 보편적인 특성이 있다. 깨끗한 피부, 윤기 나는 머리칼, 깔끔한 차림새, 여성은 7 대 10, 남성은 9대 10인 허리 대 엉덩이 비율. 이런 선호는 어떤 문화에서든 보편적으로

---

* 동명의 민요 제목에서 따온 아일랜드 축제로, 젊은 여성 한 명을 장미로 뽑는다.

나타나는 듯하다. 이런 특성들을 건강과 젊음, 뛰어난 유전자를 나타내는 신호로 보기 때문이다. 하지만 이때도 성격 특성이 우위를 차지한다. 그러니 정말로 누구나 좋아하는 사람이 있기는 있는 듯하다.

그렇다면 짝을 고른 뒤에는 무슨 일이 일어날까? 여러 연구가 뚜렷이 드러낸 바에 따르면, 여기에서도 화학물질이 작용한다. 이번에는 호르몬이다. 서로 끌리는 초기 단계에서는 테스토스테론과 에스트로겐이 특성을 드러낸다. 두 호르몬은 성욕을 유발한다. 테스토스테론은 여성에서도 생성되고, 남성에서와 마찬가지로 성욕을 자극한다. 테스토스테론만은 못하지만 에스트로겐도 비슷한 효과를 발휘한다. 여성은 배란기일 때 성욕이 늘어난다는데, 아마 에스트로겐 때문일 것이다.

성적으로 끌리기 시작하면 뇌에서 신경전달물질이 활동을 시작해 도파민, 노르아드레날린, 세로토닌이 모두 관여한다. 이 호르몬들은 보상 감각을 자극한다. 또 식욕을 떨어뜨리고 불면증을 일으킨다. 1980년대에 유행한 노래 〈사랑에 중독되었네 Addicted to Love〉가 옳았다. '잠도 못 자고, 먹지도 못하네. 보나 마나야. 푹 빠진 거야. … 인정하는 게 좋을 거야. 너는 사랑에 중독되었어.' 우리는 실제로 사람에 중독된다. 그래서 그 사람의 페이스북을 몇 시간씩 들여다보고, 얼굴 한번 보겠다고 빗속에서 몇 시간씩 서성이고, 목이 빠져라 휴대폰 문자를 기다리고, 집에 갈 때 자신도 모르게 그 사람의 집이 있는 쪽으로 발길이 닿는다. 사랑하는 사람은 헤로인과 같다. 실제로 헤로인 같은 중독성 마약은 사랑에 빠졌을 때와 비슷한 효과를 낸다. 사랑은

사랑의 화학 반응. 시작은 성적으로 끌리게 하는 페로몬이다. 그다음에는 뇌에서 여러 신경 전달 물질이 활동을 시작해. 성욕을 일으키고, 사랑에 빠지게 하고, 두 사람을 하나로 묶는다.

헤로인처럼 강렬하고 행동을 바꿔놓는다. 헤로인 중독자가 바라는 것이라고는 더 많은 헤로인뿐이듯, 사랑에 빠진 사람이 바라는 것은 오로지 사랑하는 사람뿐이다. 사랑에 빠진 사람들의 뇌 영상을 살펴본 연구에 따르면, 사랑하는 사람의 사진을 보여줬을 때 뇌에서 보상 중추를 담당하는 미상핵이 신호등처럼 밝아졌다고 한다. 헤로인 중독자에게 헤로인을 보여줄 때도 똑같은 영역이 밝아진다. 가수 루 리드Lou Reed가 〈완벽한 날Perfect day〉에서 제대로 짚었다. '정말 완벽한 날이네요. 오늘을 당신과 함께 보내다니 기뻐요.' 어떤 사람들은 이 노래가 사실은 사랑에 빠진 마음을 읊은 동시에 헤로인 복용을 읊었다고 해석한다.

사랑에 세로토닌이 관여하는 것도 놀랄 일이 아니다. 세로토닌은 강박 장애를 일으키는 신경전달물질이니, 여기에서도 사랑에 빠지면 완전히 넋이 나가는 연결고리가 보인다. 이 모든 반응은 뜨겁게 끓어올랐다가 끝내 차갑게 식는다. 이런 사랑의 열병이 이어지는 기간은 대개 한 달에서 여섯 달이다. 그리고 그래야만 한다. 그렇지 않았다가는 우리가 제대로 넋을 놓고 말 것이다. 하루 내내 아무것도 하지 않은 채 사랑하는 사람의 눈만 들여다보고, 길게 봤을 때 해롭다고 드러날 결정을 내릴 것이다. 그 옛날이라면 그대로 뒀다가는 우리가 검치호랑이에 잡아먹히고 말았을 테니, 진화는 이런 반응을 반드시 멈춰 세워야 했다.

마지막 단계는 애착이다. 여기에 작용하는 호르몬은 두 가지, 옥시토신과 바소프레신이다. 특히 옥시토신이 중요한 역할을 한다. 포옹 호르몬 또는 사랑 호르몬이라 불리는 옥시토신은 우리가 애착을 형성할 때 즉 우리가 애착을 유발하는 사람에게 유대감을 형성할 때 생산된다. 우리는 오르가슴을 느낀 뒤에도 옥시토신을 만들고, 엄마가 아이를 돌볼 때도 아이와 유대 관계를 형성하고자 옥시토신을 풍부하게 생산한다. 아이가 젖을 빨 때도 엄마의 몸이 자극 받아 옥시토신을 생산하니, 감탄이 절로 나는 선순환 구조다. 젖을 빠는 아이는 엄마의 몸을 자극해 엄마가 아이에게 유대감을 형성하게 돕는 호르몬을 생산하게 하고, 따라서 젖을 더 많이 먹을 수 있다. 옆 사람이

사랑 호르몬, 옥시토신의 분자식

당신에게 유대감을 느끼게 하고 싶은가? 제조업자들이 그런 효과를 낸다는 옥시토신 스프레이를 만들어 팔고 있으니, 사서 써봐도 괜찮겠다. 아니면 젖을 빨고 싶다는 욕구를 일으키던가.

옥시토신은 우리를 정절이라는 주제로도 안내한다. 우리는 무엇 때문에 짝 옆에 계속 머물까? 심리학자는 인간을 '약간 일부다처제'인 존재로 분류한다. 대다수는 짝에게 충실하지만 더러는 곁눈을 팔기 때문이다. 여기에는 여러 이유가 있을 수 있다. 그 이유를 알고자 동물계의 일부다처제와 일부일처제를 과학적으로 가장 뛰어나게 다룬 연구가 있다. 실험 대상은 들쥐다. 이 자그마한 털 짐승은 아주 가까운 두 종(사실 어찌나 가까운지 겉모습만으로는 어느 종인지 구별하기 어렵)이 사뭇 다르게 행동한다는 사실이 관찰된 뒤로, 지금까지 수

학자들은 포유류가 일부일처제와 일부다처제를 유지하는 근거를 파악하고
자 들쥐를 연구했다. 인간은 약간 일부다처제로 분류된다.

십 년 동안 학자들의 연구 대상이었다.

대초원 들쥐prairie vole는 이름이 내비치는 대로 탁 트인 초원에서 살
고, 일부일처제를 유지해 한번 짝을 고른 뒤에는 절대 곁눈질을 하지
않는다. 이와 딜리 목초지 들쥐meadow vole는 더 우거진 풀밭에서 사는
바람둥이로, 일부다처제 동물이다. 과학자들이 두 종의 DNA를 살펴
봤더니 놀라운 차이가 있었다. 두 종은 옥시토신과 바소프레신(옥시
토신과 비슷한 호르몬이다)에 반응하는 수용체를 만드는 유전자가 살
짝 달랐다. 일부일처제인 대초원 들쥐에서는 짝짓기 뒤 이 유전자가
변화하여 수용체를 많이 만든다. 뇌에 수용체가 더 늘어났으므로, 일
부일처제 들쥐는 바소프레신과 옥시토신에 더 강하게 반응한다.

그러므로 이른바 '가성비 대박'을 또 경험하고 싶은 대초원 들쥐가 처음에 이 반응 경로를 일으킨 짝을 졸졸 따라다닌다는 이야기다. 마치 짝짓기 하는 동안 특별한 노래를 한 곡 들었고, 같은 기분을 느끼고자 그 노래를 거듭 되풀이해 듣고 싶어 하는 것과 같다. 놀랍게도, 일부일처제를 촉진하는 이 수용체를 연구진이 늘릴 수 있었다. 이로 보건대 우리도 뇌의 호르몬 수용체 수준을 조절한다면 일부일처제를 늘리거나 줄일 수 있을지 모른다. 수용체가 늘어날수록 우리가 짝에게 더 충실할 것이다.

어떤 과학자들은 술이 이런 반응을 억제한다고 본다. 이 견해에 따르면 술 취한 사람들이 왜 한눈을 파는지가 일부 설명된다. 술이 바소프레신과 옥시토신 수용체 단백질에 변화를 일으켜 곁눈질을 부추기기 때문이다. 혹시 떠오르는 것이 없는지 남자 친구를 한번 슬쩍 떠봐라. '맥주 콩깍지beer goggles'도 사실로 드러났다. 특히 여성에서는 이 효과가 더 크다고 한다. 술에 취하면 우리 눈에는 남들이 더 매력적으로 보인다. 게다가 남뿐 아니라 나도 더 매력적으로 보이므로, 자만이 하늘을 찌른다. 짝이 될 만한 사람에게 내가 얼마나 대단한지 으스대고, 속으로 내가 이 여자(남자)를 꼬시고 있다니 대단하다고 뿌듯하게 여긴다. 그러니 당연하게도 심각한 역효과를 낳을 수 있다.

당신의 짝이 오랫동안 곁에 머물지 알고 싶은가? 짝의 바소프레신 수용체나 옥시토신 수용체가 대초원 들쥐에 가까운지 목초지 들쥐에 가까운지 확인하면 된다. 또 다른 유전자를 확인한다면, 세로토닌 운반체 유전자가 있다. 기억하는가? 세로토닌은 행복을 느끼게 하는 신경전달물질이다. 세로토닌도 우리를 사랑에 사로잡히게 한다. 뇌에서 만들어지는 세로토닌은 기분, 불안, 행복을 조절한다. 그래서 엑스터시 같은 불법 기분 전환 마약은 뇌에서 세로토닌의 농도를 크게 높인다. 그런데 세로토닌에는 다른 기능도 여럿 있다. 위장관에서도 만들어져 배변 활동을 조절한다. 또 혈액응고를 촉진하기도 하고 골밀도를 높이기도 한다. 세로토닌 운반체는 이런 세로토닌을 체액에서 흡수하는 역할을 하는 물질로, 짧은 것과 긴 것 두 가지로 나타난다. 한 연구에 따르면, 이 세로토닌 운반체가 짧은 사람은 긴 사람에 견줘 시간이 지났을 때 결혼에 불만을 느낄 확률이 더 높다. 연구진은 성인 156명의 결혼 만족도를 13년 동안 세 차례 추적 관찰한 결과를 활용했다. 추적 관찰 기간에 연구진은 실험 참여자들이 짝에게 어떻게 이야기하는지, 어떤 표정을 짓는지, 어떤 주제로 이야기하는지, 어떤 말투를 쓰는지를 살폈다. 이 평가로 참여자들의 결혼 만족도를 알 수 있었다. 아, 과학자들이 하는 일이란 …

그렇다면 앞으로는 어떤 일이 펼쳐질까? 어쩌면 언젠가는 자신의 여러 형질과 유전자 표지를 알고리즘에 집어넣으면 해당 프로그램이 천생연분을 찾아줄지도 모른다. 온라인 중매 서비스도 더 정교해질 것이다. 그리고 어느 노랫말처럼 '러브 포션 넘버 나인'을 뿌린다면 목표를 이루는 데 도움이 될 것이다. 그렇다 해도 자연 그대로 짝을 찾는 쪽이 확실히 더 재미있지 않을까? 첫눈에 반한다는 말을 믿는가? 나는 그렇다. 확신컨대 첫눈에 반하는 사랑은 테스토스테론, 세로토닌 운반체 유전자, 배란기, 7 대 10인 허리 대 엉덩이 비율에 달렸다.

화가의 신혼 모습을 그린 프레데릭 레이턴 Frederick Lei-
ghton 의 그림

4장

정자가 난자를 만나 아이가 되기까지
: 생식의 과학

SPERM MEETS EGG:
THE SCIENCE OF FERTILITY

3장에서 보았듯이, 매력에 숨겨진 과학은 진화가 남녀를 하나로 묶으려 할 때 우리 인간이 서로 감지하고 전달하는 모든 신호를 다룬다. 신호의 목적은 간단하다. 우리가 섹스를 나눠 아이를 낳고 그 아이를 돌보게 하는 것이다. 속속들이 안팎을 들여다보면 아주 복잡하기 짝이 없는 과정이지만, 이런 과정이 없다면 우리 종은 멸종하고 말 것이다. 이 과정에서 우리가 겪는 모든 시련과 고난과 걱정과 술수의 목적은 하나다. 현미경으로 봐야 할 만큼 작은 정자의 DNA를, 마찬가지로 현미경으로 봐야 할 만큼 작은 난자 안에 든 DNA와 결합하는 것이다. 이토록 과정이 험난한데도 우리가 지금 여기에 존재한다는 사실은, 이 과정이 적어도 20만 년 동안 우리가 한 종으로 존재하는 데 도움이 되었다는 증거다. 어마어마하게 많은 정자와 수많은 난자가 그 기나긴 세월 동안 이어져왔다.

어떤 동물들에는 이런 생식이 쉽지 않은 일이다. 판다 곰을 생각해보라. 하양과 검정이 어우러진 이 사랑스러운 생명체는 성인이 되면 웬만해서는 다른 판다와 어울리지 않고 혼자 살아간다. 그런데 아무리 그렇기로서니 섹스에마저 심드렁하다. 게다가 암컷의 발정기가 해마다 봄철에 한 번, 그것도 겨우 12~25일로 무척 짧다. 더구나 발정기에서도 수정이 되는 실제 가임기는 24시간뿐이다. 한 해를 통틀어 달랑 24시간. 그러니 느릿느릿 움직이는 귀여운 수컷 판다가 어쩌다 암컷 판다를 만나더라도, 수정할 수 있는 24시간을 놓치기 쉽다. 도대체 누가 이런 번식 습성을 만들었을까? 그런데도 어떻게 판다라는 종이 오늘날까지 살아남았을까?

이런 번식 습성은 야생 판다가 약 1,600마리밖에 남지 않은 데 한몫했다. 또 보호시설이나 동물원에서 판다를 번식시키기 어렵게 한다. 사육사들은 최선을 다해 완벽한 번식 환경 즉 판다의 자연 서식지를 재현한다. 사람으로 치면 촛불이 은은하게 빛나고 배리 화이트의 달콤한 사랑 노래가 흘러나오는 저녁을 차린다. 하지만 사육사들이 아무리 애쓴들, 판다들은 마빈 게이^{Marvin Gaye}가 남긴 불후의 명곡 〈우리, 사랑을 나눠요^{Let's get it on}〉는 내 알 바가 아니라는 듯 여전히 섹스에 시큰둥할 것이다. 수컷 판다를 흥분시키려 사육사들이 비아그라까지 써봤지만 헛수고였다. 1972년에 리처드 닉슨^{Richard Nixon}이 미국 대통령으로는 처음으로 중국을 방문하자, 중국이 기념 선물로 워싱턴 D.C.에 있는 미국 국립 동물원에 판다 두 마리를 선사했다. 하지만 두 판다는 10년 동안 한 번도 섹스를 하지 않았다.

오늘날 판다가 새끼를 낳는 주요 방법은 인공수정이다. 곰에서 판다가 차지하는 비중이 낮은 데는 이런 습성도 한몫한다. 어느 판다가 암컷을 만나 사정하는 일이 생길지는 몰라도 드물디드문 일인 데다, 설사 그런 일이 일어나도 임신으로 이어지기가 쉽지 않다. 그래도 만

중국이 보낸 판다 링링과 싱싱이 미국 국립 동물원에서 노는 모습. 암컷 판다는 한 해에 딱 한 번만 발정하는 데다 수컷을 만나는 일까지 드물므로, 새끼를 낳기가 무척 어렵다.

약 수컷이 사정한다면, 정자가 난자에 무사히 도달해 수정할 확률은 얼마쯤일까? 이때도 확률은 낮다. 더구나 우리 인간에는 비할 바가 아니다. 한창때인 인간에서는 네 번에 한 번꼴로 수정이 일어난다.

인간에서는 바로 이 순간, 어느 정자가 마침내 난자에 다다르는 순간이야말로 우리가 신경 써서 옷을 고르고, 귀 따가운 음악 소리에도 늦게까지 파티에 머물고, 끝도 없이 긴 문자를 보내고, 상대의 마음을 미루어 짐작하는 등 짝짓기의 모든 번거로움과 즐거움을 거치는 목적이다. 난자에 다다른 정자는 자신의 DNA를 난자 안에 내뿜어 난자의 DNA와 결합하게 한다. 이로써 정자는 죽는다. 이제 막 수정된 난자는 단세포 상태다. 하지만 세포분열을 거듭하며 2개, 4개, 8개로 계속 늘어난 끝에 완전한 태아로 발전한다. 여기에서 흥미로운 사실은 세포가 분화한다는 것이다. 즉 어떤 세포는 뇌가 되고, 어떤 세포는 살갗이 된다. 어떤 세포는 간이 되고, 어떤 세포는 피가 된다. 그리하여 우리 몸을 구성하는 모든 세포가 제자리를 찾는다. 여기서 기억할 사항은 이렇게 분화한 세포마다 우리 DNA를 고스란히 담고 있다는 것이다. 모든 세포는 수정란에서 비롯하고 세포가 분열할 때마다 완전히 똑같이 복제되기 때문이다.

세포가 분화한다는 것은 특정 유전자가 발현한다는 뜻이다. 신경세포는 '나는 신경세포야'라고 말하는 유전자를 작동시키고, '나는 간세포야'라고 말하는 유전자는 계속 꺼놓는다. 반대로 간세포는 '나는 간세포야'라고 말하는 유전자를 작동시키고, '나는 신경세포야'라고 말하는 유전자는 계속 꺼놓는다. 이런 작용이 어떻게 일어나는지 알아내려는 연구가 매우 활발히 진행 중이다. 이 분야에는 우리가 알아내야 할 것이 아직도 많다. 그런데 우리 몸속 세포마다 DNA가 고스란히 들어 있으므로, 따지고 보면 어느 세포든 다른 세포가 되도록 유도할 수 있다. 이것이 줄기세포의 기본 원리다. 이를테면 피부 세포를 채취해 수정란 같은 세포가 되도록 프로그램을 다시 입력했다가, 그 세포가 신경세포 등 우리가 원하는 모든 특수 세포로 분화하도록 유도하는 것이다. 아직은 완전히 성공하지 못했지만, 앞으로 언젠가는 줄기세포로 간이나 신경세포를 길러, 노화한 간을 대체하고 손상된 척수를 치료할 날이 올 것이다.

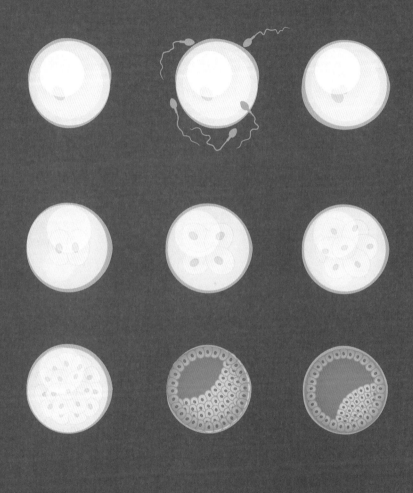

세포 분열 및 분화. 단세포인 수정란은 세포분열을 거듭
해 다세포가 된다. 수정란에는 신체 기관계를 형성할 세
포를 만드는 데 필요한 모든 정보가 들어 있다.

난자가 수정되는 과정은 무척 중요한 연구 영역이다. 임신에 어려움을 겪는 부부를 돕는 연구에서는 특히 더. 그런데 불안하게도 미국을 포함한 여러 나라에서 남성의 정자 수가 줄고 있다고 한다. 그렇다면 정자는 어떤 과정을 거쳐 난자와 수정할까? 만약 정자 수가 너무 많이 줄어들어 수정을 못한다면 우리에게 어떤 일이 벌어질까?

정자를 주요하게 다루는 영화는 많지 않다. 남자가 정자 모양 옷을 입고 나오는 영화는 더 적다. 그런데 우디 앨런Woody Allen이 〈섹스에 대해 알고 싶었던 모든 것Everything You Always Wanted to Know About Sex〉이라는 영화를 만들면서, 사정을 앞둔 정자를 연기했다. 영화에서 우디는 동료 정자들과 함께 사정을 기다린다. 우디 앨런 하면 떠오르는, 신경이 곤두선 채 안절부절못하는 모습으로. 듣자 하니 사내들(그러니까 정자)이 딱딱한 고무벽에 머리를 쿵 부딪치는 일이 잦다고 해서다. 그러다 걱정이 더 깊어진다. '이 사람이 지금 자위를 하는 거면 어쩌지? 그럼 나는 천장에서 말라비틀어지는 신세로 끝나는 거잖아.' 우디는 정자가 이런 생각을 하리라고 봤다. 물론 정자는 우디처럼 생기지도 않았고, 생각도 할 줄 모른다. 하지만 만약 정자가 생각을 할 줄 안다면 우디처럼 생각했을 것이다.

사람은 한 번 사정할 때마다 정액을 평균 10밀리리터씩 내뿜고, 여기에는 정자가 최대 3억 마리까지 들어 있다. 길이가 0.05밀리미터인 정자 3억 마리가 하나같이 한 난자를 찾아 우윳빛 정액 속을 기를 쓰고 헤엄친다. 그러고 보니 록 밴드 10cc(cc는 밀리리터와 같은 양이다)가 여기에서 그룹명을 따왔는지도 모르겠다. 정자가 섹스에서 맡

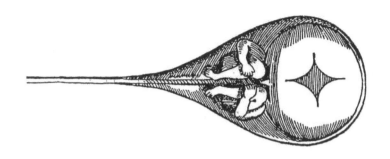

정자마다 축소 인간Homunculus 이라는 작은 사람이 들어 있다고 생각하던
때도 있었다.

은 주요 임무는 난자까지 헤엄쳐 가서 난자와 수정하여 자신의 DNA
를 난자 안으로 들여보내는 것이다. 그러므로 당연히 정자 하나하나
가 모두 신성하지만, 중요한 결과를 낳는 정자는 딱 하나뿐이다.

어느 정자가 난자를 만나 결합할 확률은 하늘의 별 따기만큼 낮다.
다른 정자를 죄다 제칠 만큼 재빨리 헤엄쳐야 하므로, 다른 장애물이
없더라도 성공할 확률이 겨우 3억분의 1이다. 게다가 헤엄쳐야 할 거
리도 엄청나다. 인간(예컨대 우디 앨런)에 빗대자면 얼추 5~6킬로미
터를 쉼 없이 헤엄치는 셈이다. 그런 데다 갖가지 장애물이 앞을 가
로막는다. 먼저 여성의 질에서 약산성인 분비물이 나오므로, 식초 속
을 헤엄치는 것과 같다. 운이 좋다면 정자가 자궁 입구인 자궁 경부
에 이르렀을 때 자궁 경부 점액이라는 *끈끈한* 분비물이 기다렸다가
정자를 돕는다. 정자는 자궁 경부 점액을 타고 미끄러지듯 나팔관으

로 쑥 올라간다. 그러면 비로소 나팔관에 이른다. 많은 정자가 기운이 떨어지거나, 아니면 멍청하게도 엉뚱한 방향으로 헤엄치는 바람에 여기까지 도달하지 못한다. 남자가 길을 묻지 않듯이, 남자가 내뿜는 정자도 길을 묻지 않는다. 정사를 유인하고자 난자가 내보낸 화학물질을 감지하고서 올바른 방향으로 헤엄치는 정자는 다섯에 하나뿐이다. 정자는 사실 에너지원으로 포도당이 아닌 과당을 태운다. 과당은 에너지 음료와 같아서, 정자에게는 포도당보다 과당이 더 뛰어난 연료다. 이렇게 과당이 풍부한 정액은 조금 쓴맛이 난다.(어디까지나 들어서 아는 소리다.)

어떤 정자는 거부되기도 한다. 여성은 때로 항체(항체는 면역 분자로, 병원균을 붙잡아 면역계가 제거하도록 돕는다.)를 내보내 정자를 붙잡은 뒤 무력하게 만든다. 이런 거부반응은 남자가 모르는 사이에 일어난다. 섹스를 거부당하지 않았더라도, 드디어 섹스까지 했더라도, 마침내 질 안에 정자를 내뿜었을 때 다른 거부반응이 일어날 수 있다는 뜻이다. 그런데도 남자는 이런 일이 벌어지는 줄을 까맣게 모른다.(남녀 관계에서는 이와 똑같은 현상이 여러모로 많이 일어난다.)

난자가 멀지 않은 곳에 다다랐으므로, 무리의 선두에 선 성사는 이제 난자를 찾아 나선다. 이 정자에게 좋은 소식이 하나 있다. 다른 남성의 정자가 뒤에서 쫓아올 확률이 거의 없다는 것이다. 많은 종에서 수컷은 다른 수컷의 정자가 들어오지 못하도록 질을 막는 물질을 정액 안에 포함한다. 인간의 정액에는 이런 물질이 없다. 종으로서 인

일부 영장류는 암컷이 여러 수컷과 교미하여 번식한다. 따라서 수컷은 어떻게든 자신의 정자가 난자와 수정하도록, 사정 뒤 교미 마개를 생성하여 경쟁 수컷의 정자가 들어오지 못하도록 입구를 막는다.

간의 정자 경쟁sperm competition*이 낮거나 중간 수준이기 때문이다. 이와 달리 영장류 중에서도 암컷이 여러 수컷과 교미해 번식하는 종에서는 수컷의 정액에 나중에 사정된 다른 수컷의 정액을 막을 교미 마개나 죽일 화학물질이 들어 있다. 이런 증거로 보건대 우리 인간은 대체로 일부일처제 동물이다.

　여기까지 다다른 정자에게 운이 따른다면, 여성이 배란기일 것이다. 배란기가 아니라면 배란이 되기를 기다리면 된다. 정자가 그만큼

＊　여러 수컷이 자신의 정자로 난자를 수정하고자 벌이는 경쟁.

강하기 때문이다. 자궁 경부 점액은 정자가 머물기에 알맞은 환경이
므로 2~3일쯤은 그곳에서 살 수 있다.(몸 밖에서 공기에 노출된 정자는
2~3시간밖에 살지 못한다.) 그러니 정자는 짧은 휴가를 맞아 아마 관
광도 하며 난자가 나오기를 기다릴 것이다.

자, 이제 마법이 벌어질 순간이다. 드디어 정자가 난자와 결합하는
순간. 그런데 이때마저도 투명층*zona pellucida 이라는, 난자를 둘러싼 투
명하고 질긴 막이 정자를 가로막는다. 그러나 정자가 용케 투명층을
뚫고 들어가 애지중지 품고 온 DNA를 전달하면, 흥미로운 일이 벌
어진다. 난자의 투명층이 단단해져 다른 정자가 아예 들어오지 못하
게 막는다. 다른 정자가 들어오지 못한다는 것은 수정란이 딱 맞는
염색체 수를 갖는다는 뜻이다. 정자와 난자가 어떻게 결합하느냐는
전체 생식 과정에서 무척 중요한 부분이다.(사실은 우리 종의 생존에도
매우 중요하다.) 그런데도 이런 결합이 일어나는 정확한 원리는 최근
에야 밝혀졌다.

2005년, 오카베 마사루岡部 勝 라는 일본 과학자가 정자 표면에 어떤
단백질이 징처럼 달라붙어 있다는 사실을 알아냈다. 열쇠가 자물쇠
에 착 들어맞듯, 어떤 단백질은 다른 단백질을 귀신같이 인식하므로,
이 단백질이 수정 과정을 밝힐 열쇠일 확률이 높았다. 단백질이 매우
복잡하고 다양한 3차원 모양을 띠는 덕분에 온갖 흥미로운 일을 할
수 있기 때문이다. 단백질은 점토와 비슷해서 엄청나게 다양한 모양
을 형성할 수 있다. 그리고 모양이 달라지면 하는 일도 달라진다. 오
카베는 정자가 난자와 결합하는 데 아주 중요한 역할을 하는 단백질

을 알아냈다. 난자 표면에서 자물쇠를 찾는 정자의 표면을 살펴보니 열쇠가 있었다. 이 단백질이 모자란 정자는 난자와 결합하지 못했다. 그러므로 오카베는 이 단백질이 답이라고 봤다.

일본에는 로맨스가 살아 숨 쉰다고 증명이라도 하려는 듯, 오카베는 결혼의 신을 모시는 신사의 이름을 빌려 이 단백질을 이즈모라 불렀다. 흥미롭게도 이즈모는 정자가 산성 환경인 자궁 경부에 들어갈 때만 정자 표면에 툭툭 튀어나온다. 즉 정자가 산성을 감지해 이즈모 유전자에 신호를 보내고, 이 신호에 따라 만들어진 이즈모가 세포 표면에 모습을 드러낸다. 이 반응은 생화학에서 '신호 전달signal transduction'이라 부르는 과정의 한 예다. 산성은 정자를 자극해 안쪽으로 신호를 전달하게 하고, 신호를 받은 유전자는 이즈모 단백질을 생산한다. 이즈모가 필요 없을 때는 발현하지 않아도 되므로, 분명히 매우 효율적인 반응 방식이다.

오카베가 실험용 생쥐에서 이즈모 유전자를 제거했더니(이제는 어떤 유전자를 제거한 뒤 무슨 일이 벌어지는지 살펴보기가 꽤 쉬워졌다.), 수컷 생쥐는 불임이 되었지만 암컷은 그렇지 않았다. 오카베의 발견이 맞는다는 증거였다. 이즈모가 없는 정자도 난자까지 도달하기는 했지만, 투명층을 뚫고 들어가지는 못했다. 난자의 문을 열 자물쇠에 끼워 넣을 이즈모 열쇠가 없었으므로, 정자의 DNA를 안으로 들여보내지 못했다. 드디어 정자가 난자에 침투하는 데 필요한 단백질을 찾아냈다.

그런데 이즈모는 난자에서 무엇을 인식해 열쇠를 집어넣었을까?

이즈모 열쇠에 맞는 자물쇠는 과연 무엇이었을까? 개빈 라이트^{Gavin} Wright가 이끄는 영국 연구진이 바로 그 자물쇠를 찾고 있었다. 성인 남성 대다수가 몸속에 많은 정자를 비축하므로 정자를 얻기는 매우 쉽지만, 여성의 난자는 분리하기가 어려워 훨씬 더 귀하다. 따라서 자물쇠를 찾아내기가 어려웠다. 게다가 이즈모와 난자 단백질의 상호 반응이 눈 깜짝할 사이에 일어나므로 무슨 일이 일어나는지 포착하기가 어려웠다. 난자와 결합한 정자는 순식간에 난자 안으로 들어가버린다. 그래도 엄청난 끈기와 부지런함으로 연구에 매달린 끝에, 마침내 그 자물쇠를 찾아냈다.

연구진은 이즈모 자체를 미끼로 이용해 단백질 덩어리에서 자물쇠가 될 만한 대상을 잡아냈다. 알고 보니 벌써 14년 전에 기능도 밝히지 못한 채 완전히 다른 맥락에서 보고된 적이 있던 단백질이었다. 그 단백질의 기능이 바로 이즈모와 반응하는 것이었다. 이 기능을 발견한 라이트는 이 단백질에 로마신화 속 다산과 결혼의 여신인 주노^{Juno}의 이름을 붙였다. 과학자들이란 지식을 뽐내기를 좋아하는 법이나. 이제 주노라는 이름은 아일랜드의 위대한 극작가 숀 오케이시^{Sean O'Casey}의 연극 〈주노와 공작 ^{Juno and the Paycock}〉에 완전히 새로운 의미를 부여할 것이다.

주노는 수정되지 않은 난자의 표면에서만 발견된다. 정자가 이즈모 열쇠를 주노 자물쇠에 집어넣은 뒤 난자의 문을 열고 안으로 들어가는 순간, 즉 수정된 순간 난자의 표면에서 다른 주노 자물쇠가 순식간에 모조리 사라진다. 수정란에 다른 정자가 들어가지 못하는 이

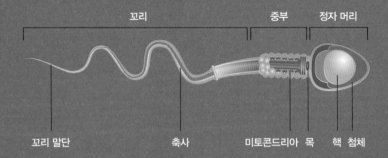

꼬리   중부   정자 머리

꼬리 말단   축사   미토콘드리아   목   핵 첨체

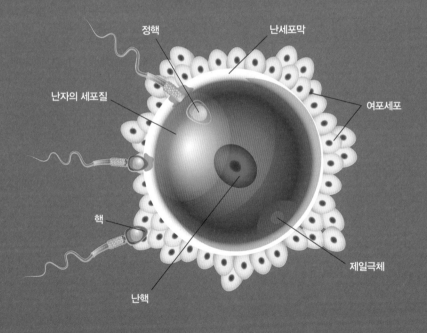

정핵   난세포막

난자의 세포질   여포세포

핵

제일극체

난핵

정자가 난자와 수정하는 모습. 정자에게는 난자를 뚫고
들어갈 때 쓸 이즈모(결혼의 신을 모신 일본 신사에서 따
온 이름이다)라는 '열쇠'가 있다. 정자는 이 열쇠를 난자
의 자물쇠인 주노(로마 신화 속 다산과 결혼의 여신에서
따온 이름이다. 그리스 신화의 헤라와 같다)에 끼워 넣는
다. 그러면 난자 안으로 들어가 자신의 DNA를 방출해
난자의 DNA와 결합할 수 있다. 수정이라는 마법이 펼쳐
지는 순간이다.

유다. 정자가 들어오도록 난자의 문을 여는 자물쇠 주노가 정자가 들어온 뒤에는 마치 마법처럼 모두 사라지기 때문이다. 아담과 이브가 단백질 분자로 발현했다고 할 만한 이즈모와 주노는 중요한 발견이다. 첫째, 둘 중 하나에라도 결함이 있으면 아이가 생기지 않을 수 있다. 둘째, 과학자들이 이즈모와 주노를 방해할 방법을 개발한다면 호르몬을 조절하지 않는 새로운 피임약으로 만들 수 있다. 어떤 여성들은 그런 피임약을 좋아할 것이다. 또 이즈모 열쇠를 가리거나 막을 방법을 찾아낸다면 남성 피임약도 개발할 수 있을 것이다.

이제 정자는 난자 안에 들어왔다. 따라서 정자의 DNA가 난자의 DNA와 결합할 수 있다. 흥미롭게도 정자와 난자는 우리 몸속 모든 세포 가운데서도 아주 특별하다. 다른 세포에서는 DNA가 모두 염색체 23쌍(46개) 안에 배열되어 있다. 하지만 정자와 난자는 염색체가 그 절반인 23개뿐이다. 난자의 염색체 23개와 정자의 염색체 23개가 결합하면, 염색체는 다시 23쌍이 된다. 이 염색체는 두 배로 복제되었다가, 세포 분열이 일어나 두 딸세포가 생길 때 23쌍씩 딸세포로 전달된다. 그리고 우리의 신체 발달 단계가 정자와 난자를 형성할 때에 이르면, 이 특별한 세포들에 염색체가 다시 절반만 나타난다. 이런 일은 눈길을 끌게도 씨앗을 뜻하는 'germ'이 이름에 들어간 '생식세포germ cell' 즉 정자와 난자에서만 일어난다.

수정란은 정자에 따라 남성 아니면 여성이 된다. 남성이란 Y염색체라는 특별한 염색체를 지녔다는 뜻이다. 달리 말해 난자가 수컷 정자 즉 Y염색체를 지닌 정자와 수정했다는 뜻이다. 수정란이 여성이면 암컷 정자 즉 X염색체를 지닌 정자와 수정했다는 뜻이다. 장담하 건대 당신도 암컷인 정자가 있을 줄은 몰랐을 것이다. 이는 남성에게 엄마의 난자에서 받은 X염색체와 아빠의 정자에서 받은 Y염색체가 있다는 뜻이다. 이와 달리 여성은 엄마의 난자와 아빠의 정자에서 모두 X염색체를 받으므로, X염색체가 두 개다. 바로 이 염색체가 XY냐 XX냐에 따라 아이가 아들이냐 딸이냐가 결정된다. 이렇게 완전한 인간의 모습으로 발달할 잠재력이 충만한 염색체가 현미경으로 봐야 할 만큼 작은 수정란 안에 들어 있다.

이유는 명확히 밝혀지지 않았지만, 언제나 51 대 49로 남자아이가 여자아이보다 조금 더 많이 태어난다. 아마 태아를 품어야 하는 여성은 지극히 중요하지만, 남자아이는 중요성이 조금 떨어지는 소모성이기 때문일 것이다. 그런데 최근에 걱정스러운 흐름이 나타났다. 이런 남녀 성비가 바뀌고 있다. 캐나다에서 진행한 한 연구에 따르면 정유 공장, 제철소, 펄프 공장이 일으키는 오염에 노출되었던 지역에서는 정상 성비가 뒤집혀 여자가 남자보다 많이 태어난다. 이런 현상의 원인은 오염 물질, 그중에서도 다이옥신이라는 화학물질의 수준이 높아서인 것으로 보인다. 다이옥신이 성비에 영향을 미친다는 사실은 이미 증명되었다. 러시아와 이탈리아에서 진행한 연구들도 이런 결과를 뒷받침한다. 이런 결과가 암컷 정자와 수컷 정자의 비율이 달라져서 나타나는지, 아니면 수컷 정자의 수정 능력이 떨어져서 나타나는지는 아직 밝혀지지 않았다. 태아가 남자아이일 때 유산 확률이 조금 더 높은 것도 원인이 될 수 있다.

일본에서 진행한 다른 연구에 따르면, 사내아이인 태아가 기후 변화에 특히 예민하게 반응한다. 연구진은 1968년부터 2012년까지 일본의 월 평균 온도 변화, 그중에서도 2010년 푹푹 쪘던 여름과 2011년 뼈 시리게 추웠던 겨울을 살펴봤다. 숨이 턱턱 막혔던 2010년 여름이 지난 지 아홉 달이 되자 여자아이가 남자아이보다 눈에 띄게 더 많이 태어났다. 마찬가지로 혹독하게 추웠던 2011년 겨울이 지난 지 아홉 달 뒤에도 여자아이가 남자아이보다 더 많이 태어났다. 이유는 아직 모르지만, 남자아이인 태아가 지나치게 높거나 낮은 온도에 더 예민한 듯하다. 그러므로 지구온난화 때문에 여자아이가 남자아이보다 더 많이 태어나는, 생각하지도 못한 결과가 나타날 수 있다. 그렇게 되면 남성은 아예 태어나지도 못하니, 실제로 멸종 위기종과 같은 신세가 될 것이다.

마지막 위협은 정자 수가 줄어드는 흐름이다. 연구자들이 1973년부터 2011년까지 북아메리카, 유럽, 오스트레일리아, 뉴질랜드에서 남성의 정자 수를 살핀 연구 185건을 검토해보니, 깜짝 놀랄 결과가 나왔다. 40년도 안 되는 사이에, 사정된 정액 속의 정자 수가 반 토막이 났다. 감소 흐름이 이어진다면 문제가 점점 더 커질 것이다. 이들 지역과 사뭇 다르게도 남아메리카, 아시아, 아프리카에서는 이런 흐름이 보이지 않았다. 그러므로 이들 지역이 뛰어난 대조군 구실을 한다.

서구 산업국가에서는 정자 수가 줄어드는데, 왜 아시아 국가나 더 가난한 국가에서는 그렇지 않을까? 정자 수 감소는 살충제에 사용된 화학물질, 플라스틱, 비만, 담배에 노출된 적이 있느냐의 여부와 관

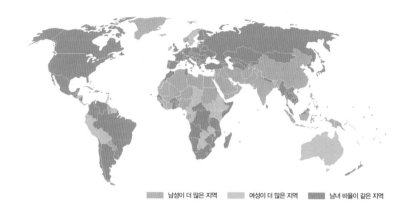

남성이 더 많은 지역 ▧ 여성이 더 많은 지역 ▧ 남녀 비율이 같은 지역

나라별 남녀 성비를 보여주는 지도

련한다. 이런 요인은 정자 수 감소가 일어나지 않는 나라에서도 나
타나므로, 여러 요인이 결합하거나 특정 유전자가 관여할 때 정자 수
가 줄어든다고 볼 수 있다. 한 연구는 텔레비전을 너무 오래 보는 것
이 원인이라고 주장한다. 한 주에 20시간 넘게 텔레비전을 본 남성
은 15시간 넘게 운동을 한 남성보다 정자 수가 더 적었다. 이제 많
은 사람이 정자 수 감소가 걱정스러운 흐름이라며, 우리가 멸종할지
도 모른다는 두려움을 드러낸다. 어떤 활동은 잠시나마 정자 수를 줄
어들게 한다. 따라서 아이를 갖고자 애쓰는 부부들은 남자가 무엇을
하고 무엇을 하지 말아야 정자의 수와 활동성을 향상할 수 있는지를
안내받는다. 온도는 큰 역할을 한다. 정자는 차가운 상태를 좋아하므
로, 소파에 앉아 있다면 공기가 순환하지 않아 고환을 차갑게 유지하

기가 어려울 것이다. 몸에 꽉 끼는 속옷도 정자 활동을 가로막는다. 이 말이 맞는다면, 이 세상 남자는 모두 스코틀랜드 킬트를 입어야 한다. 이유는 명확하지 않지만, 너무 오랫동안 자전거를 타도 정자에 좋지 않다. 무엇이든 알맞게 해야 정자에게 도움이 된다. 그렇게 한다면 난자를 찾는 여정을 헤쳐 나가 번식하기에 제격인, 양도 질도 최고인 정자를 얻을 것이다.

정자 수가 감소하는 흐름으로 예상하건대, 유럽인과 북아메리카인은 멸종을 마주할 것이다. 아니면 아시아 남성들을 불러들여 우리 후손들의 아버지로 삼는 방법도 있다. 마지막 방법은 시험관에서 정자를 만드는 것이다. 미친 소리로 들리겠지만, 과학자들이 바로 그런 일을 해냈다. 이 방법은 줄기세포를 빼놓고는 말할 수 없다. 기억하는가? 앞에서 다뤘듯이 줄기세포는 우리가 어떤 프로그램을 입력하느냐에 따라 우리 몸속 어느 세포로도 자라날 수 있다. 달리 말해 방향만 제대로 잡아준다면 줄기세포는 어떤 세포로든 바뀔 수 있다. 과학자들이 정자를 만든 원천은 배아 줄기세포였다.

중국 난징의 한 연구진이 생쥐의 배아 줄기세포를 채취해 정자세포라는 것을 만들었다. 정자세포는 아직 다 자라지 않은 정자로, 꼬리는 없지만 DNA를 이용해 난자와 수정할 수 있다. 정자나 난자가 만들어지려면 염색체가 반으로 줄어드는 감수분열을 거쳐야 하는데, 그전까지만 해도 세포가 복잡한 감수분열 과정을 거치게 할 방법이 없었다. 하지만 이 연구진이 그렇게 만든 정자세포를 난자와 수정했으므로, 이제 그런 일이 가능해졌다. 중요한 사실은 이렇게 배아 줄기세포로 만든 정자 세포와 난자를 수정시킨 결과, 건강한 새끼 생쥐가 태어났다는 것이다. 성체 줄기세포로 인간의 장기를 만들려는 노력이 이어지듯이, 이 접근법도 앞으로 연구가 이어질 것이다. 언젠가는 피부 세포를 떼어 내 프로그램을 완전히 새로 입력하여 정자세포를 만든 다음, 그 정자세포로 난자를 수정할 날이 올지도 모른다.

그런데 세상이 정말로 짝과 섹스할 필요가 없는 곳으로 바뀔까? 남자가 잠들었을 때 발바닥 세포를 조금 긁어내 세포를 추출한 다음 그 세포를 정자세포로 되돌려 샬레에 든 난자와 결합하게 하면, 즉 이즈모를 주노에 집어넣으면, 그리고 이 수정란을 자궁에 착상시키면, 아홉 달 뒤 짜잔! 하고 사랑스러운 아이가 나오는 곳이 될까? 아무래도 지금처럼 남자에게서 정자를 얻는 방법만큼 재미있게 들리지는 않는다. 하지만 혹시 아는가? 이 방법이 선택지나 대안이 될지.

어쨌든 기화변화와 환경오염이 나아지지 않는다면 정자 수는 계속 줄어들 테고, 따라서 남성 대비 여성의 비율이 갈수록 늘어날 것이다. 어쩌면 앞으로 우리는 남성이 존재하지 않고 아이를 섹스가 아닌 다른 방법으로 만드는(아마 그때는 로봇과 섹스를 할 것이다.) 이상한 세상에 살지도 모른다. 멋진 사이버 세상에서 말이다. 설사 미래에 여전히 남자가 존재하더라도, 남자가 정자를 제공해야 할 필요가 없을 것이다. 어쩌면 그런 세상이 더 행복할지도 모르겠다. 그래도 그런 일이 벌어지지 않기를 바라자. 어찌 되었든 여성 대다수가 주변에 남자가 있으면 심심하지 않고 때로는 쓸모 있기까지 하다고 입을 모아 말하지 않는가. 남자도, 정자도 아직은 죽지 않았다.

5장

유전과 환경, 아이는 어떻게 성장할까?
: 교육과 환경의 과학

IRISH MAMMIES
GOT IT RIGHT

호모사피엔스가 진화한 뒤로, 부모는 늘 걱정을 안고 살았다. 난자가 수정되었다는 것을 안 순간부터, 엄마들은 늘 걱정을 안고 살았다. 교사들도 정치인들도 같은 걱정을 한다. 우리 아이들이 밝디밝은 미래를 누리게 할 가장 좋은 방법은 무엇일까? 아이가 성공한 어른으로 자라도록 올바른 신호를 보내고 올바른 일을 하려면 부모로서 어떻게 해야 할까? 서점 책꽂이마다 조언을 하겠다며 마음 약한 부모를 먹잇감으로 노리는 책이 가득하다. 저마다 이래야 한다, 저래야 한다, 갖가지 주장을 내세운다. 모차르트를 연주해라, 체스를 두어라, 치실을 써라. 그런데 과학은 여기에 무슨 말을 할까? 아이들의 행복을 높여 충만한 삶을 누리는 사람으로 자라도록 이끌 가장 좋은 방법을 우리는 얼마나 알고 있을까?

아이가 충만한 삶을 누릴 어른으로 자라느냐는 모두 천성에 달렸을까? 유전자에 새겨진 성공 확률에 좌우될 뿐일까? 제아무리 발버둥을 쳐도 타고난 특성을 넘어서지 못할까? 아니면 양육이 더 중요한 역할을 할까? 잘만 돕는다면 어느 아이든 활짝 꽃을 피울까? 기회만 얻는다면 어느 아이라도 성공할까? 이런 물음을 놓고 교육학자

및 전문가들이 수십 년 동안 열띤 논쟁을 이어왔다. 그 과정에서 갖가지 주장이 오갔고, 때로 편견에 가득 찼거나 제대로 제어하지 못한 연구 때문에 그릇된 과학이 나타났다. (몇 가지 이유로 나는 pedagogy 라는 말을 좋아한다. 웹스터 사전에서는 이 말을 '가르치는 것과 관련한 기술, 학문, 직업'이라 정의한다. 교육학자pedagogist를 가르치는 일은 정말이지 내 맘에 쏙 든다.)

예를 들어 성공이 주로 유전자에 달렸다고 생각한다면, 별 볼일 없는 유전자를 지닌 아이를 군이 가르칠 이유가 있을까? 교육제도에 평등을 도입하는 것이 좋은 생각처럼 보일지 몰라도, 만약 성공이 유전자에 좌우된다면 그런 교육제도는 실패하고 말 것이다. 학생마다 필요한 교육이 다를 테니 오히려 맞춤형 교육과정을 제공해야 할 것이다. 물론 이런 방법은 돈과 시간이 많이 들므로 실현하기 어렵다. 그래도 날로 늘어나는 증거에 따르면, 학생들이 저마다 자기 능력에 따라 자기 방식대로 교육과정에 참여하게 하는 것이 교육제도의 목표가 되어야 한다. 리듬감이 없는 아이를 군이 무엇 하러 몰아붙여 드럼 치는 법을 가르친단 말인가?

그러니 천성과 양육이 모두 결합하여, 더 정확히 말하면 천성이 양육을 거쳐 성과를 발휘한다는 것이 가장 진실에 가깝다. 달리 말해 어떤 사람을 특정 환경에서 양육할 때에야 그 사람의 유전자 구성이 빛을 발한다. 드러머가 되기에 꼭 맞는 유전 형질, 그러니까 천성을 타고난 아이에게 드럼 치는 법을 가르친다면 가르치는 사람도 성과를 얻을 테고, 아이도 드럼에서 성취감을 느껴 행복할 테고, 부모도 행복할 것이다.(물론 아이 방에 방음 공사를 했을 때 이야기다.) 아이가 타고난 드럼 치는 재능은 가르침을 받아야만 드러난다. 따라서 천성은 양육을 거쳐서야 제 모습을 나타낸다. 하지만 짚고 넘어갈 것이 있다. 복잡한 형질이 모두 그렇듯, 뛰어난 드러머가 되기에 딱 맞는 유전자가 무엇인지는 아직 밝혀지지 않았다. 아무래도 링고 스타^{Ringo} ^{Starr}, 키스 문^{Keith Moon}, 래리 멀린^{Larry Mullen}한테서 DNA 표본을 얻어야 할 것 같다.(키스 문은 이미 죽은 몸이니 시신을 다시 파내야 하나?)

비유를 들기에 좋은 예는 자동차다. 우리가 저마다 다른 엔진이 달린 차라고 해보자. 어떤 엔진은 다른 엔진보다 효율이 더 높다. 그리고 차는 모두 기름을 넣어야 한다. 똑같은 기름(양육)을 넣더라도 엔진(천성)에 따라 어떤 차는 다른 차보다 더 잘 달릴 것이다. 여기에서도 천성은 양육을 거쳐 드러난다. 엔진의 특성은 기름으로 차를 어떻게 길들이느냐에 따라 그 모습을 드러낸다. 그러므로 저마다 다른 차에 알맞은 '환경'이 중요하다. 이때 환경이란 기름을 뜻할 수도 있고, 도로 상태를 뜻할 수도 있다. 길이 엉망진창이면 엔진 성능이 제아무리 뛰어난들 차가 아무 데도 가지 못한다. 이와 마찬가지로 사람에서는 타고난 유전자가 중요한 역할을 한다. 유전자가 뇌를 만드는 물질이기 때문이다.(차로 빗대면 유전자는 엔진을 구성하는 부품 목록이다.) 하지만 차가 성능을 발휘하려면 그에 걸맞은 환경도 있어야 하듯이, 아이가 가정에서든 교육기관에서든 어떤 환경에서 자라게 할지를 언제나 생각해야 한다. 아이가 기회를 얻도록 보장할 방법이 한둘이 아니기 때문이다.

그런데 천성과 양육 중 어느 쪽이 더 중요할까? 킹스 칼리지 런던의 로버트 플로민Robert Plomin이 성공을 둘러싼 이 논쟁에 쌍둥이 연구로 기름을 부었다. 이 연구에 따르면, 놀랍게도 영국 학교에서 아이들의 학업 성취도 차이는 교육 환경보다 타고난 특성에 너 크게 좌우되었다. 사고력이 얼마나 뛰어나냐에 영향을 미치는 원인을 살펴봤더니 유전자가 58%, 학교 교육이 42%를 차지했다. 학교가 아무리 대단하더라도 아이가 물려받은 유전 특질이 학업 성취에 더 중요한 역할을 한다는 의미니, 눈여겨봐야 할 연구다.

플로민은 유전 특질이 지능지수(IQ)의 다양성에 미치는 역할을 연구한 손꼽히는 전문가다. 프랑스 심리학자 알프레드 비네Alfred Binet가 처음 고안한 지능 척도인 IQ는 부모에게서 물려받는 성향이 크다. 몇몇 연구에서는 입양된 사람의 IQ가 양부모의 IQ보다 생물학적 부모의 IQ와 상관한다고 나타났다. 그러니 적어도 IQ에서는 이른바 호랑이 엄마 교육법이나 아일랜드 엄마 교육법이 입양아에게 큰 영향을 미치지 않을 것이다. 아이가 어릴 때는 이런 방법이 조금이나마 효과가 있지만, 나이가 들수록 아이의 IQ는 점점 더 피붙이의 IQ를 따라간다. 그러므로 유전자의 영향은 나이가 들수록 더 커져 무려 80%에 이른다. 아마도 나이가 들수록 실제 지능이 발현하고, 생각이 비슷한 사람들과 어울리기 때문인 듯하다. 따라서 나이가 들수록 부모의 양육은 영향력이 줄어들고 유전자에서 비롯한 진짜 능력이 모습을 드러낸다.

그런데 플로민은 이 연구를 어떤 방식으로 진행했을까? 이는 중요

프랑스 심리학자 알프레드 비네(1857~1911). 처음으로
실용적인 지능검사를 만들었다. 처음 목적은 보충 학습
이 필요한 학생을 가려내는 것이었다.

한 물음이다. 심리학에서는 연구 설계가 모든 것을 좌우하기 때문이
다. 설계에 조금 이상이 있거나, 표본이 너무 적거나, 통제를 형편없
이 했거나, 한쪽으로 치우친 바람에 틀린 결과를 내놓았던 연구가 한
둘이 아니다. 플로민은 1만 쌍이 넘는 쌍둥이의 GCSE(영국 중등교육
수료 시험) 결과를 검토한 끝에 큰 성공을 거뒀다. 이 정도 표본이면
실제 상황을 반영한 평균 응답을 알려주기에 넉넉한 크기다. 이처럼
표본이 크면 중첩 변수, 그러니까 모르는 사이에 다른 누군가가 미치
는 영향을 없앤다. 덕분에 플로민은 GCSE 성취도의 58%를 타고난
천성이 좌우한다는 사실을 증명할 수 있었다. 다니는 학교는 달랐지
만, 어느 학교에 다니든 쌍둥이들은 놀랍도록 비슷한 점수를 받았다.
 이 결과는 영국이 생각한 교육관과 사뭇 달랐다. 교육자 대다수는
모든 아이에게 같은 교과과정을 가르친다면 타고난 장점을 무용지

물로 만든다고 본다. 하지만 실제로는 타고난 장점을 더 중요하게 만들 뿐이다. 자동차엔진을 다시 생각해보라. 모든 학생에게 똑같은 내용을 가르치듯 모든 차에 똑같은 기름을 넣는다면, 엔진의 성능 차이를 고스란히 드러낼 것이다. 하지만 GCSE는 지능지수가 아니라 주로 성과를 측정한 결과이므로, 지능의 유전적 근거를 제대로 파악하지 못한다. 실제로 우리 인간의 지능 차이가 아주 적으므로, 이는 중요한 문제다. 유전에 따른 지적 장애인이 일반인에 견줘 지능이 크게 다른 데서도 이 사실을 알 수 있다. 그래서 지능이 유전할 확률을 연구하기가 만만치 않다.

하지만 이런 어려움이 있어도 과학자들은 지능이나 시험 성적을 예측할 유전자를 꿋꿋하게 찾고 있다. 그런데 지능을 정의하기가 쉽지 않다는 사실 때문에 어려움이 한층 더 커진다. 지능을 측정한다는 검사가 여럿 있지만, 모두 검사의 한 종류일 뿐 지능을 정확히 측정하지는 못한다. 예컨대 높은 시험 성적을 거두거나 똑똑해 보이는 데는 뛰어난 기억력이 중요하다. 어떤 사람들은 남의 감정을 읽는 능력이나 음악 능력을 지능을 나타내는 중요한 지표로 보기도 한다. 또 문제 해결 능력도 지능을 나타낸다. 일란성쌍둥이(난자 하나가 수정되었다가 분열하여 생기므로 유전자가 같다)는 이란성쌍둥이(난자 두 개가 따로따로 수정되어 생기므로 흔한 형제자매와 같다)에 견줘 문제 해결 검사에서 서로 더 비슷한 결과를 받으므로, 이 능력은 크게 보아 유전하는 특질로 보인다. 하지만 문제 해결 능력은 정의하기도 어렵고 측정하기도 어려우므로, 어떤 심리학자들은 문화, 교육, 경험에 영향

The Pupil Becomes an Individual

〈아메리칸 스쿨 보드 저널 American School Board Journal〉
의 1922년 4월판 표지 그림. 지능검사를 바탕으로 어린
학생들을 분류하는 탓에 생기는 문제를 보여준다.

을 받기 쉬운 이런 검사를 미심쩍게 여긴다. 지능검사 대다수가 수학과 언어 능력을 측정하는 까닭도 이런 능력을 측정하기가 쉽기 때문이다.

우리가 언젠가 지능의 차이를 만드는 뚜렷한 유전적 근거를 찾아낸다면, 사람들 사이에 불안이 퍼질 것이다. 올더스 헉슬리[Aldous Huxley]가《멋진 신세계[Brave New World]》에서 그린 대로 알파 계급이 최상층을 차지하고, 엡실론 마이너스 세미 모론 계급이 밑바닥이 되는 세상으로 들어설 터이기 때문이다. 어느 누가 엡실론 마이너스 세미 모론이 될 아이를 낳고 싶겠는가? 그렇더라도 지능의 유전적 근거를 찾는다면, 아이마다 도움이 될 맞춤형 교육을 할 수는 있을 것이다. 달리 말해 아이들이 되도록 온전한 삶을 누리게 자라도록 한다는 교육의 참된 목적을 누구나 이룰 것이다. 이를 지지하는 과학자들은 우리가 지난날 어떤 현상이 유전 때문에 일어난다는 사실을 알지 못했던 탓에 저질렀던 끔찍한 폐해를 떠올려보라고 말한다. 자폐증의 약 90%는 유전 때문에 일어나지만, 우리는 한때 자폐증을 그릇된 양육 탓으로 돌렸다. 당시 자폐아를 둔 부모들은 아이를 돌보기도 벅찬 마당에, 부모를 손가락질하는 사람들까지 상대해야 했다. 주의력 결핍 과잉 행동 장애(ADHD)도 사정이 마찬가지여서, 사람들은 부모가 아이를 잘못 키웠거나 설탕이 든 음료를 너무 많이 먹여서 ADHD가 생겼다고 비난했다. 하지만 ADHD도 사실은 유전할 확률이 높다.

하지만 플로민의 연구는 환경 요소가 중요하다는 사실도 보여준다. 무려 42%나 영향을 미치기 때문이다. 뒤집어 말하자면 교육 환경이 같을수록, 이를테면 부모가 돈이 얼마나 많으냐가 아니라 유전자가 더 중요한 구실을 한다. 여기에는 위험이 따른다. 모든 사람을 똑같이 가르친다면, 헉슬리가《멋진 신세계》에서 그린 알파, 베타, 감마, 델타, 엡실론이 생겨나는 데 교육 체계가 손끝 하나 대지 못할 것이다. 누구에게나 똑같은 교육제도를 적용하면 실제로는 유전적 특질에서 비롯한 차이가 증폭할 것이다. 그런데 아일랜드와 영국을 포함한 많은 나라에서 돈이 교육에 여전히 큰 영향을 미친다. 부모는 아이가 최고로 자라기를 바란다. 따라서 할 수만 있다면 교육에 돈을 쏟아붓고, 또 이런 일로 비난받지도 않는다. 하지만 이상적인 세계에서는 교육이 무료여야 한다. 토니 블레어Tony Blair가 외쳤던 '교육, 교육, 또 교육'은 사실 블라디미르 레닌Vladimir Lenin이 한 말이다. 소련은 인민에게 무상교육을 제공했고, 교사와 교수를 무척 중요하게 여겼다.

그렇다면 아이가 자랐을 때 얼마나 성공할지는 예측할 수 있을까? 최근 연구에 따르면, IQ가 높다 해서 아이가 나중에 반드시 성공하지는 않는다. 이와 관련해서는 스탠퍼드 대학교의 심리학자 루이스 터먼Lewis Terman이 캘리포니아주에 사는 IQ가 높은 어린아이 1,528명을 모집해 진행한 연구가 유명하다. 터마이트Termites로 불린 이 아이들을 추적 관찰해보니, 많은 아이가 실제로 성공했다. 이들은 연구 논문 2,000편, 특허 출원 230건, 소설 33권이라는 성과를 보인 데다, 중간 소득도 미국 평균보다 세 배나 더 많았다. 하지만 모든 아이가 장밋빛 삶을 살지는 않았다. 4분의 1이 임금이 형편없기 일쑤인 그저 그런 일자리에서 일했고, 당시 미국의 지식 상류층이 학문에서 이룬 성과를 전혀 따라잡지 못했다. 게다가 터마이트 가운데 기업가 즉 크나큰 부를 창조한 사람은 한 명도 없었다. 그러니 높은 IQ가 사람들이 생각한 만큼 좋은 지표는 아니었던 데다, 혁신과 경제성장을 이끌 사람을 잘 알려주는 지표는 분명 아니라는 뜻이었다. 아일랜드 경제학자 데이비드 맥윌리엄스David McWilliams의 말을 달리 표현하자면, 기업가나 사업가가 될 만한 사람은 교실 뒷자리에 앉아 있는 문제다.

하지만 환경은 성공에 중요하다. 아이가 앞으로 성공할지에 사회 경제적 지위가 중요한 역할을 한다는 것이 이를 보여주는 강력한 증거다. 실제로 터먼의 연구를 다시 분석해보니, 터마이트가 이룬 성과는 IQ보다 사회 경제적 지위와 상관관계를 보였다. 컴퓨터나 책을 이용하기 어려운 아이들은 실제로 학업성적이 나쁘다. 흥미로운 자극이 많은 가정에서 자란 아이들은 기업가, 지도자, 뛰어난 예술가가 될 확률이 훨씬 더 높다. 하지만 이렇게 크게 성공한 이들의 부모가 아이들을 자극하는 환경을 만드는 유전자 구성을 지녔을 수도 있다. 그렇다면 그 유전자를 아이들에게 물려줬을 것이다. 따라서 결국은 유전적 특질이 중요한 요소로 남는다. 하지만 다섯 살이 안 된 아이들이 부모나 돌보는 사람과 꾸준한 애정이나 관심 어린 의사소통을 주고받지 못하면 감정과 사교성이 제대로 발달하지 못한다.

언어 습득 능력은 특히 중요하다. 언어 습득이 늦어지면 재앙과 같은 악영향을 도미노처럼 잇달아 일으킨다. 언어 발달은 인지 발달, 읽기와 쓰기, 학업 성취도를 끌어올린다. 또 뇌에서 언어 관련 영역뿐 아니라 다른 영역도 발달하도록 돕는다. 그러므로 일찌감치 말을 가르치는 것이 매우 중요하다. 그래도 신중해야 한다. 다시 차에 빗대자면, 차가 얼마나 오래되었든 모두 연료와 유지 보수가 필요하듯이 아이들도 마찬가지다. 든든히 받쳐주는 환경이 있다면 뛰어난 아이는 아주 뛰어난 아이가 되고, 아주 뛰어난 아이는 더할 나위 없이 뛰어난 아이가 될 것이다. 그래서 밀물이 모든 배를 물에 띄우듯, 교육도 모든 아이에게 도움이 될 것이다. (아차, 배가 아니라 차에 빗댔어야 했는데! 이런 멍청이 같으니라고.)

그리고 짐작했겠지만, 여기에는 더 많은 요소가 작용한다. 아이에게 타고난 잠재력과 훌륭한 부모도 있어야 하지만, 연습에 집중하는 태도^{focused practice}도 필요하다. 어떤 분야에서든 최상층에 있는 사람들은 지난날이든 지금이든 끊임없이 자신을 갈고닦는다. 이 대목에서 맬컴 글래드웰^{Malcolm Gladwell}이 제안한 1만 시간 법칙, 그러니까 성공한 사람은 성공을 거두기에 앞서 적어도 1만 시간을 수련한다는 주장이 떠오른다. 비틀스는 함부르크에서 1만 시간을 공연했고, 위대한 테니스 선수 비에른 보리^{Björn Borg}는 스웨덴에서 1만 시간을 훈련했다. 물론 우리 같은 사람도 테니스를 날마다 몇 시간씩이나 쉬지 않고 연습한다면 테니스 대회에서 우승할지 모른다.(적어도 테니스에 미친 사람은 될 것이다.)

그러므로 이런 물음이 떠오른다. '어떤 사람이 다른 사람보다 더 많이 연습할 수 있는 원인은 무엇일까?' 아이를 몰아붙이는 부모도 한몫하지만, 중요한 특성은 투지다. 그렇다면 무엇이 투지를 불어넣을까? 그중 하나가 동기부여다. IQ 검사 결과에 따라 돈을 주면 IQ

점수가 더 올라간다. 따라서 IQ 검사는 지능뿐 아니라 동기부여도 측정한다. 투지란 어떤 일에서 끝장을 보고야 말겠다는 의지다. 또 한눈팔지 않고 힘들여 일할 줄 아는 능력도 포함한다.

달리 말해 투지란 자제력이다. 사실 자제력은 성공을 가늠하는 핵심 특성이다. 뉴질랜드에서 아이 1,000명을 태어났을 때부터 서른두 살 때까지 꾸준히 살펴봤더니, 어린아이일 때 자제력이 뛰어났을수록 어른이 되었을 때 정서가 더 안정되고 경제력이 더 탄탄했다. 그러고 보니 10대였던 어느 6월 포근한 밤에 밖에서 축구 경기를 하는 친구들을 뒤로하고 집으로 돌아가 공부했던 일이 떠오른다. 친구들과 계속 축구를 하고 싶은 마음이 굴뚝같았지만, 내게는 꾹 참고서 집으로 돌아갈 의지력이 있었다. 나에게 어쩌다 그런 의지력이 생겼는지는 지금도 알지 못하니, 아무래도 어머니 때문이 아닌가 싶다. 그때 친구들은 죄다 교도소에 가는 신세가 된 듯하다.

자제력의 중요성은 심리학자 월터 미셸Walter Mischel이 진행한 유명한 관찰에서 더할 나위 없이 잘 드러난다. 1960년대 후반에 미셸은 어린아이들에게 마시멜로 하나를 바로 먹을지, 아니면 15분을 기다렸다가 마시멜로 두 개를 먹을지 선택하게 했다. 세월이 흐른 뒤 다시 확인해보니, 15분을 기다린 아이들이 학업성적도 더 뛰어났을뿐더러 또래에게 더 인기 있고, 연봉도 더 높고, 비만이 될 확률도 낮았다. 그러니 유혹에 맞설 줄 아는 능력, 자제할 줄 아는 능력이 앞으로 성공할지를 꽤 잘 알려주는 전조였다. 연구에서 유혹에 맞선 아이들은 약 30%였다. 이 아이들은 방을 이리저리 돌아다니거나, 〈세서미

스트리트^{Sesame Street}〉의 주제곡을 흥얼거리거나, 귀를 막거나, 탁자 밑으로 들어가 숨는 갖가지 방법으로 마시멜로에서 눈길을 돌렸다.

실험에 참여한 어린아이는 653명이었다. 다시 말하지만, 이런 연구에는 이 정도 참여자가 있어야 한다. 14년 뒤, 미셸은 실험 참여자를 최대한 많이 추적 조사했다. 여러 특성을 물어 문제 해결 능력을 평가했고, 미국의 대학 입학 자격시험인 SAT 점수를 이용해 시험 성적을 확인했다. 마시멜로를 일찍 먹은 아이일수록 문제 행동을 많이 일으켰고, SAT 점수가 더 낮았고, 친구들과 어울리는 데 어려움을 겪었다. 15분 동안 기다릴 줄 알았던 아이들은 그렇지 못했던 아이들보다 SAT 점수가 평균 210점이나 높았다.

달랑 15분밖에 걸리지 않은 검사를 한 지 14년 뒤에 측정한 결과였으니, 놀랍기 짝이 없었다. 이는 어린아이를 15분만 검사하면 나중에 살면서 겪을 갖가지 복잡한 문제를 예측할 수 있다는 뜻이었다. 정확하게도 미셸은 이런 결과가 모두 아이가 욕구 충족을 지연할 줄 안 데서 비롯했다고 해석했다. 그래서 지능도 중요하지만, 그런 지능도 자제력에 따라 좌우된다고 결론지었다. 이때 말하는 자제력이란 그저 마시멜로를 일찍 먹지 않는 것이 아니라 15분을 기다리면 마시멜로를 두 개 받는다는 사실을 깨우치고서 이 목표를 달성할 전략을 떠올리는 것이었다. 마시멜로를 하나 더 얻기를 바라기는 모든 아이가 마찬가지였지만, 그럴 방법을 떠올린 아이는 일부였기 때문이다. (게다가 한 가지 덧붙이자면, 나 같은 사람한테는 이 검사가 소용이 없었을 것이다. 마시멜로라면 질색이기 때문이다. 따라서 마시멜로를 먹지 않고 기

심리학자 월터 미셸이 어린아이에 맞춰 고안한 '마시멜로 검사'는 아이들이
나중에 어떤 삶을 살지를 미리 알려준다.

다리기는 했겠지만, 실험자에게는 짜증나게도 마시멜로 두 개를 모두 마다
했을 것이다. 하지만 초콜릿 바였다면 보자마자 먹어치웠을 것이다.)

이 결괴는 심리학자들이 오랫동안 알고 있는 내용 즉 세상을 통제
할 길은 없지만 자신의 사고방식은 통제할 수 있다는 생각이 맞는다
고 확인해줬다. 미셸은 가장 중요한 능력이 '전략적 주의 배분strategic
allocation of attention'이라고 결론지었다. 아이들이 15분을 기다릴 수 있
었던 까닭은 마시멜로를 먹고 싶은 욕구를 없앴기 때문이 아니었다.
그 욕구를 물리쳤기 때문이다. 그래서 마시멜로를 생각하지 않을 수
있었다. 심리학자들은 이를 초인지metacognition라고 한다. 달리 말해 생

각을 생각한다는 뜻이다. 미셸이 남긴 유명한 말마따나 이 실험의 주제는 마시멜로가 아니었다. 이 실험이 다룬 것은 우리 인간의 온갖 능력, 즉 축구 대신 공부를 하고 은퇴에 대비해 돈을 모으는 현명한 행동이었다.

중요하면서도 놀라운 사실이 하나 있다. 자제력도 가르칠 수 있다는 것이다. 미국에서는 '마시멜로를 먹지 마'라고 적힌 티셔츠를 판다. 하지만 마음을 속이는 방법만으로는 아이에게 자제력을 제대로 가르치지 못한다. 초인지가 아이 몸에 밴 '습관'이 되게 해야 한다. 그러려면 끊임없이 연습하고 되새겨야 한다. 바로 이 대목에서 부모의 가르침이 영향을 미친다. 우리가 어릴 때 견뎌야 하는 지겨운 일, 이를테면 달콤한 디저트를 먹으려면 맛없는 채소를 먹어야만 한다거나, 나중에 무언가를 사려면 용돈을 아껴야 한다거나, 갖고 싶은 것을 선물로 받으려면 생일까지 기다려야 한다거나 하는 일이 거의 모두 이 중요한 능력을 훈련한다고 한다.

아주 좋은 예가 크리스마스 선물이다. 크리스마스 무렵이면 아빠들이 아이에게 말한다. 착하게 행동하면 산타클로스가 크리스마스 선물을 주실 거야. 그야말로 말도 안 되는 사기이지만, 삶의 교훈도 알려준다. 끈기 있게 기다리고 다른 곳으로 주의를 돌리면, 좋은 일이 일어난다는 교훈을. 끈기 있게 기다리는 것은 사실 아주 인간다운 특성이다. 사람들은 지금도 메시아를 기다린다. 이런 믿음도 초인지를 발달시키고자 나온 속임수이지 않을까 싶다. 크리스마스는 교묘하게 초인지를 훈련하는 실습의 장이다. 가수 댄 번이 〈예루살렘

Jerusalem〉에서 읊조린 대로다. "모든 사람이 메시아를 기다리네. 유대인이 기다리고, 기독교인이 기다리고, 무슬림도 기다리네. 모든 사람이 기다리는 듯하네. 이들은 오랫동안 기다렸다네. … 그러니 안 봐도 훤하네. 이 사람들의 참을성이 얼마나 바닥났을지."

자제력에서는 사뮈엘 베케트 Samuel Beckett 의 《고도를 기다리며 Waiting for Godot》를 빼놓을 수 없다. 이 극본에서 두 부랑아는 절대 오지 않을 누군가를 극이 끝날 때까지 기다린다. 인간의 상황을 꼭 들어맞게 묘사한 셈이다. 그런데 미셸은 모든 유치원에서 아이들에게 마시멜로를 주고 이렇게 가르치기를 바란다. '여기 마시멜로 보이지? 지금 마시멜로를 먹지 않아도 돼. 기다릴 수 있거든. 이렇게 하면 돼.' 똑똑한 아이는 귀를 기울여, 마시멜로 두 개를(그러니까 안락한 데다 보수도 좋은 직장을) 얻는 법을 배울 것이다.

알다시피 자제력도 배울 수 있다. 늘 그렇듯 자제력이 남들보다 더 뛰어난 사람이 있지만, 이를 뒷받침할 유전적 근거는 없는 듯하다. 자제력을 빨리 배우는 사람은(쌍둥이 연구에 따르면 학습 능력은 유전한다.)은 늦게 배우는 사람을 앞설 것이다. 집중해 연습하는 태도에는 자제력도 무척 중요한 역할을 한다. 앞으로 성공할 아이는 무엇보다도 자신이 즐기지 않는 것마저 묵묵히 연습할 줄 안다. 이들은 마지못해 시늉만 내다가 그만두지 않는다. 이런 연습이 도움이 될 것을 어떻게든 알기 때문이다. 그 과정에서 삶의 다른 측면에 적용할 수 있는 초인지 기술도 깨우친다.

지금까지 다룬 내용은 모두 조금 지나치게 제도와 방법론에 치우친 듯하다. 우리 인간의 속성에 희망을 품을 수 있도록, 앞으로 성공할지를 알려줄 마지막 특성을 살펴보자. 놀랍게도 이 특성은 꿈꾸기다. 심리학자 엘리스 폴 토런스Ellis Paul Torrance가 창의력이 뛰어난 우등생 수백 명을 중학교에서부터 중년까지 관찰했다. 성인이 된 이들은 학자, 작가, 교사, 발명가, 경영인이 되었고, 한 명은 작곡가가 되었다. 살펴보니 이들에게는 공통점이 하나 있었다. 그것은 시험 점수도 전문 기술도 아니었다. 이들에게는 굳건한 목적의식이 있었다. 꿈과 사랑에 빠졌고, 그래서 온 힘을 다해 꿈을 좇았다. 그렇다면 부모가 어떻게 해야 이런 목적의식을 북돋울 수 있을까? 이는 쉽지 않은 문제다. 아이의 재능이 무엇인지 확실하게 알기 어렵기 때문이다. 가장 좋은 접근법은 아이가 좋아하는 것은 무엇이든 격려하는 것이다. 그러니 지능과 재능이 아니라, 노력과 발전을 칭찬하라. 아이의 삶은 생물학뿐 아니라, 꿈꾸기, 몰두, 연습으로도 결정된다.

아이가 유전받은 특질에 얽매여 벗어나지 못할지도 모른다. 하지만 우리가 든든히 뒷받침한다면, 아이는 충동을 억누르는 법을 배워 무언가에 몰두해 연습할 것이다. 게다가 꿈도 꿀 것이다. '이 세상 모든 일에 도전해보라, 15분을 기다렸다가 마시멜로 두 개를 받아라, 그리고 꿈은 원대하게 꾸어라.' 아일랜드 엄마들이 대대로 아이들에게 가르치는 것이 바로 이것 아니었던가? 아일랜드 엄마들이 뭘 좀 알았다.

6장

어떤 성별이든, 나는 나일 뿐
: 성 지향성의 과학

I AM WHAT I AM:
THE SCIENCE OF GENDER AND SEXUAL ORIENTATION

남자다움의 극치라 할 세포인 정자가 암컷일
수도 있고 수컷일 수도 있다는 사실을 알면 사람들은 깜짝 놀랄 것
이다. 수컷 정자는 Y염색체를 운반하고, 암컷 정자는 X염색체를 운
반한다. 여기에는 이견이 없다. 4장에서 다뤘듯이, 난자까지 빨리 가
기 수영 대회에서 수컷 정자가 이기면 사내아이가 태어난다. 암컷
정자가 가장 먼저 난자에 다다르면 여자아이가 태어난다. 이것이 뜻
하는 본질은 우리가 아주 익숙한 남자다운 특성의 발달을 Y염색체
에 표현된 정보가 좌우한다는 것이다. 달리 말해 이 정보가 없으면
여성의 특성이 나타난다.

과학계에서 아직 풀지 못한 물음은 겉보기에도 뚜렷한 해부 구조
의 차이 말고 남성과 여성 사이에 다른 큰 차이가 있느냐는 것이다.
이 물음은 다른 물음으로 이어진다. 인간이 이성애자나 동성애자, 아
니면 두 지향성 사이 어딘가에 속하게 하는 과학적 근거가 있을까?
워낙 골치 아픈 주제인지라, 이를 연구한 과학자들은 편견에 치우쳤
다거나 데이터를 잘못 해석했다는 비난을 받기 일쑤다. 사실 과학자
도 누구나 자신만의 고정관념이 있다. 어쨌든 과학자도 인간이잖은

가. 하지만 무엇 때문에 우리가 남성이 되거나 여성이 되고, 또 이성 애자가 되거나 동성애자가 되느냐는 물음은 다른 물음만큼이나 의미 있고, 또 많은 사람이 흥미롭게 여기는 물음이다. 그런데 이상하게도 아직 뚜렷한 답을 찾지 못했다. 그러니 간곡히 부탁하건대 당신의 고 정관념을 잠시 내려놓았다가 이 장을 다 읽은 뒤 다시 챙기시라. 아 마 이 장을 모두 읽은 뒤에는 그 생각을 그대로 내려놓고 싶을 것이 다. 아니면 내 말에 정말로 언짢아져 그 생각을 더 단단히 굳히고 싶 거나.

먼저 성별을 살펴보자. 한때는 성별을 구분하기가 간단했다. 성 구 분이 전혀 없이 그저 분할해 번식하는 생물이나 암수한몸이라 스스 로 생식할 수 있는 생물을 빼면 거의 모든 종이 그렇듯, 우리 종도 남 성과 여성으로 나뉘었다. 남성은 털이 더 많고, 목소리가 더 굵고, 근 육량이 더 많고, 고환에서 정자를 만들어 음경으로 내뿜을 수 있다. 이 가운데 어떤 특징은 정자 생산 같은 분명한 기능을 맡고, 어떤 특 징은 짝을 사로잡도록 돕는 보조 기능을 맡는다. 예컨대 굵고 낮은 목소리, 빨래판 같은 복근이 보조 기능을 하는 특징으로, 이를 2차 성 징이라 부른다. 그런데 아시아 남성 대다수처럼 근육이나 털이 적은 남성도 당연히 존재하므로, 남성과 여성의 범위를 어떻게 규정하느 냐가 중요하다. 그런데 남성은 모두 고환이 있다. 여성은 대체로 남 성에 견줘 키가 작고, 근육량이 적고, 목소리가 높고, 아이에게 먹일 젖을 만들고 짝을 사로잡기도 하는 젖샘이 발달하고, 난자를 만들어 임신할 수 있다.

여기까지는 쉽다. 하지만 그다음부터는 더 복잡해진다. 성을 정의하려고 보면 우리 인간이 엄청나게 다양하다는 사실이 드러나기 때문이다. 그런 다양성을 받아들일 때 우리는 참다운 인간이 된다. 한때 페이스북 사용자가 선택할 수 있던 성은 무려 71가지였다. 여기에는 누구에게도 성적으로 끌리지 않는 무성애자, 생물학적 성과 성 정체성이 일치하는 시스젠더cisgender, 생물학적 성과 성 정체성이 일치하지 않는 트랜스젠더, 성 정체성이 여럿인 폴리젠더polygender가 포함되었다. 남성과 여성은 71가지 선택지에 속하는 두 가지 선택 사항이었을 뿐이었다. 당시 페이스북이 인식한 것은 성 정체성이 워낙 복잡해, 많은 사람이 남성 또는 여성이라는 말로는 자신을 적절하게 설명하지 못한다는 현실이었다. 뒤죽박죽 얽히고설킨 어지러운 세상이 틀림없다.

우리 할머니들은 이런 세상에 무척 어리둥절하실 것이다. 하지만 어떤 사람들은 자신의 생물학적 성이 자신의 본질과 다르다고 느껴, 수술과 호르몬 요법을 함께 써서 성을 바꾼다. 이 문제에서 태국은 매우 흥미로운 나라다. 이 나라에서 해마다 열리는 미스 티파니 유니버스Miss Tiffany Universe라는 미인 대회에서는 다른 미인 대회와 마찬가지로 여성들이 수영복과 드레스 맵시를 겨룬다. 그런데 차이가 하나 있다. 참가자가 모두 한때 남성이었다는 사실이다. 이 대회는 태국의 성전환자 대다수가 마주하는 낙인을 지우고 싶다는 바람으로 18년 전 시작하였다. 현재 동남아의 성전환 여성은 10만 명에 이른다.

성 정체성은 신체 구조뿐 아니라 당사자가 자신의 성을 어떻게 느끼고 어떻게 경험하느냐로 결정된다. 심리학자들에 따르면 대체로 세 살 무렵 성 정체성이 형성되고, 그뒤로는 성 정체성을 바꾸기가 몹시 어렵다. 성 정체성을 좌우하는 요소는 한둘이 아니다. 환경에서 비롯한 자극 때문에 성 정체성이 생길 수도 있다. 이를테면 어린아이는 성과 관련한 행동을 관찰하고 흉내 낸다. 이를테면 남성에서는 자신만만하고 야심 있고 경쟁을 즐기는 행동을, 여성에서는 겸손하고 관계에 집중하는 행동을 익힌다. 또 성별에 따른 장난감과 옷도 환경에 포함할 수 있다. 하지만 호르몬과 유전 특질도 영향을 미칠 수 있다. 게다가 어떤 사람들은 성징이 섞여 나타나는 간성이기도 한다. 예를 들어 여성의 생식기가 있는데도 목소리가 낮고 수염이 나는 사람은 여성이나 남성으로 자신을 정의하기가 어려울 것이다. 1955년부터 2000년까지 문헌 자료를 살펴보니, 100명 중 1명이 간성의 특징을 보였다.

그렇다면 과학은 성별에 무슨 말을 할까? 개인이 어떻게 느끼고 경험하든, 남성의 신체 특성이 나타나도록 결정하는 것은 Y염색체다. 그렇다면 Y염색체에서도 무엇이 성을 결정할까? 사실 남자다움을 키우도록 발달 경로를 설정하는 신호로 작용하는 유전자가 하나 있다. 이름은 SRY다. 이 유전자가 있으면 반갑게도 남성화virilization라는 과정이 시작된다. 여성에게는 Y염색체가 없으므로, 이 과정이 시작되지 않는다.

게다가 여성은 X염색체 불활성이라는 과정을 겪는다. X염색체 두 개가 모두 활동하면 유전자 수가 두 배가 되어 위험하므로, X염색체

미스 티파니 유니버스. 태국에서 열리는 미인 대회로, 모든 참가자가 한때
남성이었다.

두 개 가운데 하나가 실제로 멈추는 것이다. 하지만 어떤 사람들에서
는 겉으로 드러나는 성별과 염색체 배열이 어긋나기도 한다. 예컨대
'안드로겐 무감응androgen insensitivity' 증후군을 겪는 여성은 염색체가
XY다. 테스토스테론을 포함한 남성 호르몬 전체를 가리키는 안드로
겐은 Y염색체에서 SRY유전자가 보내는 신호에 따라 남자다움이 발
달하도록 촉진한다. 그러므로 안드로겐 무감응 증후군이 있으면 안
드로겐에 반응하지 못하므로, 남성의 특징이 발달하지 못한다. 따라
서 Y염색체 대신 X염색체가 두드러져 여성이 된다.

그다음으로는 염색체가 XX인데도 태어날 때부터 몸이 테스토스
테론을 많이 생산하는 여성이 있다. 이런 현상은 테스토스테론을 만

드는 단백질을 관장하는 유전자에 변화가 생겨 테스토스테론 생산이 늘어나기 때문에 일어날 것이다. 아니면 이 여성들의 몸속 세포가 테스토스테론에 훨씬 더 예민하게 반응하기 때문에 나타날 수도 있다. 그러면 여성인데도 남성의 이차성징이 나타날 것이다.

3장에서 봤듯이 최근에 운동경기에서 이런 증상이 논란거리가 되었다. 뛰어난 운동선수들을 대상으로 2017년에 진행한 어느 연구에 따르면, 여성 선수 4.7%가 남성에 해당하는 테스토스테론 수치를 보였다. 연구에서 사용한 표본은 2011년과 2013년 세계 육상 선수권 대회에 참가한 운동선수 2,127명이었다. 테스토스테론 수치가 높은 여성은 400미터 달리기, 800미터 달리기, 400미터 허들, 장대높이뛰기에서 "꽤 높은 경쟁 우위"를 보였다. 또 해머던지기에서는 차이가 두드러졌다. 운동이 테스토스테론 수치에 영향을 미치기도 한다. 지구력 운동은 테스토스테론 수치를 낮추지만, 격렬한 운동은 테스토스테론 수치를 끌어올린다. 문제는 태어날 때부터 테스토스테론 수치가 높은 여성 운동선수를 '안드로겐 우위'를 이유로 경기에 뛰지 못하게 막아야 하느냐. 테스토스테론이 많다는 것은 근육량과 지구력이 뛰어나다는 뜻이다. 또 아직 증명되지는 않았지만, 선수가 경쟁에 더 적극적으로 뛰어들도록 부추길 것이다.

국제 올림픽 위원회는 현재 이 문제와 관련한 견해를 검토하고 있다. 인도 육상 선수 두티 찬드Dutee Chand와 3장에서 잠깐 다뤘던 캐스터 세메냐가 결정을 기다리고 있다. 세메냐는 2009년 세계 육상 선수권 800미터에서 우승하기에 앞서 성별 검사를 받도록 요구받았다. 그리고 2012년 런던 올림픽과 2016년 리우 올림픽 800미터에서 금메달을 땄다. 문제는 만약 태어날 때부터 테스토스테론 수치가 높은 여성을 출전하지 못하게 막는다면, 이 규정을 어디까지 적용해야 하느냐다. 어떤 선수가 우승하기에 최적인 신체 조건을 타고났다면 그런 이유만으로 출전을 금지해야 할까? 수영 선수 마이클 펠프스Michael Phelps를 생각해보라. 펠프스는 상체가 하체보다 남달리 큰 덕분에 수영에 유리하다.

한 가지 분명한 것은 성 정체성이 이제는 많은 사람에게 중요한 사안이고, 생화학만으로는 이 문제에 제대로 답하지 못한다는 것이다. 성 정체성이 워낙 중요한 문제로 떠오르자, 2006년에 인권 전문가들이 인도네시아 욕야카르타에 모여 국제 인권법을 성 정체성에 적용한 욕야카르타 원칙Yogyakarta Principles을 세웠다. 사람들이 성 정체성이

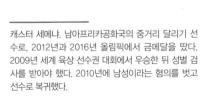

캐스터 세메냐. 남아프리카공화국의 중거리 달리기 선수로, 2012년과 2016년 올림픽에서 금메달을 땄다. 2009년 세계 육상 선수권 대회에서 우승한 뒤 성별 검사를 받아야 했다. 2010년에 남성이라는 혐의를 벗고 선수로 복귀했다.

나 성 지향성 때문에 인권을 침해받는 흐름이 있었기 때문이다. 아일랜드의 인권 전문가인 마이클 오플래허티^{Michael O'Flaherty}가 초안을 마련하고 발전시켰다. 이 원칙은 차별 금지, 신변 안전(일부 나라에서 동성의 성행위에 사형을 적용하는 현황을 구체적으로 언급한다.), 경제 · 사회 · 문화적 권리, 자유롭게 의견을 표현할 권리, 이동할 자유, 가족생활을 누릴 권리를 담는다. 욕야카르타 원칙은 인류가 다른 성 정체성과 성 지향성을 어떻게 인식하는지를 보여주는 중요한 이정표다.

성 지향성과 동성애 문제는 수천 년 동안 골치 아픈 주제였다. 머나먼 옛날부터 많은 문화가 동성애를 꺼림칙하게 여겼고 동성애자를 벌했다. 하지만 고대 그리스 같은 곳은 동성애를 너그럽게 받아들였다. 역사에 처음 기록된 동성 연인은 기원전 2,400년 무렵 살았던 고대 이집트 남성 크눔호테프^{Khnumhotep}와 니앙크크눔^{Niankhkhnum}이다. 두 사람이 함께 묻힌 무덤에는 둘이 서로 코를 맞댄 그림이 그려져 있다. 이집트 예술에서 이런 자세는 성적으로 가장 은밀한 사이를 뜻한다. 콩고 북부에 사는 아잔데^{Azande}족 전사들에서는 젊은 남성 연인을 두는 일이 흔했다. 아메리카 원주민들은 동성애자를 특별한 마력을 지닌 남다른 주술사로 숭배했다. 고대 중국 문헌에도 동성애 관계를 다룬 이야기가 숱하게 나온다. 하지만 어떤 문화와 종교에서는 동성애에 정상을 벗어났다는 꼬리표를 붙이므로, 여전히 말을 꺼내기 어려운 주제다.

동성애는 생태계 곳곳에서 흔하게 나타나는 형질이다. 그러므로 실제로는 우리처럼 서로 어울려 사는 종에게 이롭기 때문에 진화했

크눔호테프와 니앙크크눔을 그린 벽화. 두 사람은 동성애를 숨김없이 드러
냈던 고대 이집트의 동성 연인이다.

을 것이다. 이성애와 동성애가 일어나는 과학적 근거를 연구한 방식
은 크게 두 가지다. 이렇게 복잡한 문제에서 늘 그렇듯, 여기에서도
환경이 가장 중요한 쟁점이 된다. 그다음으로는 이를테면 성 지향성
이 유전자 변이 때문에 나타나느냐를 따지는 생물학적 요인이 있다.
하지만 여기에서도 학자들은 두 요인이 결합해 영향을 끼치리라고
입을 모은다. 따라서 생물학적 요인이 영향을 미치겠지만, 자궁에서
어떤 호르몬에 노출되느냐 같은 환경요인이나 사회적 요인에 따라
영향이 다르게 나타나리라고 보는 것이 중론이다.

　그러므로 먼저 개념을 정의해야 한다. 이성애란 성별이 다른 사람
사이에 일어나는 연애 감정, 성적 끌림, 성행위다. 또 비슷한 성향을

2019년 6월 30일, LGTB를 상징하는 무지개 깃발이 'Pride Month'에 미국 시애틀에서 휘날리고 있다.

지닌 사람에게 느끼는 동질감도 가리킨다. 동성애는 이런 감정과 행동을 성별이 같은 사람과 나누고 싶어 하는 성향이다. 동성과 이성에 모두 끌리는 성향으로 정의되는 양성애가 있으므로, 성별에서처럼 성 지향성에서도 두 성향 사이를 잇는 연속체가 뚜렷해진다.

이런 특성에 영향을 미치는 요인은 우리가 자궁에서 테스토스테론에 노출되는 것과 관련한다. 안드로겐 무감응 증후군이 있다면 뇌가 다르게 발달할 것이다. 이를테면 여성 이성애자는 여성 동성애자인 레즈비언에 견줘 남성의 특징이 적게 나타난다. 눈여겨볼 만한 한 연구에 따르면, 생쥐 암컷의 유전자를 하나 바꿨더니 성 지향성이 이성애에서 동성애로 바뀌었다고 한다. 문제의 유전자는 역할에 정말 걸맞게도 이름이 'FucM'으로, 증명된 바에 따르면 생쥐의 뇌가 수컷 성향을 보이는 데 영향을 미친다. 이 유전자가 없는 암컷은 다가오는 수컷은 피하고 오히려 암컷과 짝짓기를 하려고 했다. 실망스럽게도 FucK 유전자는 관련이 없는 듯하다.

'동성애 유전자'를 찾고자 큰 노력을 쏟았지만, 아직은 누구나 인정하는 유전자가 없다. 이제는 그토록 복잡한 특성을 일으키는 유전자가 있으리라는 생각이 터무니없어 보이기까지 한다. 하지만 동성애를 일으키는 유전적 근거가 있다는 증거가 일란성쌍둥이와 이란성쌍둥이를 연구한 결과를 바탕으로 꽤 나온다. 이런 연구들에 따르면, 일란성쌍둥이는 한쪽이 동성애자이면 다른 쪽도 동성애자일 확률이 이란성쌍둥이에 견줘 훨씬 높다. 일란성쌍둥이는 이란성쌍둥이와 달리 유전자가 하나도 빠짐없이 똑같으므로, 이런 비교 연구의 결과가 중요하다. 일란성이든 이란성이든 쌍둥이는 아주 비슷한 환경에서 자란다고 가정하는 것이 타당하므로, 일란성쌍둥이가 이란성쌍둥이에 견줘 둘 다 동성애자가 될 확률이 높다는 사실은 유전적 근거가 있다고 암시한다.

하지만 그 유전적 근거가 도대체 무엇일까? 한 연구가 8번 염색체의 어느 영역과 X염색체에 있는 Xq28 유전자가 함께 결합해 동성애에 영향을 미친다고 밝혔고, 지금도 이 부분을 더 깊이 연구하고 있다. 한 가지 흥미로운 발전은 유전자에 성 지향성과 관련한 표시(메틸화라는 화학적 표시)가 있다는 것이다. 유전자 영역 중 다섯 곳에 이성애자에게는 없지만 동성애자에게는 나타나는 표시가 있다. 이런 표시가 유전자에서 양을 조절하는 역할, 즉 유전자가 얼마나 활발하게 활동할지를 결정하는 역할을 하는 것으로 보인다. 이렇게 DNA 염기 서열이 똑같은데도 화학적 표시에 따라 유전자 발현이 바뀌는 현상을 다루는 학문이 후성 유전학epigenetics이다.(여기서 epi는 바깥을 뜻한다.) 아직 연구가 재현되지는 않았지만, 연구진은 이 패턴을 이용해 성 지향성을 인상 깊게도 67%까지 예측할 수 있었다. 이런 표시가 왜 유전자의 특정 영역에 있는지는 아직 알려지지 않았지만, 어떤 환경 요인이 유전자에 그런 표시를 붙였을지도 모른다. 그리고 이런 표시가 정자나 난자에 존재한다면 틀림없이 다음 세대로 전달될 터이므로, 동성애가 유전하는 형질이 될 것이다.

여기에서 한 가지 흥미롭게 볼 대목은 개체군 전체의 번식이다. 만약 이런 유전자의 목적이 동성애라면 동성애 때문에 출산율이 떨어지고 말 것이다. 얼핏 보면 동성애가 인간의 기본 욕구인 생식과 충돌하는 듯하다. 그런데도 도대체 왜 그런 유전자가 계속 개체군에 존재할까? 여기에는 세 가지 견해가 있다. 첫째, 동성애에 영향을 미치는 유전자 변이가 이성애자의 생식에 유리하게 작용할지도 모른다. 이를 뒷받침하는 연구도 있다. 한 연구에 따르면 남성 동성애자의 어머니 쪽 여성 친척은 생식능력이 높았다. 그런데 무슨 이유에서인지 아버지 쪽 여성 친척에서는 그런 현상이 나타나지 않았다. 그러므로 이 견해는 남성에게 동성애를 일으키는 유전자가 여성에서는 동성애가 아니라 오히려 생식능력을 높이는 역할을 한다고 본다.

두 번째 견해는 남성 동성애자가 더 다정한 삼촌 역할을 해, 자신의 형제자매에게서 자신의 DNA도 일부 물려받은 조카들이 무사히 생존하도록 돕는다는 것이다. 여기에서 남성 동성애자의 임무는 사려 깊은 게이 삼촌(이런 게이 삼촌을 겅클^{guncle}이라 부르기도 한다.)이 되어 자신과 가족의 이기적 유전자를 보존하는 것이므로, 사실 진화 측면에서는 일리 있는 주장이다. 형제자매와 공유하지 않는 유전자도 있을 테니 어떤 유전자는 살아남지 못하겠지만, 어떤 유전자는 조카들에게서 어떻게든 살아남을 것이다. 이기적 유전자는 그러고 싶을 것이다.

세 번째 견해는 흥미롭게도 창의성과 관련한다. 이 견해에서는 유전자 대다수가 여러 효과를 낸다는 사실을 기억해야 한다. 즉 똑같은 단백질이라도(유전자가 단백질의 유전암호를 결정한다는 사실을 기억하라.) 다른 일을 할 수 있다. 만약 어떤 유전자가 창의성을 높이기도 하고 동성애 확률을 높이기도 한다면, 이 유전자가 개체군에 퍼질 것이다. 창의성이 있으면 진화에 도움이 되기 때문이다. 동성애자가 창의력이 더 뛰어나다는 증거도 있으므로, 이 견해는 또 다른 가능성을 제시한다. 하지만 동성애자의 창의성이 더 높은 까닭을 동성애 성향과 곧장 연결하기보다 동성애자가 사회에 대처하는 전략이라고 보는 견해도 있다. 이 견해에 따르면 창의성과 동성애는 원인과 결과라기보다 서로 영향을 주고받는다.

마지막으로, 어떤 남자가 동성애자가 될지를 알려줄 아주 강력한 인자는 형제 가운데 몇째로 태어났느냐의 여부다. 이를 '형제의 출생 순서 효과birth order effect'라 한다. 몇몇 연구에 따르면 형이 많을수록 동성애자가 될 확률이 높다. 이미 1958년에도 동성애자인 남성일수록 형이 더 많다는 사실이 확인되었다. 누나가 얼마나 많으냐는 영향을 미치지 않았다. 또 형이 한 명 늘 때마다 새로 태어난 사내아이가 동성애자가 될 확률이 33%씩 늘었다. 크게 봤을 때 남성 동성애자 일곱 중 한 명은 출생 순서 효과 때문에 동성애자가 된다. 그런데 여성에서는 그런 효과가 전혀 나타나지 않는다.

그렇다면 무엇 때문에 이런 효과가 나타날까? 모든 작용은 자궁에서 일어난다. 형이 있는 동성애자 남성은 어릴 때 가족과 떨어지더라도 동성애 성향이 바뀌지 않기 때문이다. 또 아버지의 재혼으로 의붓형들이 생기더라도 동성애자가 될 확률이 늘지 않았다. 그리고 이런 현상은 나라와 문화를 가리지 않고 고르게 나타난다. 이 모든 사실이 태아가 발달하는 과정에서 무슨 일이 일어난다고 가리킨다. 가장 타당한 가설은 어찌 된 일인지 모르겠지만 산모의 면역 체계가 아들을 많이 낳을수록 사내아이인 태아에 예민하게 반응한다는 주장이다. 사내아이인 태아는 H-Y항원이라는 것을 생산한다. 산모의 면역 체계가 이 항원을 공격해야 할 외부 항원으로 여길지도 모른다. 그러면 어떻게든 태아의 발달에 영향을 미친다. 게다가 임신을 거듭할수록 산모의 면역 체계가 H-Y항원을 더 쉽게 인식하므로, 이런 현상이 더 뚜렷해진다. 달리 말해 사내아이를 임신할 때마다 산모의 면역 체계가 H-Y항원에 맞서는 예방주사를 맞는 셈이다. 따라서 어느 시점에는 사내아이인 태아가 완전히 면역 체계의 공격 대상이 된다. 면역 체계가 정확히 무엇을 겨냥하는지, 면역 체계의 공격 대상이 된다는 사실이 어떻게 성 지향성을 바꾸는지는 아직 알려지지 않았다. 하지만 앞으로 생물학이 주목해야 할 흥미진진한 과제다. 이 대목에서 한 가지 궁금한 생각이 떠오른다. 아일랜드 민속신앙에서 마법을 부릴 줄 안다고 여긴 그 유명한 사람들에게는 이것이 무엇을 뜻할까? 병을 낫게 할 수 있다는, 일곱째 아들이 낳은 일곱째 아들 말이다. 이 사람은 틀림없이 언제나 기막히게 멋지지 않을까?

이렇게 묻는 사람들이 있다. 도대체 왜 우리가 성별의 정확한 근거가 무엇인지, 이성애자와 동성애자가 되는 이유가 무엇인지를 알아야 하나? 타당한 지적이다. 질병을 치료할 새로운 치료법 관점에서 보면 지금껏 수행한 연구에서 뚜렷한 소득이 없기 때문이다. 이성애자가 될지 동성애자가 될지를 미리 알리는 유전자 변이를 발견한들, 무슨 소용이 있을까? 사람들이 그 유전자를 바꿔 자신의 운명을 뒤

집으려 할까? 그런 일은 일어나지 않을 듯하다. 이성애자가 되느냐 동성애자가 되느냐는 한 가지는커녕 두세 가지 유전자 변이로도 결정되지 않을 만큼 훨씬 복잡한 문제이기 때문이다.

사람들이 이 분야를 연구하는 까닭은 잘난 척을 하려는 것이 아니라 순수한 호기심, 왜 이런 일이 일어나는지 알아내고 싶은 마음에서다. 복잡한 생화학 현상을 분자 관점에서 설명할 수 있을까? 왜 이성애자나 동성애자가 되는지, 또 왜 남성이나 여성, 성전환자가 되는지를 알려줄 과학적 근거를 밝히는 것은 사람들이 자신과 다른 사람을 헐뜯거나 억누르거나 차별하지 못하게 막을 탄약을 공급하는 일로 봐야 한다.

그러므로 한 가지 목표는 우리 사회가 더 너그러워지도록 북돋는 것이다. 이 모든 형질은 우리 인간의 환경과 생명 활동 때문에 나타났을 수 있다. 즉 인류의 어느 구성원이 보이는 특징일 수 있다. 그리고 가장 중요하게도, 어머니 자연이 우리에게 가르치는 한 가지가 있다. '다양성이 없으면 좋은 사라진다.' 제아무리 기를 쓴들, 페이스북은 언젠가 사리질 것이다. 하지만 우리 인간은 이 풍부한 다양성 덕분에 잘만 하면 끝내 더 강해질 것이다. (19장을 보시라!)

수전 워터스가 그린 어린 형제의 그림. 성인이 되어 동성
애자가 될 확률은 동생 쪽이 더 높을까?

7장

인간, 신을 발명하다
: 종교와 신앙의 과학

THE GOD
INVENTION

신앙을 과학으로 설명할 수 있을까? 벌써 여기
저기서 이를 가는 소리가 들린다. 또 어느 과학자가 잘난 체 우쭐대
며 신을 믿는 사람들을 비난하는 소리도 들린다. 과학과 종교라는
주제는 언제나 사람들을 극과 극으로 갈라놓는다. 내 경험으로 보
건대, 이런 주제로 토론을 했다 하면 이야기가 조금도 앞으로 나가
지 못하고 제자리를 돌다가 결국은 자기 생각을 한층 더 굳히는 것
으로 끝이 난다. 술이 들어간 날은 특히 심하게.《만들어진 신The God
Delusion》을 쓴 리처드 도킨스Richard Dawkins는 감히 신앙의 근거를 설명
하려 했다는 이유로 공격을 받는다. 미국에서는 학교에서 진화론을
가르쳐야 하느냐를 놓고 종교전쟁을 벌이고 있다. 간단히 말해, 종교
와 과학은 서로 친하지 않다. 그러므로 나는 벌써 아슬아슬한 영역
에 발을 디뎠다.

그런데 나에게는 종교가 언제나 매력덩어리였다. 사람들은 왜 환
생이나 사후 세계, 물 위를 걸었던 한 남자를 믿을까? 한 가지 답은
이런 이야기가 모두, 적어도 일부는 진실이기 때문이다. 다른 답은
신앙이 맨체스터 유나이티드를 열렬히 응원하는 것(신을 믿는 것보다

리처드 도킨스. 옥스퍼드 대학교 대중의 과학 이해를 위한 찰스 시모니 석좌 교수로 일했었다.《만들어진 신》에서 신앙이 망상이라고 주장했다*.

훨씬 더 꼴 보기 싫은 짓이다.)과 비슷하게도, 그저 인간의 또 다른 형질이기 때문이다. 게다가 왜 서구 사회에서 신을 믿지 않는 사람이 늘어날까? 어떤 신도들 말마따나 종말을 알리는 신호일까? 아니면 냉소와 과학, 그리고 어둠을 몰아내는 전등이 존재하는 이 시대에는 종교가 어떤 사람들에게 더는 영향을 미치지 못해서일 뿐일까? 모든 문제에서 그렇듯, 과학자라면 이 문제에도 합리적으로 접근해야 한다. 신앙을 다룬 연구는 우리에게 무엇을 말할까? 전지전능한 신을 믿는 것은 인간으로서 존재하는 데 중요한 요소일까, 아니면 도킨스가 주장한 대로 한낱 망상일 뿐일까?

먼저 이 말로 시작해보자. 과학은 '왜' 우리가 여기에 존재하느냐

---

* 원제목인 'The God Delusion'을 그대로 옮기면 '신이라는 망상'이다.

는 물음에 답하려는 시도를 아예 하지 않는다. 과학의 주된 관심사는 우리가 '어떻게' 여기에 존재하느냐다. 다시 말해 과학은 우리가 지구에 생겨난 첫 생명체에서 지금까지 진화한 과정을 다룬다. 게다가 그동안 이 물음에 입이 떡 벌어지게 잘 답해왔다. 종교는 대개 우리가 '왜' 여기에 존재하느냐를 다루는 영역이다.(답은 신 또는 신들이 우리를 만들어서다.) 따라서 두 영역은 서로 별개이므로, 둘을 섞으려 할 때는 문제가 불거질 수 있다.

신을 믿는 데는 과학이 뒷받침하는 증거가 필요 없다. 그러기는커녕 그런 증거를 찾으려 들었다가는 상황이 아주 험악해질 수 있다. 좋은 예가 토리노 수의의 연대를 밝히려 한 일이다. 천주교 신앙에서 토리노 수의는 더할 나위 없이 중요한 종교 유물이다. 예수를 십자가에서 내린 뒤 생긴 몸의 흔적이 그대로 남아 있다고 주장하기 때문이다. 탄소 연대 측정법이라는 성가신 과학 발명은 방사성 탄소 동위원소가 시간이 흐르면서 붕괴한 양을 근거로 유기물의 연대를 아주 정확하게 측정할 수 있다. 이 방법으로 토리노 수의를 측정했더니, 수의가 만들어진 시기는 예수가 죽인 지 한참 뒤인 1260년에서 1390년 사이였다. 연대를 밝히려는 노력은, 종교란 커다란 거짓말이요 성스러운 유물은 귀가 얇아 잘 속아 넘어가는 이들을 등치는 사기라며 거들떠보지도 않는 사람들에게 원군이 되었다. 그러니 종교가 무엇 하러 신이 존재한다는 과학적 증거를 찾으려 하겠는가? 설마하니 종교인들이 '아하! 증거를 찾으셨군요!'라고 반기겠는가? 그런 증거가 자신들이 지닌 신앙의 약점을 드러낼 뿐인데? 믿음이 깊은 신학자라면 누구도 신이 존재한다는 과학적 증거를 찾지 않는다. 그랬다가는 증거를 위조할 위험이 있기 때문이다. 그러므로 신학은 주로 철학적 질문에 초점을 맞춘다.

신이라는 문제는 지구 생명체의 출현 문제로 이어진다. 어떤 사람들은 전지전능한 신이 물리학 법칙에 시동을 건 뒤 계속 끓어오르도록 놔뒀다고 믿는다. 어떤 사람들은 우주를 품었던 거대한 알이 쪼개지며 우리가 비롯했다고 믿는다. 하지만 1장에서 봤듯이, 이제 우리는 생명이 어떻게 생겨났는지를 과학적으로 타당하게 설명할 수 있다. 생명은 다양한 유기 화학 물질로 가득 찬 채 부글부글 끓어오르던 커다란 가마솥에서 비롯했다. 수억 년이 흐른 뒤 유기 화학물질이 마침내 첫 세포를 형성했고, 그 세포가 분열한 끝에 드디어 우리가 생겨났다. 첫 세포는 화학(정확히 말해 생화학) 측면에서 무척 복잡한 생명체였다. 자신의 DNA를 복제할 줄 아는 자급자족 공장이 되었기 때문이다. 꽤 큰 성취였지만, 어느 신의 손끝에서 생명의 불꽃이 일어나는 일은 없었다. 생명 탄생에 필요한 것은 오로지 물리학 법칙, 화학 법칙, 생화학 법칙과 우연히 일어난 몇 가지 사건이었다.

생명이 과학 법칙들 때문에 불쑥 생겨날 수 있다는 사실은 오로지 화학물질만으로 생명을 합성하려 했던 여러 시도가 가장 잘 보여준다. 눈여겨봐야 할 한 연구는 DNA가 없는 세포에 DNA를 주입할 수 있음을 증명했다. DNA를 주입하면 세포가 '시동'을 걸고서 새로운 DNA를 복제하여 세포분열을 할 수 있다. 하지만 세포의 내용물은 워낙 복잡해 아직 아무것도 없는 상태에서는 만들어낼 수 없으

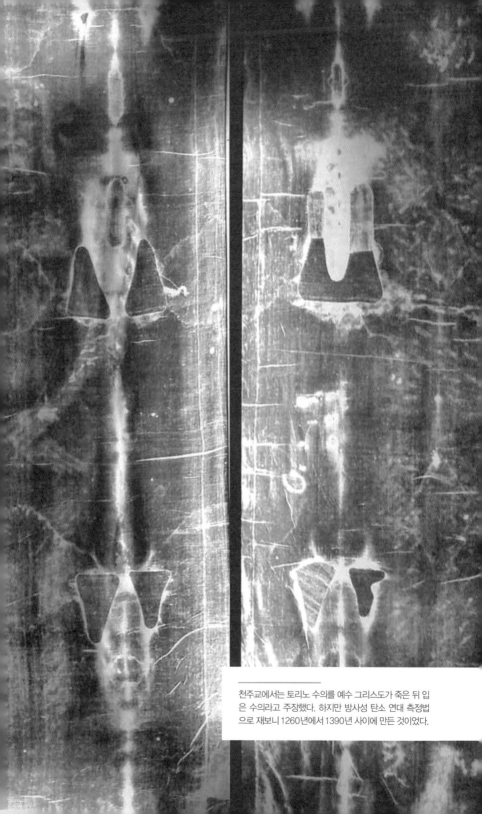

천주교에서는 토리노 수의를 예수 그리스도가 죽은 뒤 입은 수의라고 주장했다. 하지만 방사성 탄소 연대 측정법으로 재보니 1260년에서 1390년 사이에 만든 것이었다.

므로, 원칙을 따지자면 이 방법은 생명을 완전히 합성하는 것이 아니다. 하지만 전망은 점점 밝아지고 있다. 아마 언젠가는 과학자들이 '불꽃'을 제공해 살아 있는 세포를 만들고, 그 세포가 번식해 진화할 것이다.

과학자의 말을 빌리자면, 생명에게 목적이 있다고 할 수 있다면 주요 '목적'은 살아남아 DNA를 복제해 다음 세대에 물려주는 것이다. 이 목적을 달성하려면 아이를 많이 낳거나, 자신의 유전자를 일부 공유하는 피붙이가 살아남아 번성하도록 도와야 한다. 그러니 딸에게 괜찮은 신랑감을 골라보라며 성화를 부리는 엄마는 아주 오래전에 진화한 본능을 따르고 있을 뿐이다. (그런데 이런 일이 엄마들 뜻대로 풀린 적이 있었던가?) 피붙이의 몸속에 있는, 자신과 똑같은 유전자를 지원하고 응원하면, 그 과정에서 자신의 DNA가 계속 다음 세대로 전달된다.

작은 부족 단위로 살았을 때는 이런 일이 아주 간단했다. 누가 친척인지를 훤히 알므로 그들을 챙기고 보살피는 것이 합리적이었다. 낯선 사람을 꺼렸으므로, 그런 습성이 이어져 오늘날 우리가 본능처럼 외국인을 두려워한다. 인류학자들이 제시하는 증거에 따르면 우리는 오랫동안 작은 집단을 이뤄 살았다. 최대 인원이 약 250명이었으니, 나와 내 집안, 배우자의 집안만으로도 행복한 부족 하나를 이뤘다. 종교가 생겨난 시기가 바로 우리가 이렇게 작은 집단을 이루고 살았을 때로 보인다. 이때 종교는 다음 세대에게 지혜를 전달하는 형식이었다. 그러므로 종교가 전하는 조언은 '이웃을 보살펴라, 골칫거리가 될 문제를 일으키지 마라'처럼 도덕을 알려주는 길잡이였다. 이런 조언은 피붙이의 몸속에 있는, 자신과 같은 DNA가 다음 세대로 확실히 전달되도록 했다.

부족에서 똑똑한 사람들, 그러니까 나이 든 사람들이 구성원들을 올바르게 행동하도록 이끌 방법을 떠올렸을 것이다. 무릇 사람이란 가만히 놔두면 자연스레 길에서 벗어나 골칫거리가 되기 마련이다. 그런 사람들을 설득하는 방법 하나는 그런 지혜가 이 세상을 초월한 존재에서 나왔다고 말하는 것이다. 이때 조언을 건네는 초자연적인 존재, 부모처럼 우리를 보살피는 크나큰 존재라는 개념이 떠오른다. 많은 종교에서 이런 개념이 공통으로 나타난다. 이 강력한 존재를 순순히 따르고 섬기면 내 피붙이가 이익을 얻으므로, 내 DNA가 다음 세대에 전달된다. 이런 지침을 지키지 않는 무임승차자가 나타날 위험은 언제나 있다. 하지만 모든 것을 지켜봤다가 벌을 내리는 아버지 같은 존재가 있으므로 위험이 줄어든다. 만약 벌이 구체적이지 않으면 현명한 노인들이 신성한 힘을 구실로 벌을 내린다. 따라서 종교 지도자와 계급을 만들 필요가 생긴다. 이런 특성도 많은 종교에서 공통으로 나타난다. 물론 기독교처럼 신이 자신을 믿는 사람들을 사랑하는 아버지, 즉 부양자에 가까운 존재인 종교도 있다.

하지만 전체 구성원이 250명 남짓한 부족 사회가 아닌 대규모 사회 속에서 사는 오늘날에도 과연 종교가 살아남을지는 수수께끼다. 여기에서도 적자생존이 종교의 앞날을 설명할 수 있다. 다양한 연구에 따르면 종교가 있는 사람들은 그렇지 않은 사람보다 대체로 더 건강하다. 아마 주변 사람에게 정서적 지지를 더 많이 받기 때문일 것이다. 그 옛날 유럽으로 걸어 들어간 어느 호모사피엔스 부족이 어느 네안데르탈 부족을 맞닥뜨렸다면, 사회관계를 인식할 줄 알고(그래야 군대를 형성해 싸울 수 있다.) 신을 믿는 쪽이 싸움에서 이겨 살아남았을 것이다. 그리고 이런 특성은 대개 문화 전승 형식으로 다음 세대에게 전달된다. 엘리자베스 2세 여왕이 아직도 쌩쌩하게 살아 있다는 사실만 봐도 신앙은 건강에 효과를 미친다. 여왕이 장수하는 이유가 수많은 사람이 날마다 '신이시여, 여왕을 보호하소서'라고 기도해서일까? 아마 아닐 것이다. 여왕이 건강한 까닭은 비길 데 없이 뛰어난 건강관리를 받을뿐더러 국민들에게 지지를 받기 때문일 것이다.

신앙과 관련한 또 다른 견해에 따르면 신앙이 때로 유전하기도 한다. 어떤 변이 유전자(대개는 여러 변이 유전자가 결합한다.)를 갖고 있다면 적절한 상황이 닥쳤을 때 신을 쉽게 믿게 할지도 모른다. 서로 떨어져 자란 쌍둥이를 연구한 결과들이 이를 뒷받침한다. 이 연구들에 따르면 인간이 신을 믿는 데는 유전자가 40% 정도 영향을 미친다. 뒤집어 말하면 어떤 사람이 신을 믿는 데 환경이 아무리 못해도 유전자만큼 영향을 미친다는 뜻이다. 신을 믿게 하는 유전자 변이가 있으면 건강과 같은 편익을 누릴 수 있으므로, 이런 변이가 개체군에서 계속 살아남을 것이다. 하지만 그러려면 환경, 예컨대 미리 합의된 종교 규율처럼 종교를 뒷받침하는 문화가 있어야 한다. 예컨대 당신이 치즈라면 질색하는 성향을 타고났다고 해보자. 이때는 치즈가 나쁘다고 합의된 환경일수록 살아남아 번성할 확률이 높다. 따라서 종교는 복음을 퍼뜨리고 신도들에게 규율과 소명을 일깨우는 것을 중요하게 여긴다. 그러므로 신을 믿는 부족은 서로 돌보며 종교 의식 같은 사교 활동을 장려할 것이다. 알다시피 사교 활동은 심장병을 앓을 위험을 줄이는 등 여러모로 도움이 된다. 신앙에서 비롯한 사랑하는 감정은 애착 호르몬 구실을 하는 옥시토신을 내뿜게 한다. 옥시토신은 따뜻한 마음을 불러일으키고, 이런 마음은 협력하는 큰 집단이 서로 손발을 맞춰 굴러가도록 돕는다. 이런 결속은 어느 축구팀을 함께 응원하는 사람들의 유대보다 훨씬 더 끈끈하다. 이 결속이 인간만이 지닌 물음을 해결하도록 돕기 때문이다. '우리는 어디에서 왔을까? 죽은 다음에는 무슨 일이 벌어질까?' 우리가 이 물음들을 떠올리는 까닭은 우리 호모사피엔스를 정의하는 특성 즉 다음에 무슨 일이 일어날지를 곰곰이 생각할 줄 아는 지능과 역량 때문이다.

수수께끼의 다른 한 조각은 아이들의 마음과 관련 있다. 아일랜드에서 여러 학교를 운영했던 예수회 사제들은 아주 인상 깊은 말을 남겼다. "일곱 살짜리 사내아이를 내게 보내보라. 사내로 만들어주겠다." 이들이 말하는 것은 자라나는 아이의 두뇌가 보여주는 놀라운 적응성과 정보를 얻고자 하는 목마름이었다. 진화 측면에서 보면 이 적응성을 이해하기 쉽다. 이런 특성은 물불 가리지 않고 세상을 탐색하려는 아이들이 나이 든 사람의 말을 고분고분 따르도록 한다. 아버지가 일곱 살짜리 아들을 걱정하는 마음에 '그 숲에 들어갔다가는 귀신한테 잡혀간단다. 그러니 발도 들이지 말거라'라고 말하면, 아이는 그 말을 믿을 것이다. 이미 아버지가 하는 말을 받아들여 믿도록 뇌가 설정되었으므로, 귀신이 있다는 증거를 찾으려 들지도 않을 것이다. 이런 믿음은 아이의 머릿속에 무척 강력하게 새겨지므로, 아이는 숲에 귀신이 있다는 믿음을 쉽게 떨치지 못할뿐더러 평생 이 믿음을 안고 살기까지 할 것이다. 못되게 굴면 지옥에 간다고 말한다면 아이는 어떻게 받아들일까? 아이는 이 말도 믿을 것이다. 게다가 청소년기를 거치고 성인기에 들어서는 동안 일요일마다 교회에 나가거나 경전을 읊어서 이런 생각이 굳어진다면, 이 말이 훨씬 더 깊게 머리에 박힐 것이다. 특히 삶이 시련과 고난에 시달릴 때는 즐거움이 넘칠 내세를 생각하며 위안을 얻을 것이다.

모든 것을 고려할 때, 애초에 신을 믿는 성향이 생겨난 데는 그럴 만한 이유가 있었다. 우리는 살아남아 자신의 DNA를 물려줄 확률을 높이고자 자신도 모르게 신을 만들어 냈다. 신이 우리를 만든 것이 아니라, 우리가 신을 만들었다. 그런데도 왜 우리는 전지전능한 힘을 철석같이 믿을까? 어떤 사람이 신의 존재를 체험할 때 신경에서 무슨 일이 일어나는지 설명할 수 있는 지도가 있을까?

종교의식에서 일어나는 신비로운 체험과 관련하여 흥미로운 사실이 있다. 종교의식을 올릴 때 여러 문화에서 천연 환각제를 사용한다는 것이다. 북아메리카 원주민은 페요테peyote 선인장을 쓰면 현실을 뛰어넘어 신과 소통할 수 있다고 여겼다. 아일랜드 수도승들이 환각 버섯을 이용했을지 짐작해보는 것도 흥미로운 일이다. 《켈스의 서 Book of Kells》에 실린 눈이 핑핑 돌아갈 듯한 형상, 그중에서도 특히 카이-로 Chi-Rho 그림이 환각 버섯에서 영감을 얻지는 않았을까? 카이

페요테 선인장. 멕시코와 텍사스 남부가 원산지다. 인간의 정신에 영향을 미친다고 알려진 식물로, 북아메리카 원주민들이 종교 의식을 치를 때 썼다.

로 그림에서는 약에 취해 몽롱한 눈처럼 보이는 무늬가 모양을 바꿔 가며 끝없이 이어진다.(환각 버섯이 아니라면, 이 위대한 예술 작품에 직접 영향을 준 것은 르네상스 시대 예술 작품이 그랬듯 신을 믿는 마음이었다.) 1692년에 미국 매사추세츠주의 세일럼이라는 고장에서 벌어진 마녀재판도 아마 사람들이 환각을 일으키는 곰팡이인 맥각균이 핀 빵을 먹고 중독 증상을 보이는 바람에 일어났을 것이다. 이렇게 자연 발생하는 화학물질은 곤충의 행동을 바꿔 식물을 보호하므로, 식물이 곤충을 쫓아내고자 진화시켰을 것이다. 식물은 이런 전략을 쓰는 듯하다. '곤충을 뿅 가게 하자. 그러면 취해서 헤매느라 나를 먹지 못

하겠지.'

합성 환각제 LSD(화학명은 리세르그산 디에틸아미드다.)는 화학자 알베르트 호프만Albert Hoffman이 스위스 제약사 산도즈Sandoz에서 일할 때 맥각균에서 추출한 화학물질로 신약을 개발하다 우연히 만든 것이다. 실수로 LSD를 살짝 흡수하는 바람에, 호프만은 뿅 가는 'LSD 환각 여행'을 처음으로 경험한 사람으로 기록되었다. 그는 환각에서 무엇보다도 영혼이 깨어나는 듯한 기분을 느꼈다고 말했다. 그래서인지 다음에는 엄청나게 많은 양(환각 효과를 일으키는 기본량보다 열 배나 많았다.)을 삼키고서 환각 여행을 떠났고, 그 바람에 이웃을 '사악한 마녀'라고 생각했다. LSD를 삼킨 사람들은 흔히들 신의 존재를 체험한다. 우리 의식 바깥에 무언가 대단한 존재가 있다고 느낀다. 그런데 어느 정도 굶주렸을 때도 같은 효과가 일어날 수 있다. 기독교와 이슬람의 창시자가 모두 외딴곳에 홀로 떨어져 단식한(이를테면 예수는 사막에서 40일을 보냈다.) 끝에 깨달음을 얻은 것도 이 때문일 것이다. 그러므로 자극을 받으면 신의 존재를 예민하게 느끼는 어떤 신경 통로가 우리 뇌에 있을지 모른다. 삶이 버겁고 가난에 허덕일 때는 이런 느낌 덕분에 살아남아야겠다는 의욕이 솟아날 것이다. 그러므로 신앙이 살아남아 유전자를 전달하게 장려하는 특성이라는 또 다른 증거일 수 있다.

엄청난 시련이 닥친 곳에서는 언제나 종교가 번성했다. 가난한 사람들, 엄청난 충격을 겪은 사람들은 신을 더 많이 믿는다. 신이 희망과 위안을 주기 때문일 것이다. 그런데 때로 그런 사람들을 돈 있고

세계에서 손꼽히는 위대한 예술 작품인 《켈스의 서》 중 카이-로 그림. 이 그림은 그리스어에서 그리스도를 뜻하는 ΧΡΙΣΤΟΣ의 앞 글자 두 개를 그린 것이다. 눈이 핑핑 돌 듯한 이 형상은 어디에서 영감을 받았을까?

힘 있는 종교 지도자가 착취하는 문제가 일어난다. 지난날에는 신의 존재를 느꼈다고 믿은 신비로운 경험을 오늘날에는 정신 질환으로 보기도 한다. 이를테면 남들이 듣지 못하는 목소리를 듣고, 보지 못하는 무엇을 본 사람들은 그것이 신의 셰시라고 주장했다. 많은 성자가 그런 일들로 유명해졌다. 이런 주장을 의심하게 한 사례 하나가 프랑스 루르드와 이탈리아 파티마에 사는 소녀들이 자신들의 눈앞에 성모마리아가 나타났다고 주장한 일이다. 사춘기에 들어선 소녀는 그런 일에 무척 예민하므로 이야기를 지어냈을 수도 있고, 아니면 환각이었는데도 정말로 무슨 일이 일어났다고 믿었을 수도 있다. 알다시피 10대 소녀들은 암시에 매우 쉽게 빠지므로, 사회 요인과 문화 요인에 크게 영향을 받아 집단 히스테리를 일으킨 사례가 많다. 또 성모마리아가 일부러 그런 소녀들 앞에 모습을 드러냈을 수도 있다. 이런 특별한 논쟁거리에서는 어느 쪽에 서더라도 이길 수가 없다. 다만 과학이 어느 쪽을 지지할지 생각해보라고만 말하고 넘어가겠다. 서구 사회에서 종교가 힘을 잃어가는 이유를 하나 꼽자면 삶의 질이 올라가 사람들이 가난에 덜 시달릴뿐더러, 정신 질환도 덜 겪고 겪더라도 더 잘 관리해서일 것이다. 그도 아니면 종교 쇠퇴의 모든 원인이 스마트폰에 있을지 모른다. 인정할 것은 인정하자. 스마트폰이야말로 완벽한 마법이잖은가.

최근 설문 조사들도 종교가 쇠퇴하는 현상을 보여주므로, 조사에 포함된 종교들이 처한 암울한 현실을 알 수 있다. 2014년 영국에서 실시한 한 설문 조사의 결과로 보건대, 영국의 성공회 신자는 약

850만 명이다. 2004년 조사에 따른 추정치가 1,300만 명이었으니 꽤 많은 수가 줄어든 셈이다. 성공회 신자의 인구 통계는 훨씬 더 암울한 앞날을 보여준다. 신자 중 약 40%가 70세 이상이기 때문이다. 인구 통계로만 보면 2050년에는 성공회 신자가 100만 명 아래로 줄어든다. 게다가 성공회는 자비롭기로 손꼽혀, 신자들에게 신앙을 거의 강요하지 않는다. 이제 교회는 신을 믿지 않은 사람들이 결혼식을 올리거나, 다른 대안을 생각할 수 없는 유족이 장례식을 치르는 곳으로 주로 쓰인다. 하지만 교단의 자산이 적어도 120억 파운드(한화 약 17조 5,000억 원)이고, 투자 수익이 웬만한 헤지 펀드보다 낫다고 주장하므로(신이 손이라도 쓰셨을까?), 재무 전망은 탄탄해 보인다. 성공회는 빈곤층 구제, 교육, 의료 활동으로 취약 계층을 돕는 데 엄청난 업적을 쌓았다. 성경을 믿는 것을 빼면 연민, 관용, 친절을 주로 강조한다. 하지만 성공회를 유지하고 되살리고자 애쓰는 열렬한 신자들의 말대로, "사람들은 교회가 좋은 일을 했다는 이야기할 때는 기꺼운 마음으로 귀 기울이지만, 신을 이야기하면 따분한 얼굴이 된다."

종교가 사그라지는 곳에 이제 다른 것들이 들어서고 있다. 인간은 여전히 남들과 어울려야 하고, 또 자신의 삶에 의미를 주는 외부의 무엇을 믿어야 하기 때문이다. 현대에 나타난 대안은 여럿이다. 예컨대 사이언톨로지는 과학도 아니고 종교도 아닌 희한한 특성을 보인다. 코피미즘Kopimism은 정보 복제를 신성한 행동으로 여기는 파일 공유자의 모임이다. 호주에서는 꽤 많은 사람이 영화 〈스타워즈〉에 나오는 제다이 기사단을 믿는다고 말한다. 남들과 무리 지어 어울려야 하는 습성은 축구팀을 응원하거나 나라를 옹호하거나(이때는 나름대로 위험이 따른다.) 같은 인간의 행복을 지지할 때도 나타난다. 인본주의는 모든 면에서 신비로움을 뺀 기독교와 같으므로, 기독교 신자들에게 고기 없는 샌드위치 같다는 비웃음을 산다. 하지만 오랫동안 어머니에게 죽은 자 가운데 다시 살아나 인류에게 서로 친절히 대하라고 설득한 한 남자의 이야기를 듣고 자랐을지라도, 그런 사람을 믿는다고 당당히 말하려면 무척 용감하거나 깊이 세뇌되어야 한다.

신앙이 사라지는 또 다른 이유는 과학 발전이다. 우리가 어떤 과정을 거쳐 지금에 이르렀는지를 과학이 알려주기 때문이다. 물론 큰 물음, 이를테면 이 모든 일이 처음에 어떻게 시작했는지(첫 세포가 생겨날 수 있었던 화학 법칙과 물리 법칙을 누가 만들었는지), 왜 우리가 여기에 존재하는지 같은 물음에는 과학이 답하지 못한다. 하지만 그런 물음이야말로 우리가 어떻게 만들어졌는지를 간단하게 드러낸다. 우리는 무엇인가를 궁금하게 여기고 물음을 던지도록 만들어졌다. 애초에 과학이 시작된 이유도 이 욕구 때문이다. 바로 그런 욕구 때문에 우리가 창조라는 큰 물음을 풀고 싶어 한다. 물론 과학과 종교가 충돌하지 않을 때도 있고, 과학자 중에도 독실한 신자가 많다. 인간 게놈 프로젝트를 이끈 프랜시스 콜린스Francis Collins가 좋은 예로, 그는 독실한 기독교 신자다. 콜린스처럼 신이 실제로 존재하는 증거를 과학이 밝혀낸다고 여기는 과학자도 있다. 하지만 설문 조사에 따르면 대체로 과학자들은 대중에 견줘 신을 덜 믿는다. 아마 서로 반대인 관점을 동시에 유지하기가 어려워서일 것이다. 과학자들은 주장을 자료로 뒷받침하는데, 종교에서는 그런 자료가 부족하다.

과학과 종교를 둘러싼 논쟁에서 몇몇 사람들이 한 가지 흥미로운 견해를 전개했다. 어찌 되었든 실제로는 과학이 또 다른 종교라는 견해다. 과학자들은 이런 주장에 몸서리를 친다. 과학은 논리와 사고력과 증거가 본질이므로, 무신론자들이 근거가 없는 이야기라고 생각하는 것과는 아무런 관련이 있을 수 없기 때문이다. 하지만 조금만 더 깊이 파고들면 둘 사이에 닮은 점이 드러난다. 첫째, 과학자들은 대개 인간을 중심에 놓고 사고한다. 종교도 비슷하다. 내가 트위터에서 팔로우하는 사람 중 하나가 신이다. 정말이다. 신도 트위터를 한다. 아마 트럼프가 여기에서 아이디어를 얻었지 않나 싶다. 트위터 계정 God를 팔로우하는 사람이 현재 600만 명이 넘는다.(그런데 이 계정이 팔로우하는 사람은 딱 한 명 저스틴 비버뿐이다.) 얼마 전에는 이런 글을 남겼다. '너희 인간은 참으로 허영 덩어리로구나. 틀림없이 이 우주가 너희를 중심으로 돌아간다고 생각하겠지.' 우리는 한때 태양이 지구를 중심으로 돈다고 생각했었다. 그러다 니콜라우스 코페르니쿠스Nicolaus Copernicus가 비록 우주선을 타고 날아가 증명하지는 못했지만, 천동설이 틀렸다고 주장했다. 당시에는 이 주장을 믿지 못하는 사람들이 있었다.(보아하니 아직도 그런 사람들이 있다.) 하지만 우리가 우주로 나가 우리 태양계가 태양을 중심으로 돌아간다는 사실을 직접 본 뒤로는, 적어도 사고력을 사용할 때는 지동설을 반박하지 않는다. 그러므로 우리 태양계에 존재하는 다른 암석처럼, 우리가 사는 곳도 태양 주위를 도는 암석이라는 사실을 드디어 알았다. 그다음에

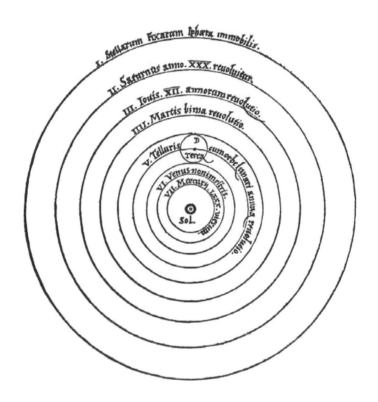

코페르니쿠스(1473~1543)는 태양이 지구 주위를 도는
것이 아니라 지구가 태양 주위를 돈다고 설명함으로써,
인간이 우주에서 으뜸인 존재라는 생각에 의문을 던졌다.

는 우리가 아는 태양이 어마어마하게 많은 은하계에 존재하는 어마어마하게 많은 별 중 하나일 뿐이라는 사실을 알았다. 내 아내 마거릿이 자주 하는 말을 빌리자면, 우리는 '우주에 있는 작은 먼지 위의 작은 먼지 위의 작은 먼지 위에 있는 작은 먼지'다. 다음으로 우리를 움찔하게 할 일은 다른 행성에 사는 생명체일 것이다. 어느 별엔가 다른 생명체가 존재할 확률이 높으므로, 그런 생명체를 발견한 날에는 우리 인간의 특별함이 줄어들 것이다. 그래도 우리를 창조하고 보살피는 어떤 신이 있다고 생각하면 우리가 특별하다는 느낌이 든다.

과학이 종교와 비슷한 점은 또 있다. 이단자를 쫓아내고(대개는 근본을 뒤흔드는 새로운 견해가 나타날 때 벌어진다.), 성자를 떠받들고(다윈, 뉴턴, 아인슈타인은 누구보다도 티셔츠에 얼굴이 많이 찍히는 과학자다.), 윤리 강령(예컨대 연구에 속임수를 쓰지 마라.)을 중요하게 여긴다. 과학도 자기네 사제들(대학생과 대학원생)에게 비밀을 가르치고, 특별한 의복(하얀 실험복)을 입고, 특별한 방(실험실)에서 알 수 없는 의식(실험)을 치른다. 그런데 과학계의 사제들에게는 한 가지 중요한 차이가 있다. 여성을 더 폭넓게 포용한다는 것이다. 또 많은 과학 분야가 아직도 완전히 신비에 싸여 있다. 예컨대 물리학에서 손꼽히는 도전 과제인 우주의 암흑 물질, 암흑 에너지, 끈 이론은 아직도 명확히 설명되지 않았다.

마지막으로 과학에도 믿음 비슷한 것이 필요하다. 우주의 존재를 설명해달라고 요청하면, 과학자들은 빅뱅과 초끈superstring을 포함한 온갖 개념을 들먹인다. 그러면 빅뱅은 무엇이고 초끈은 무엇인지 설

바티칸의 한 성당 천장에 그려진 하느님과 천사들의 그림.

명해달라고 요청해보라. 그 분야의 전문가가 아닌 한 설명을 하지 못한다. 그러니 이들은 다른 과학자들을 들먹이며 그런 개념을 덮어놓고 믿는 것이다. 다만 여기에서 과학과 종교가 커다란 차이를 보인다. 과학에는 이런 설명을 뒷받침할 증거가 있다. 천체 물리학자 닐디그래스 타이슨Neil de Grasse Tyson은 말했다. "과학의 좋은 점은 당신이 믿든 안 믿든 사실이라는 것이다." 그래도 과학을 종교로 본다면, 과학은 내면이 아니라 외부를 들여다보는 종교다.

이런 면에서 달에 간 우주 비행사들은 흥미롭다. 드넓디드넓은 우주와 자그마한 파란 점 같은 지구를 봤을 때 어떤 우주 비행사들은 그 모습에 놀라 신을 찬양했다고 한다. 그런데 아폴로 임무를 끝낸 뒤, 닐 암스트롱Neil Armstrong이 아주 놀라운 이야기를 두 가지 들려줬다. "저기 보이는 예쁘고 파란 자그마한 완두콩이 지구라는 사실을 불쑥 깨달았다. 엄지손가락을 들고서 한쪽 눈을 감았더니, 엄지가 지구를 완전히 가렸다. 거인 같은 느낌은 들지 않았다. 오히려 내가 아주 작디작은 존재라는 느낌이 들었을 뿐이다." 또 이렇게 말했다. "신비로움은 경이로움을 낳는다. 그리고 경이로움은 인간이 무엇을 이해하고자 하는 욕구의 근본이다." 아마 종교에도 경이로움이 있을 것이다. 하지만 우리가 어디에서 왔고, 어떤 존재이고, 또 어쩌면 어디로 가는지를 이해하는 데 가장 많이 도움이 될 것은 결국 과학이다.

8장

행복해서 웃을까, 웃어서 행복할까?
: 웃음의 과학

HERE'S A GOOD ONE:
WHY DO WE LAUGH?

인간은 웃는다. 그것도 많이. 다른 종들에 견줘도, 더 나아가 침팬지나 동물계의 웃음 챔피언이라 할 하이에나에 견줘도, 웃기에서는 우리 인간을 따라올 종이 없다. 모든 사람이 크게 웃기를 좋아한다. 그런데 도대체 우리는 왜 웃을까? 왜 우리는 어떤 것을 웃기게 여길까? 가장 재미있는 농담은 무엇일까? 왜 흔히들 실제로 무엇이 웃겨서가 아니라 어떤 사회적 기능을 수행하고자 웃을까? 만약 우리가 웃음을 주체하지 못한다면, 그래서 정말 적절하지 않은 때에 키득키득 웃음이 새어 나온다면 무슨 일이 벌어질까? 누가 말했듯이 이런 물음을 파헤치는 데는 위험이 따른다. "무엇이 왜 웃기는지 그 이유를 파헤치는 것은 개구리를 해부하는 것과 같다. 개구리처럼 웃음도 해부하면 죽는다." 그래도 우리는 용기를 내야 한다. 과학에는 한계가 없는 법이다. 그리고 과학에서 웃을 거리를 찾을 수 있는 한, 우리는 괜찮을 것이다.

먼저, 웃을 때 우리 몸에 무슨 일이 일어나느냐로 이야기를 시작하는 것이 좋겠다. 배가 들썩이도록 깔깔 웃을 때, 우리 몸에서는 갈비뼈를 둘러싼 근육이 크게 수축하여 공기를 몸 밖으로 짜낸다. 그 과정에서 웃음소리가 난다. 근육수축이 잇달아 빠르게 일어나면, 숨이 넘어가라 꺼이꺼이 웃는다. 하지만 사교 모임에서 누군가와 이야기를 나누다 예의상 웃을 때는 몸이 이런 변화를 보이지 않는다.

웃음의 목적을 연구할 때는 이런 구분이 중요하다. 여성 참여자 33명을 살펴본 한 실험은 이런 구분을 이용해 웃음의 기능을 뚜렷하게 드러냈다. 33명 중 17명은 유머 넘치는 영화를 한 편 봤다.(어쩌면 당연하게도 〈해리가 샐리를 만났을 때When Harry Met Sally〉였다.) 이들이 얼마나 많이 웃는지를 측정하고자 연구진은 여성들의 배에 측정기를 달아 배가 얼마나 움직이는지를 쟀다. 배의 움직임이 왜 중요했을까? 이 과학자들의 관심사가 이른바 '깔깔 웃음mirthful laughter'이었기 때문이다. 깔깔 웃음이야말로 진짜 웃음, 배꼽을 잡고 웃는 웃음이라 할 수 있다. 한편 나머지 16명은 재미없는 여행 영상을 한 편 봤다.(다행히 아일랜드 관광 개발청이 내놓은 영상이 아니었다. 그랬다면 참여자들이 영상을 보는 내내 웃음을 터트렸을 테니까.)

〈해리가 샐리를 만났을 때〉를 본 참여자들은 깔깔 웃음을 평균 서른 번씩 웃었다. 이와 달리 여행 영상을 본 참여자들은 평균 한 번씩 웃었다. 연구진은 피 검사로 면역 체계도 살펴봤다. 이때 살펴본 것은 자연살생세포natural killer cell(NK세포)로, NK세포는 우리 몸이 바이러스와 맞서 싸울 때 중요한 역할을 한다. 그렇다면 어떤 결과가 나왔을까? 〈해리가 샐리를 만났을 때〉를 본 뒤에는 NK세포의 활동이 더 늘어났다. 즉 면역 체계가 힘을 얻었다. 그러므로 웃음에는 면역 체계의 활동을 촉진하는 효과가 있다. 의사가 환자에게 코미디 쇼 표두 장을 처방하는 것도 꽤 좋은 생각일 듯하다.

이 결과가 나오기 전에도 많은 연구가 어두운 감정과 스트레스가 면역 체계에 나쁜 영향을 미칠 수 있다고 증명했다. 이런 결과는 우리가 불안과 걱정을 느낄 때 많이 분비하는 코르티솔이라는 스트레스 호르몬 때문이다. 코르티솔 수치가 높으면 면역 체계를 억누르는 나쁜 영향을 끼친다. 다른 연구에서 연구진은 뇌에서 이마 바로 뒤에 있는 앞이마 겉질prefrontal cortex이라는 영역을 살펴봤다. 우울증과 관련 있는 이 영역의 오른쪽 부위가 더 활발히 움직일수록 '잔이 벌써 반이나 비었네'라고 생각하는 사람이 된다. 반대로 왼쪽 부위가 더 활발히 움직이면 '잔이 아직도 반이나 찼네'라고 생각하는 사람이 된다.

과학자들에게는 이런 연관성이 유용하다. 굳이 미덥지 않은 설문 조사를 하지 않아도 낙관론자와 비관론자를 분류할 수 있기 때문이다. 실제로 과학자들은 놀라운 결과를 얻었다. 삶을 낙관하는 사람 즉 언제나 잔이 아직도 반이나 찼다고 생각하는 사람은 잔이 벌써 반이나 비었다고 생각하는 사람에 견줘 독감 백신에 4배나 더 강하게 반응했다. 이 연구는 낙관하는 사람일수록 감기와 독감에 덜 시달린다는 증거를 설득력 있게 내놓았다. 다만 이 연구에서 밝히지 못한 한 가지 문제는 원인과 결과다. 어쩌면 낙관적인 사람들은 덜 아팠기 때문에 삶을 더 밝게 봤고, 그래서 앞이마 겉질의 왼쪽 부위가 더 활발히 움직였는지도 모른다.

어느 쪽이든 이 모든 연구 결과는 신나는 유머와 웃음이 최고의 약이 되기에 충분하다고 암시한다. 신나게 웃으면 다른 면에서도 건강에 이롭다. 웃음은 혈압을 낮추고 심장으로 피가 잘 흐르게 한다. 따라서 웃음은 심장병에 함께 맞서 싸울 강력한 동맹군이다. 또 실제로 운동과 같은 효과도 낸다고 한다. 체육관에서 몸에 딱 붙는 운동복에 땀받이 밴드를 찬 중년 남자를 보거든 서슴지 말고 웃음을 날려라. 한 연구에 따르면 웃음 100번은 노 젓기 운동 10분 또는 자전거 운동 15분에 맞먹는 효과가 있다. 게다가 훨씬 신난다.

웃음은 혈당도 낮출 수 있다. 혈당이 낮아지면 2형 당뇨병이 생길 위험이 줄어들므로 건강에 도움이 된다. 2형 당뇨병이 생기면 몸이 스스로 생산하는 인슐린을 거부한다. 따라서 세포가 포도당을 흡수하지 못하므로, 혈당 수치가 지나치게 높아져 갖가지 건강 문제를 일으킨다. 한 연구에서 2형 당뇨병을 앓는 실험 참여자들을 하루는 식사 뒤 따분한 강의에 참석하게 했고, 하루는 똑같은 식사 뒤 코미디 쇼를 관람하게 했다. 연구진이 두 상황에서 참여자들의 혈당을 재어 보니, 밥을 먹은 뒤 코미디 쇼에서 신나게 웃은 뒤에는 따분한 강의를 들었을 때보다 혈당이 덜 올라갔다. 실험 참여자들이 깔깔 웃는 동안 근육이 포도당을 태웠기 때문이라고 설명할 수 있다. 아무튼 이유가 무엇이든, 웃음이 우리 몸에 이로운 것은 틀림없다. 그리고 웃음은 통증을 덜 느끼게 하는 효과도 있다. 두려움과 불안함을 누그러뜨린다는 것은 웃음이 우리가 힘겨운 상황에 대처하도록 돕는다는 확실한 증거다.

하지만 웃음을 가장 설득력 있게 다룬 연구는 웃음이 사회적 유대 관계를 다지는 역할을 한다고 봤다. 알다시피 웃음은 전염한다. 혹시 그저 옆 사람이 웃는 바람에 이유도 모른 채 자신도 모르게 따라 웃어본 적이 없는가? 한바탕 깔깔 웃고 나면 우리는 다시 웃을 준비가 된다. 그래서 코미디 쇼는 본 공연을 시작하기에 앞서 바람잡이 코미디언을 세운다. 사람이란 한번 웃고 나면 계속 웃기 마련이다. 한 연구가 쇼핑몰에서 사람들이 웃는 모습을 살펴보고 이야기를 엿들어 무슨 이유로 웃는지를 파악했다. 놀랍게도 웃음 중 80%가 농담이나 재미있는 이야기에서 나오지 않았다. 사람들은 남들과 교류하고자 웃고 있었다. 다음에 사람들과 있을 때 당신이 언제 웃는지 유심히 살펴보라. 무엇인가 웃기는 이야기를 듣지 않았는데도 웃을 때가 숱할 것이다. 웃음은 '나는 상냥한 사람이야. 두려워하지 않아도 돼. 그러니 나한테 계속 말을 걸어 줘!'라는 뜻이다.

과학자들은 웃음 덕분에 인간이 남들과 연결되고 유대하고 소통한다고 생각한다. 누군가를 더 편안하게 여길수록 웃음이 더 쉽게 나온다. 사람은 혼자 있을 때보다 남들과 함께 있을 때 30배 더 많이 웃는다. 누구나 이 결과에 고개를 끄덕일 것이다. 우리는 혼자 텔레비전으로 코미디를 볼 때는 거의 웃지 않는다. 하지만 남과 함께 코미디를 볼 때는 쉴 새 없이 웃음을 터트린다. 이런 상황에서 웃음은 사회적 유대를 다지는 구실을 한다. 위대한 코미디언 빅터 보거Victor Borges의 말마따나 "웃음만큼 두 사람의 거리를 좁히는 것은 없다."

웃음은 대인관계 능력도 높인다. 엘라 윌콕스Ella Wilcox의 말이 옳다. "웃어라, 세상이 그대와 함께 웃으리라. 울어라, 그대 혼자 울리라." 사람들은 부정적인 말을 늘어놓는 사람과 그리 어울리려 하지 않는다. 그러므로 우스갯소리를 잘 구사할수록 남들과 어울리기가 쉽다. 웃음은 집단에서 영향력이 가장 큰 사람을 알려주는 가늠자가 되기도 한다. 한 연구에서 업무 회의를 여럿 살펴봤더니, 누가 상사인지를 쉽게 파악할 수 있었다. 상사가 말할 때 회의 참석자들이 가장 많이 웃었기 때문이다. 평직원들은 주로 웃는 모습을 보였다. "여기에서 당신이 우두머리라는 걸 압니다. 제발 저를 죽이지(해고하지) 마세요"라는 신호였다. 그러므로 웃음에는 지위를 나타내는 기능도 있다.

이런 결과는 인간 심리에서 아직도 풀리지 않은 커다란 수수께끼를 떠올리게 한다. 왜 어떤 것들은 재미있을까? 무엇이 유쾌한 농담을 만들까? 여기에서도 개구리 해부가 떠오른다. 그러므로 조심히 나아가야 한다. 기록에 남은 가장 오래된 농담은 오늘날 이라크 남부에 해당하는 곳에 살았던 수메르 사람들이 기원전 1900년에 남긴 말이다. "아득한 옛날부터 한 번도 일어난 적이 없는 일은? 남편 무릎에 앉은 젊은 아내가 방귀를 뀌는 것." 이른바 화장실 유머다. 그때도 웃겼겠지만, 지금도 웃기기는 마찬가지다.

그다음으로 오래된 농담은 기원전 1600년 무렵 이집트인이 파피루스에 남긴 수수께끼다. 농담거리로 삼은 사람은 약 4,600년 전 이집트를 다스렸던 파라오 스네프루Snefru다. 이집트학 학자들은 불만을 품은 어느 건축가가 이 수수께끼를 썼다고 생각한다. 농담은 이렇다. "따분해하는 파라오를 즐겁게 하는 방법은? 그물만 입은 젊은 여성들을 배에 태워 나일강을 따라 내려간 다음, 왕을 초대해 물고기를 잡게 한다." 꽤 복잡한 농담이라는 말밖에 나오지 않는다.(그러니

웨스트카Westcar 파피루스(기원전 18~16세기). 여기에는 세계에서 둘째로
오래된 농담이 하나 들어 있다. 오늘날과 마찬가지로 어느 권력자를 비웃은
농담으로, 대상은 스네프루라는 파라오다.

까 나는 이 농담을 이해하지 못했다. 당신은 이해했는가?) 하지만 한 가지
는 오늘날과 마찬가지다. 권력을 웃음거리로 삼는다는 것이다. 권력
을 비웃는 일은 언제나 신나는 법이다. 이런 우스갯소리는 화장실 유
머와 더불어 농담의 한 범주를 이룬다. (아이고, 누가 과학자들 아니랄
까 봐 농담마저 대상을 분류해놓았다.) 다른 범주는 이야기에서 생각지
못한 일이 일어나는 농담이다. 이런 이야기이겠거니 생각하고 있는
데 다른 쪽으로 휙 방향을 트는 한 방이 들어오면, 무슨 까닭에서인
지 우리는 그것을 재치 넘치는 우스갯소리로 받아들인다.

몇 해 전 어느 심리학자가 세계에서 가장 웃기는 농담을 찾는 실험
을 했을 때 찾은 농담이 바로 그런 특징을 보였다. 사람들이 이 학자
에게 수천 건에 이르는 우스갯소리를 보냈고, 그런 농담들을 150만
명이 평가했다. 그 결과 한 건이 세계 최고의 농담으로 뽑혔다. 어떤

농담인지 알고 싶지 않은가? 틀림없이 그럴 것이다. 자, 이런 농담이었다. 두 남자가 사냥 여행을 떠났다. 그런데 한 명이 정신을 잃고 쓰러지더니 숨을 쉬지도 않고 피부가 푸르스름해진다. 다른 남자가 긴급 구조대에 전화를 걸었다. "도와주세요! 친구가 정신을 잃고 쓰러졌는데, 죽은 것 같습니다." 구조대 직원이 답했다. "침착하세요. 도와드릴게요. 먼저 친구가 죽었는지부터 확실히 합시다." 남자에게서 아무런 답이 없었다. 그리고 총소리가 울렸다. 이어서 남자가 다시 구조대에 말했다. "좋아요. 확실히 했습니다. 이제 어떻게 하죠?" 이 우스갯소리는 코미디 작가 스파이크 밀리건^{Spike Milligan}이 1951년에 〈더 굿 쇼^{The Goon Show}〉라는 라디오 프로그램에서 방송한 내용이다.

이 우스갯소리가 웃긴 이유는 무엇일까? 지그문트 프로이트^{Sigmund Freud}가 여기에 할 말이 있다고 한다. 프로이트는 책《농담과 무의식의 관계^{Der Witz und seine Beziehung zum Unbewussten}》에서, 우스갯소리가 긴장을 푸는 구실을 할 수 있다고 주장했다. 프로이트는 우스갯소리가 억눌린 성욕(어련하실까)이나 두려움, 적개심, 불안을 드러내지 않게 막는 안전상치라고 봤다. 위에서 말한 우스갯소리는 옆에서 친구가 죽어 가는 불안한 상황을 배경으로 삼는다. 그런데 터무니없는 상황으로 방향을 휙 틀으로써 긴장을 누그러뜨린다. 이것을 '긴장-완화 이론^{tension-relief theory}'이라고 한다. 우스갯소리는 이야기에서 안전 신호 역할을 해, 위험은 실재가 아니고 모두 '그냥 재미 삼아' 한 이야기라는 사실을 일깨운다.

번지점프를 할 때처럼 긴장이 쌓이다가 풀어진다. 긴장이 높아졌다가도 농담이 등장해 이전 상황을 하찮아 보이게 하거나, 뒤집거나, 인간미 있어 보이게 해 긴장을 누그러뜨린다. 긴장 고조와 완화는 잇달아 빠르게 일어난다. 이런 농담을 예로 들어보자. '성교용 윤활제와 유리창용 접착제의 차이를 몰랐던 신혼부부 이야기를 들어본 적 있습니까? 그 집 유리창이 죄다 덜그럭거렸다더군요.' 첫 문장에서는 무언가 불쾌한 일이 일어나겠다는 생각이 떠오른다. 그러다 다음 문장이 훅 치고 들어오면 그런 생각이 순식간에 사라진다. 코미디에서 때를 잘 맞추는 것이 무척 중요한 까닭도 긴장을 빨리 풀어줘야 하기 때문이다. 그래도 조심하시라. 프로이트가 잘못 알았을지도 모른다. 영국 코미디언 켄 도드Ken Dodd의 말을 조금 바꿔 표현하자면, 프로이트는 추운 11월 어느 비 오는 화요일에 글래스고 엠파이어 극장에서 두 번째 공연을 펼쳐야 할 일이 한 번도 없던 사람이다.

농담에는 우리를 위협하는 사람을 어떤 식으로든 비웃는 기능도 있다. 이를테면 권력을 쥔 사람을 놀림감으로 삼을 수 있다. 그런데 야비했던 지난날에는 흑인이나 아일랜드인을 차별하는 농담을 스스럼없이 던지게 하는 구실도 했다. 우리는 또 남의 불행을 쉽게 비웃고 고소하게 여긴다.(독일인은 이런 심리를 'Schadenfreude(샤덴프로이데)', '남의 불행에서 느끼는 기쁨'이라 표현한다.) 내가 싫어하는 사람이나 높은 지위에 있는 사람이 불행에 빠질 때는 특히 더 고소한 마음이 든다. (그래서 법조인들이 숨바꼭질을 안 한다. 아무도 그들을 찾으려 하지 않을 테니까.)

또 다른 기능은 지적 자극이다. 말이 안 되는 말을 늘어놓은 시, 재

기절초풍 장난감 가게 – 사람들 기분을 좋아지게 하는
데는 약국보다 이런 장난감 가게가 더 낫지 않을까?

치 넘치는 말장난, 서로 모순인 상황은 모두 우리를 즐겁게 한다. 가끔은 수수께끼를 풀 때와 비슷한 면도 보인다. 앞에서 말한 사냥꾼 농담이 그런 예이다. 이런 이야기를 들으면 우리는 무슨 일이 일어났고 무슨 일이 일어날지를 파악하려 한다. 실제로 우스갯소리에서는 이런 수수께끼 풀기가 중요하다. 수수께끼 풀기가 우리 인간의 중요한 진화 형질, 즉 바로 다음에 무슨 일이 일어날지를 예측하고 예상이 빗나갈 때 수정하는 능력에서 비롯하기 때문이다. 웃음은 우리가 틀리게 추정했다는 사실이 드러나 인식을 새로 구성할 때 터지곤 한다. 그러므로 웃음은 살아남을 확률을 높이고자 진화시킨 기술을 사용한 보상이다.

과학자들은 웃을 때 몸에 나타나는 특징, 예컨대 웃을 때 내는 소리와 입을 벌리는 방식도 깊이 살펴봤다. 이상하게 들리겠지만, 이런 소리와 입 모양은 상대를 물겠다는 위협에서 비롯했을 것이다. 우리 입이 내는 소리가 유쾌하게 들리기도 하지만, 승리와 공격성을 드러내는 신호를 내보낸다. 그렇게 보면 소리 없이 짓는 웃음, 미소는 참 흥미롭다. 갓난아이들은 두 달이 지날 무렵부터 방긋 웃기 시작한다. 이런 웃음은 타고나는 반응이다. 앞을 보지 못하는 갓난쟁이도 방긋 웃을 줄 알므로, 보고 배운 능력이 아니다. 소리 없이 짓는 웃음은 상황에 만족하고 기쁘다는 신호다. 또 대립을 가라앉히는 구실도 한다. 입을 다물어 이를 드러내지 않고 웃으므로, 위협이 아니라는 신호를 보낸다. 어느 가설에 따르면, 여성은 남의 감정에 공감하는 신호를 내보내므로 남성보다 소리 없는 웃음을 더 자주 짓는다.

어떤 농담들은 아무도 입에 올리지 않는 진실을 드러내기 때문에 재미를 안긴다. 많은 코미디언이 우리가 일상에서 마주치는 당혹스러운 일들을 관찰한다. 이런 코미디가 재미있는 까닭은 나만 이런 일을 겪는 것이 아니구나 싶어 마음이 편안해지기 때문이다. '너나 나나 처지가 다르지 않구나'라는 안도를 느끼기 때문이다. 또 많은 코미디가 사회에서 거북하게 여기는 것에 초점을 맞춘다. 이런 농담은 누구나 느끼는, 사회에서 배척될지 모른다는 두려움을 다룬다. 사회에서 배척되는 것은 우리가 무척 크게 느끼는 공포로, 대중 연설 공포증과 무대 공포증이 이를 잘 보여준다. 당혹스러운 일이 재미있다는 것을 가장 뛰어나게 보여주는 코미디 속 등장인물을 꼽자면 적어도 텔레비전에서는 영국 시트콤 〈폴티 타워스 호텔Fawlty Towers〉의 배질 폴티와 〈오피스The Office〉의 데이비드 브렌트, 미국 시트콤 〈열정을 억제하세요Curb Your Enthusiasm〉의 래리 데이비드가 있다.

더 복잡한 우스갯소리로는 풍자가 있다. 풍자는 어리석음과 위선을 비웃고, 사회 변화를 목표로 삼는다. 1960년대에는 사회 개혁 운동의 영향으로 풍자가 엄청나게 성장했다. 하지만 풍자는 우리가 현생 인류가 되었을 때부터 지금까지 쭉 이어지고 있다. 왕의 어릿광대가 인기를 누렸던 까닭은 광대가 체제에 맞서는 괴짜가 되고 싶은 욕망, 신성한 존재를 무너뜨리고 싶은 욕망을 대표했기 때문이다. 따라서 풍자 거리가 된 권력자가 이를 싫어한다면 문제가 불거지기도 한다. 예컨대 몬티 파이슨Monty Python이 극본을 쓴 영화 〈라이프 오브 브라이언Life of Brian〉은 신약성서 속 인물을 패러디하는 바람에 아주 힘겨운 시기를 겪었고, 아일랜드를 포함한 여러 나라에서 상영이 금지되었다. 얄궂게도 이 영화가 겨냥한 것은 예수 그리스도가 아니라 무턱대고 종교 지도자를 좇는 심리와 맹신이었다. ("이 녀석은 메시아가 아닙니다! 아주 못된 놈이죠.")

아이는 아주 어릴 적부터 익살을 부릴 줄 알고, 자라는 과정에서 다양한 익살을 보여준다. 처음에는 까꿍 같은 놀이나 웃긴 몸놀림을 보여준다. 한 살배기에게는 허공에 하는 발길질이 아주 신나는 놀이다. 세 살 무렵에는 물건을 어른들이 생각지 못한 방식으로 이용하기도 한다. 이를테면 팬티를 머리에 뒤집어쓴다. 어릴 때는 부모에게 듣고 배운 농담을 하겠지만, 자랄수록 자신만의 농담이 늘어난다. 그러다 웃음의 사회적 기능을 보여주기 시작한다. 즉 방긋 웃거나 크게 웃은 뒤 부모의 반응을 살핀다.

어른이 된 뒤에는, 우스갯소리가 짝의 마음을 끄는 데 쓸모 있다는 사실을 깨닫는다. 아마 우스갯소리가 진화한 핵심 이유일 것이다. 특히 남성은 우스갯소리를 지능과 뛰어난 유전자를 뽐내는 방법으로 여긴다. 우스갯소리를 잘하는 남자라면 틀림없이 그런 지능과 지위를 선사한 뛰어난 유전자를 갖고 있을 것이다. 우리는 또 재미있다고 생각하는 사람에게 끌리므로, 익살스러움이 매력을 향상한다. 프랑스에서 진행한 한 연구에 따르면(프랑스가 아니면 또 어디겠는가), 남자가 자기 친구들에게 농담을 건넨 뒤 여성에게 전화번호를 물으면, 번호를 받을 확률이 3배 더 높았다. 프랑스 남자들이 농담을 한다는 기록이 없다는데, 이 연구를 도대체 어떻게 실행했는지 참 수수께끼

이긴 하다.

미국에서 진행한 한 연구에 따르면 여성은 남성이 우스갯소리를 잘하기를 바라지만, 자신의 농담을 잘 받아주기도 바란다. 이와 달리 남성은 여성이 자신을 재미있는 남자로 여기는 한, 여성이 재미있는 사람인지 여부에 대체로 신경 쓰지 않는다. 따라서 우스갯소리를 하는 것은 남성에 더 가까운 특성이지만(적어도 공연에서는 그렇다.), 그 우스갯소리를 잘 받아주기를 바라는 성향은 남녀 공통이라는 증거가 꽤 있다. 여러 연구에 따르면 남성은 화장실 유머, 슬랩스틱, 경쟁을 다룬 주제를 더 즐기지만, 여성은 재치 있는 말장난과 난센스를 더 좋아한다. 남녀가 모두 좋아하는 것은 블랙코미디, 그러니까 무언가 나쁜 일이 일어난 상황을 배경으로 삼거나, 그런 일이 일어나리라고 예상하고 던지는 농담이다. 이런 농담은 사람들이 힘겹고 속상한 상황과 거리를 두게 해 카타르시스를 느끼게 하는 기능을 하는 듯하다. 또 군인, 장의사, 외과 의사 사이에서는 결속을 다지는 기능도 한다.

그렇다면 짝을 찾은 뒤에는 웃음에 무슨 일이 벌어질까? 여러 연구에 따르면, 연인이 얼마나 자주 함께 웃느냐로 연인 관계가 얼마나 친밀한지를 알 수 있다. 함께 자주 웃는 연인일수록 관계가 더 오래 이어진다. 웃음이 상대의 정서를 지지하고 상대를 가깝게 여기고 깊이 존중한다는 표시이기 때문이다. 물론 여기에는 닭이 먼저냐 달걀이 먼저냐는 문제가 있다. 웃기 때문에 서로 가까워질까, 아니면 서로 가까워진 뒤에 더 웃을까? 어느 쪽이 맞든, 웃음은 아주 좋은 신호다.

그다음으로는 생뚱맞게 웃음이 터지는 특이한 현상이 있다. 이런 일은 배우가 공연 도중에 갑자기 웃음을 주체하지 못할 때 일어난다. 라디오 진행자들도 가끔 이런 모습을 보인다. 이런 현상을 아주 잘 보여주는 예는 1991년 BBC에서 두 해설자가 크리켓 경기를 해설할 때 벌어졌다. 한 선수가 위켓*에 걸려 비틀거리자 해설자 한 명이 말했다. "He just didn't quite get his leg over(발을 영 잘못 디뎠군요./ 섹스를 영 못했나 보군요.)" 두 사람 모두 그만 웃음이 터지고 말았다. 킥킥 웃는 것으로 끝날 수도 있는 일이었지만, 두 사람은 족히 2분이 넘게 웃음을 참지 못했다. 상대가 웃는 모습을 보면 웃음이 더 터져 나왔다. 그만 웃고 싶었지만, 웃음이 멈추지 않았다. 이 사건은 웃음이 긴장을 확 풀어주는 최고의 사례였다. 운동경기 해설은 은근히 신경이 곤두서는 일이다. 그러다 뜻하지 않은 농담이 나오자 긴장이 와르르 풀렸다. 심리학자들은 이런 일을 '자신도 모르게 감정을 목소리로 드러낸' 표현이라고 말한다. 두 해설자에게 이 말을 들려줬다면 두 사람 모두 웃음을 뚝 멈췄을 것이다.

마지막으로는 웃음 연구에서 끈질기게 되풀이하는 또 다른 물음을 살펴보자. 우리는 왜 스스로 간지럼을 태우지 못할까? 간지럼은 우리 뇌에서 고통에 대비하는 영역을 활성화한다. 그러므로 간지러워서 나오는 웃음은 방어기제이거나 순종한다는 표현일지 모른다. 그러니 자신을 간지럽힐 때는 아무런 위험이 없으므로 웃지 않는다. 최근에

---

* 야구의 스트라이크존에 해당하는 설치물로, 막대기 세 개를 문처럼 엮어놓은 모양이다. 투수가 위켓을 맞추면 타자가 아웃되므로, 타자는 위켓을 지키면서 공을 쳐야 한다.

어느 별난 연구에서는 우리가 동물을 간지럼 태울 수 있는지를 살펴
봤다. 우리가 아는 한, 인간 말고 간지럼을 타서 낄낄 웃는 동물은 유
인원과 쥐, 딱 두 가지다. 캘리포니아에 있는 고릴라 재단에서 살았
던 서부 저지대 고릴라 코코Koko는 2018년에 죽음을 맞기까지 수많
은 연구의 대상이었다. 코코는 간지럼을 태우면 웃었고, 사육사가 바
나나 껍질에 미끄러져도 웃음을 터트렸다. 좋아하는 방문객이 오면
특별하게 '호호' 소리를 내며 웃었다. 그런가 하면 쥐를 간지럽히는
연구도 있었다. 과학자들은 쥐를 간지럽히면 행복한 소리를 낸다는
사실을 증명했다. 쥐들은 장난을 칠 때도 똑같은 찍찍 소리를 냈다.

고릴라 코코는 수화로 의사를 표현할 줄 알았다. 그리고 사육사가 바나나
껍질에 미끄러지면 웃음을 터트렸다.

(알다시피 쥐는 장난치기 선수다.) 여기에는 진지하게 생각해야 할 측면이 있다. 어쩌면 쥐를 웃게 하는 새로운 항우울제를 개발한 뒤, 그 약을 바탕으로 인간에게 쓸모 있는 약을 찾아낼 수 있을지도 모른다.

이 분야를 연구하는 과학자들은 다른 동물들도 간지럼을 타서 웃음소리를 내는지 확인하고 있다. 아무래도 다음 연구 지원 신청서는 어떤 농담이 동물을 가장 많이 웃게 하는지 밝히겠다는 내용을 담을 듯하다. 나는 내가 요즘 좋아하는 농담에 돈을 걸겠다. "박제 업자들이 떼거리로 몰려오거든, 절대 죽은 척하지 마라."

9장

왜 우리는 음악을 들을까?
: 음악과 뇌과학

I GOT THE MUSIC IN ME :
WHY DO WE LISTEN TO MUSIC?

우리를 인간으로 만드는 유일한 특성은 무엇일까? 무엇이 우리를 다른 종과 다르게 구분할까? 이 물음에는 많은 답이 있겠지만, 꽤 수긍할 만한 답은 종족과 지역을 가리지 않고 전 세계 사람들이 음악을 사랑한다는 것이다. 그런데도 우리는 아직 음악이 인간이라는 종에게 어떤 의미인지를 확실히 알지 못한다. 과학자들은 음악을 들을 때 온갖 물음을 떠올린다. 혹시 이런 생각이 드는가? "왜 과학자들은 그냥 음악에 귀 기울이며 즐기지를 못할까?" 맞다. 과학자는 그럴 수가 없다. 적어도 언제나 그럴 수는 없다. 이런 습성은 과학자가 되면 겪는 저주이자 기쁨이다. 우리 과학자는 언제나 생각이 너무 많다. 하지만 기억하라. 우리는 누구나 다 과학자다. 누구나 이 세상을 알고 싶어 하고 궁금하게 여기기 때문이다.

그러니 이제 이 장에서 다룰 주제로 돌아가보자. 우리가 음악을 들을 때 얻는 이로움이 있을까? 왜 게오르크 헨델Georg Händel의 〈수상음악Water Music〉 같은 음악은 행복을 떠올리게 하고, 토마소 알비노니Tomaso Albinoni의 〈아다지오Adagio〉 같은 음악은 슬픔을 불러일으킬까? 왜 장조는 행복을, 단조는 슬픔을 자아낼까? 영화 〈이것이 스파이널

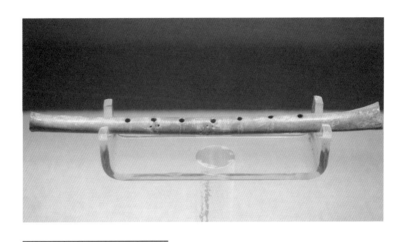

세상에서 손꼽히게 오래된 악기. 약 3만 5천 년 전 백조의 날개 뼈로 만든 플루트다.

탭이다 This Is Spinal Tap)에서 한 인물이 라단조야말로 가장 슬픈 화음이라고 한 말은 정말일까? 이유가 무엇이든, 내 안에 있는 음악인은 모든 원인을 부기우기에 돌리려 한다.

음악은 우리 일상 곳곳마다 깊이 스며들어 있다. 그런데 놀랍게도, 음익이 무엇인지에 과학은 아직 납득할 만한 설명을 내놓지 못했다. 고고학자들은 우리 인간이 오랫동안 음악을 즐겼다고 말한다. 가장 오래되었다고들 동의하는 악기는 매머드 뼈로 만든 플루트로, 약 3만 년에서 3만 7천 년 전에 만든 것이다. 따라서 음악은 우리 영혼 아주 깊숙한 곳에 자리 잡고 있다. 플루트에 뼈를 내준 매머드는 가족과 친구들과 함께 오래전에 사라졌다. 하지만 그 뼈로 만든 플루트는 남아 있으니, 우리 조상들이 누군가가 구멍 뚫린 그 매머드 뼈를 불었을 때 흘러나온 소리를 좋아했던 듯하다.

다른 오락 거리에서는 왜 우리가 그것을 좋아하는지 이유가 분명하다. 우리가 운동을 즐기는 까닭은 우리 조상들이 원정 사냥을 떠나거나 다른 부족에 맞서 자기 부족을 지킬 때 중요했던 기술이 운동과 관련 있기 때문이다. 이를테면 집단과 합동하여 던지고 때리고 움직이던 기술이 그대로 운동에 녹아 있다. 소설과 영화를 즐기는 까닭은 사회적인 종으로 생존하는 데 매우 중요한, 사람과 사람 사이의 역학 관계를 배울 수 있기 때문이다. 하지만 음악을 즐기는 까닭은 무엇일까? 음악은 어디에도 도움이 되지 않아 보이잖은가. 정말 그럴까?

그런데 이 대목에서 음악은 한층 더 이상한 특성을 보인다. 음악을 들을 때 우리 안에서 반응하는 것은 감정이다. 어떻게 보면 감정이 곧 음악의 본질이다. 그러니 우리가 보이는 반응을 군이 곰곰이 따질 필요가 없다. 하지만 잠재의식 깊숙한 곳에서는 우리가 모르는 일이 벌어지고 있다. 듣기 좋은 소리가 나려면 한 화음에 들어간 음들의 주파수가 수학적 관계를 엄격하게 따라야 한다. 선율의 흐름도 반드시 법칙에 따라야 하므로, 가락을 되풀이해 차츰차츰 드러내다가 가끔 갑자기 생각지 못하게 바꾸기도 해야 한다. 우리가 반복되던 가락이 갑자기 바뀌어 나타나는 변화나 그에 따른 놀라움에서 큰 즐거움을 느끼는 듯하다.

우리가 왜 음악을 즐기는지에 심리학자들이 몇 가지 의견을 내놓았다. 하나는 말보다 먼저 존재했던 음악이 오늘날까지 유물로 살아남았다는 주장이다. 먼 옛날 조상들은 계곡 너머에 사는 사람들에게 슬픔이나 즐거움, 분노, 외로움을 표현하고자 커다란 소리를 질렀을 것이다. 그러므로 음악은 우리가 동물처럼 우우, 짹짹 소리를 내던 때와 오늘날처럼 아주 복잡한 말을 하기 시작했을 때의 중간 단계에서 썼던 기념물로서 살아남았을 것이다. 반려동물을 기르는 사람은 알다시피, 음악을 즐기는 동물들도 같은 모습을 보인다. 이 현상은 소리의 주파수에 좌우되는 듯하다. 래브라도 좋은 목소리의 폭이 인간과 비슷해서 갖가지 소리를 낼 때면 마치 노래를 부르는 듯 들린다. 인간처럼 래브라도도 음악을 즐긴다. 클래식 음악을 들으면 느긋하게 긴장을 풀지만, 헤비메탈을 들으면 불안에 몸을 떤다. (우리는 안 그렇던가?) 고양이는 우월한 존재인데도 음악에 그리 반응하지 않는다. 다만 음악의 주파수가 고양이의 목소리 폭과 맞지 않았을 때만 그렇다. 주파수가 자기네 목소리 폭과 맞으면, 고양이도 음악을 사랑한다. 그러고 보니 고양이가 어떤 음악을 좋아할지 궁금해진다. 혹시 푸시 라이엇Pussy Riot* 일까?

태국에는 훈련된 코끼리 합주단이 있기까지 하다. 이 코끼리들은 다양한 가락을 연주하는 법을 배우는데, 악기들의 소리가 조화를 이루면 연주를 더 즐기는 듯하다. 당연히 악기는 코끼리의 힘에 걸맞게 개조했다. 최근에 뉴욕에서는 어느 인간 관현악단이 이 코끼리들이 작곡했던 곡을 연주했다. 그리고 연주를 끝마친 뒤 청중들에게 작곡

---

* 러시아 체제를 비판하는 여성주의 록그룹이다. Pussy는 여성, 여성의 성기를 뜻하기도 하고, 고양이를 뜻하기도 한다.

자가 누구일지 짐작해보라고 물었다. 코끼리 사육사들이 기뻐할 만하게도, 몇몇이 우연성음악*의 고안자 존 케이지^{John Cage}라고 답했다.

음악을 감상하지 않더라도 생존에는 아무런 문제가 없다. 음악을 전혀 이해하지 못하는 사람들을 살펴본 연구에서 이를 알 수 있다. 인간은 스물다섯 명 중 한 명꼴로 음의 높이, 리듬, 박자를 인지하지 못하는 실음악증^{amusia}을 앓는다. 실음악증이 있으면 음을 구별하지 못하는 음치가 될뿐더러 심하면 음악에서 어떤 즐거움도 느끼지 못한다. 어떤 사람은 태어날 때부터 실음악증이 있고, 어떤 사람들은 살다가 머리를 다치거나 가스 브룩스^{Garth Brooks}의 컨트리 음악을 너무 많이 듣는 바람에 실음악증이 생긴다. 하지만 이런 질환이 있는 사람들이 살면서 그렇게 힘겨움이나 불편을 겪는 것 같지는 않다. 게다가 우리 중 4%가 음치이고, 이들 중 일부는 실음악증도 함께 앓는다.

음치인 사람은 음의 높낮이를 알아차리지 못한다. 바이올리니스트가 바이올린으로 어떤 음을 연주하면, 우리 대다수는 그것이 무슨 음이었는지 구별하는 데 어려움을 겪는다. 그러다 다음 음이 들리면, 첫 음이 둘째 음보다 낮았는지 높았는지를 구분할 수 있다. 이런 구별이 음을 알아내는 데 도움이 된다. 하지만 음치인 사람은 이런 일을 할 줄 모른다. 높은음과 낮은음을 구별하지 못하기 때문이다. 일란성쌍둥이들은 한 명이 음치면 다른 한 명도 음치이므로, 부모에게서 물려받은 특정 유전자의 변이가 음치에 영향을 미칠 확률이 높다.

---

* 연주자가 그때그때 내키는 대로 연주할 요소가 있는 음악 형식.

따라서 음치는 유전성이 아주 높아 보인다.

MRI 촬영은 특정 상황에서 뇌의 어떤 영역이 활발히 움직이는지를 보여준다. 우리가 음악에 귀 기울이면 뇌에서 활꼴 다발^{arcuate fasci-culus}이라는 부위가 밝아진다. 달리 말해 음악을 들을 때는 이 부위가 더 많은 에너지(포도당)를 태운다. 활꼴 다발은 뇌의 한 영역에서 다른 영역으로 정보를 전달하는 신경 다발이다. 음치인 사람들은 활꼴 다발의 특정 가지가 하나 없으므로 이 신경 다발이 더 얇다. 그러니 활꼴 다발에서 음치에게는 없는 바로 그 가지가 음높이를 바탕으로 음을 구별하는 뇌 영역일 것이다.

음치와 달리 절대 음감을 지닌 사람들도 있다. 미국인은 만 명 중 한 명꼴로 절대음감을 지녔다고 한다. 이들은 기준 음을 전혀 듣지 않고도 정확한 음정으로 노래할 줄 안다. 우리 같은 여느 사람들은 상대음감을 지닌다. 그래서 기준 음을 잡아야만 음에 맞게 노래할 수 있다. 절대음감을 좌우하는 뇌 영역은 아직 밝혀지지 않았다.

음악에 어떤 이로움이 있느냐에 무엇보다 중요한 견해를 하나 꼽자면, 음악은 우리를 공동체로 묶는다. 물론 실음악증이 있는 사람이라도 이를테면 운동경기에 참여하는 방식으로 남들과 계속 어울린다면, 특별한 불이익을 겪지는 않을 것이다. 하지만 그런 증상이 없는 사람들에게는 음악이 군중을 공동체로 바꾸는 영향을 미친다. 한때 군인들이 북과 백파이프 군악대를 앞세우고 전쟁터로 행군한 것도, 운동장을 가득 메운 응원단이 큰 소리로 〈아덴라이 들판^{The Fields}

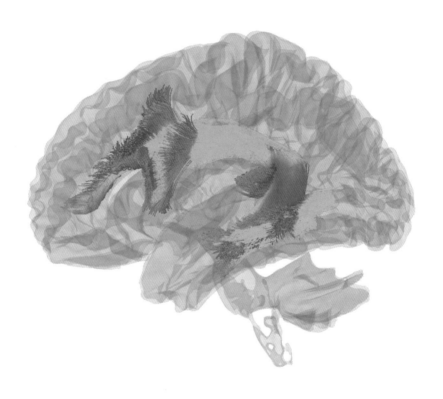

우리가 음악을 들을 때, 뇌의 활꼴 다발이라는 부위가 더 활발하게 움직인다. 음치인 사람들은 이 부위에 신경 가지가 하나 모자라다.

of Athenry)*을 부르는 것도 우연이 아니다. 수많은 사람 사이로 어떤 감정을 퍼뜨려 하나로 묶는 데는 음악만큼 힘이 센 것이 없다. 그러므로 이것이 음악의 진정한 목적일 것이다. 우리가 오늘날 한 종으로 성공한 원인이 서로 어울려 협동할 줄 아는 역량이니, 음악을 즐기는 특성이 어떤 목적으로 선택되었고 어떻게 우리 사이에 널리 퍼졌는지를 쉽게 이해할 수 있다.

알다시피 콘서트나 음악 축제에 가면 그저 집에서 음악을 들을 때보다 몸과 마음이 훨씬 더 강렬한 느낌을 경험한다. 음악에서는 리듬을 느낄 줄 아는 능력이 중요하다. 그리고 리듬은 진동을 감지할 때 촉각으로도 느낄 수 있다. 시끌벅적한 공연장에서는 이런 느낌을 생생하게 느낄 수 있다. 그러므로 콘서트홀 같은 공공장소에서는 음악만 즐기는 것이 아니다. 우리는 음악에 기대어 자신보다 훨씬 대단한 무엇, 말로 이루 표현할 수 없는 무엇인가로 휩쓸려 들어간다. 집단 감정이라는 커다란 바다로.

음악의 이로움을 설명하는 또 다른 가설은 음악이 인지 부조화에 대처하는 데 도움이 된다고 주장한다. 인지 부조화란 서로 충돌하는 두 정보를 들을 때 일어나는 불편한 느낌이다. 한 실험에서 음악이 인지 부조화를 누그러뜨릴 수 있는지 확인해봤다. 어떤 결과가 나왔을 것 같은가? 정말로 효과가 있었다. 이 실험에는 네 살짜리 아이들에게(정말 대담한 실험이다.) 여러 장난감을 보여주고 가장 마음에 드

---

* 아일랜드 대기근을 소재로 삼은 현대 민요로, 아일랜드 국가 대표팀의 응원가로 자주 쓰인다.

는 것부터 가장 덜 마음에 드는 것까지 순위를 매기라고 요청했다.

아이들이 순위를 모두 매기자, 연구진은 아이들에게 다른 장난감은 모두 갖고 놀아도 되지만 둘째로 좋아하는 장난감은 갖고 놀면 안된다고 말했다. (담당자가 "이 장난감은 갖고 놀면 안 돼. 왜? 내가 싫어하니까"라고 말했을 때, 아이들이 얼마나 깜짝 놀랐을지 상상해보라.)

실험 전만 해도 아이들은 그 장난감을 마음에 들어 했다. 그런데 어른이 그 장난감을 갖고 놀지 못하게 막자, 갖고 놀아서는 안 된다는 생각과 갖고 놀고 싶다는 마음이 부딪혀 인지 부조화가 생겼다. 이어서 담당자가 모든 장난감을 갖고 놀아도 된다고 말했지만, 아이들은 둘째로 좋다고 꼽았던 장난감에 손을 대지 않았다. 자신이 그 장난감을 좋아하지 않는다고 깎아내림으로써 인지 부조화를 해결했기 때문이다. 하지만 음악을 들려줬을 때는 다른 상황이 펼쳐졌다. 아이들은 인지 부조화에 대처하는 법을 배워, 나중에 담당자가 모든 장난감을 갖고 놀아도 된다고 말하자 둘째로 좋다고 꼽았던 인형을 갖고 놀았다. 도대체 이런 실험을 누가 떠올릴까? 누구긴 누구겠는가, 심리학자들이지.

비슷한 연구가 또 있다. 심리학자들이 이번에는 열다섯 살인 학생들을 실험 대상자로 골랐다. 연구진은 학생들에게 객관식 시험지를 쭉 풀고서 시험이 끝난 뒤 난이도를 바탕으로 순위를 매기라고 요청했다.(실제 시험은 아니었다.) 학생들이 문제를 푸는 모습을 살펴보니, 어려운 문제일수록 답을 더 빨리 골랐다. 학생들이 부조화 상태 즉 어려운 문제에서 정답을 골라야 하는 상태에 오래 머물고 싶어 하지 않았기 때문이다. 그런데 모차르트 음악이 흘러나오는 가운데 시험을 치를 때는 학생들이 까다로운 문제에도 시간을 더 오래 보냈고, 정답을 더 많이 골랐다. 그러니 수험생들에게 도움이 되도록, 대학수학능력시험장에서 음악을 들려줘야 한다.

음악에서 무척 어려운 수수께끼 가운데 하나는 이것이다. 연주회장에 앉아 음악에 귀 기울이고 있을 때 연주자들이 단조 음악을 연주하면, 우리는 왜 슬픔을 떠올릴까? 이유가 뚜렷이 밝혀지지는 않았지만, 누구나 그런 기분을 느낀다. 과학자들이 알아낸 바에 따르면 장조는 신나는 연설과 비슷한 특성이 있고, 단조는 슬픈 연설과 비슷한 특성이 있다. 연구진은 서구의 클래식 음악과 핀란드 민요의 장르가 사뭇 다르다는 생각으로, 두 음악의 주파수 대역을 수집했다. 결과를 확인해보니 장조의 주파수 대역은 흥이 한껏 오른 연설과 닮았고, 단조의 주파수 대역은 분위기가 착 가라앉은 연설과 닮았었다. 흥이 오른 연설과 장조는 '돌격, 앞으로!'를 뜻하지만, 가라앉은 연설과 단조는 이제 동굴로 돌아가 쉬면서 기운을 차려야 할 때라는 뜻이기 때문일 것이다.

이런 연결성은 정말로 세계 어느 곳에서나 나타나는 현상으로 보인다. 키르기스스탄, 인도, 나바호 인디언의 음악은 서양 음악에 견줘 음과 리듬과 화음 변화가 사뭇 다른데도, 이 음악을 들은 서양인들이 행복한 음악과 슬픈 음악을 아주 정확하게 구분해냈다. 그러므로 감정을 나타내는 꽤 엉성한 이 지표가 문화를 가리지 않고 작동한다. 하지만 장조는 기쁘고 단조는 슬프다는 규칙에도 예외는 있다. 스페인 음악은 단조로 연주하는데도 기쁘게 들릴 때가 있다. 북아일랜드 출신 가수 밴 모리슨^{Van Morrison}의 〈문댄스^{Moondance}〉도 마찬가지다.

이와 달리 안어울림음(불협화음)은 대다수에게 거슬리게 들린다. 음계에서 세 음 간격인 두 음, 예를 들어 도와 높은 파를 함께 연주하면 귀에 거슬리는 소리가 난다. 중세에는 이런 안어울림음정을 '악마의 음정'이라 불렀고, 두려움이나 악마를 표현할 때 썼다. 이 화음을 잘 보여주는 예는 〈심슨 가족^{The Simpsons}〉의 주제곡이나 지미 헨드릭스^{Jimi Hendrix}의 〈퍼플 헤이즈^{Purple Haze}〉 도입부다.

그런데 최근 연구에 따르면 우리가 안어울림음보다 어울림음을 좋아하는 습성이 태어날 때부터 존재한 선호가 아니라 나중에 습득한 선호일 확률이 높다. 서양인의 귀에는 어울림음과 안어울림음의 차이가 뚜렷하다. 우리 서양인은 어울림음을 선호한다. 그래서 이런 선호를 타고난 천성으로 여겼다. 동시에 연주된 두 어울림음을 주파수로 나타내면 정수로 떨어지는 비율이 나온다. 한 옥타브 차이인 두 음은 비율이 2 대 1이다. 다섯 음 차이, 예를 들어 도와 솔은 3 대 2다. 안어울림음은 이렇게 딱 떨어지는 비율이 나오지 않는다. 그래서 초기에 과학자들은 뇌가 이렇게 정수로 딱 떨어지는 비율로 나타나는 주파수를 선호한다고 봤다.

그런데 볼리비아 아마존의 외진 마을에 사는 치마네이^{Tsimané} 부족을 연구해보니 새로운 사실이 드러났다. 치마네이 족은 서양 음악을 거의 들어본 적이 없었다. 과학자들이 이들에게 서양 음악을 들려줬더니, 놀랍게도 안어울림음에 불안을 느끼지 않았다. 어울림음과 안

왜 어떤 음들을 함께 치면 귀에 거슬릴까? 최근 연구에 따르면 이런 느낌은
주로 문화에 좌우된다고 한다.

어울림음의 차이를 구분할 줄 알았는데도, 한쪽을 더 가치 있게 여기

지는 않았다. 이 연구를 중요하게 보는 까닭은 심리학 사례에서 자주

그렇듯 그때까지 연구 대상 대다수가 WEIRD(위어드Western, Educated,

Industrialised, Rich, Democratic : 서양의 산업화하고 부유한 민주주의 국가에서 교

육받은 사람)였고, 그래서 인류를 대표한다고 할 수 없었기 때문이다.

치마네이 족은 전기도 수도도 없는 마을에서 살고, 가까운 읍내에

어쩌다 가끔 들를 때만 서양인을 만날 뿐이다. 연구진은 치마네이 마

을 예순네 곳 사람들에게 어떤 음악이 듣기에 좋은지를 평가해달라

고 요청했다. 치마네이 족은 미국 국민은커녕 볼리비아의 라파스와

시골에 사는 아메리카 원주민과도 달라서, 어울림음이 안어울림음보

다 낫다고 평가하지 않았다. 다른 문화에서도 비슷한 현상이 나타난

다는 증거가 있다. 인도네시아 발리 섬에서는 음악인들이 음이 맞지

않는 악기로 연주를 한들 아무도 신경 쓰지 않는다. 하지만 서양의

크로아티아에서는 가수들이 반음만 다르게 불러도 사람들이 거슬리

게 듣는다.

따라서 안어울림음보다 어울림음을 선호하는 것은 문화 현상으로 보인다. 하지만 왜 어울림음은 정수로 딱 떨어지는 비율이 나올까? 한 가지 가설은 비율과 수학에 근거한 정확성을 사랑해 마지않은 고대 그리스인들이 그런 비율을 지닌 음악을 만들기 시작했고, 그 음악이 유행했다는 주장이다. 그들이 도대체 어떻게 그런 비율을 알아냈는지는 아직 알려지지 않았다. 모든 서양 음악은 음악에 뛰어났던 고대 그리스에서 비롯했다 할 수 있다. 이 가설이 맞는다면, 그리스인들이 음악을 비율에 맞춰 만들었고, 그 뒤로 우리가 쭉 그 방식을 따른 셈이다. 게다가 이제 와서 이런 습성을 바꿀 성싶지도 않다.

그렇다면 우리는 언제 이런 습성을 익힐까? 언제부터 안어울림음보다 어울림음을 더 좋아하고, 장조에서 행복을 떠올릴까? 글쎄, 증거에 따르면 이런 습성은 태아가 자궁에 자리 잡은 지 대여섯 달 무렵에 나타나기 시작한다. 그러니 뱃속에 든 아이에게 펑크 음악을 들려줘라. 한껏 흥이 오른 아이가 나올 것이다.

음악의 기능이 무엇이든, 잇따른 연구에 따르면 음악은 건강에 도움이 된다. 지금까지 음악과 건강의 관계를 다룬 400건 넘는 연구에 따르면(아무래도 과학자들이 연구할 때 음악을 즐겨 듣는 듯하다), 음악 듣기가 면역 체계에 도움이 되고 스트레스 호르몬인 코르티솔 수치를 항우울제보다 훨씬 크게 낮춘다는 결론이 압도적으로 많다. 증명된 바에 따르면 음악은 IgA라는 항체의 생산을 높인다. IgA 항체는 창자나 입안 같은 내부 조직의 분비물에 존재하면서 이런 조직의 건강을 유지한다. 음악은 NK세포(자연살생세포)의 수도 늘린다. 8장에서 다뤘듯이 NK세포는 바이러스에 대처하고 종양을 죽이는 데 매우 중요한 세포다. 또 음악 치료와 통상 치료를 결합하면 우울증을 치료하는 데도 유용하다고 한다.

당연한 소리로 들리겠지만, 음악은 사람들의 결속도 다진다. 당신이 어떤 사람들과 함께 같은 음악을 듣는다면, 심장박동이 그 자리에 있는 사람들과 같아진다. 이렇게 함께 음악을 듣고 심장박동이 같아지면 결속 호르몬인 옥시토신의 수치가 높아져 애착 감정을 촉진한다고 한다. 더 나아가 합창단에서 노래하면 결속을 특히 더 크게 느낀다. 미국만 해도 무려 2,850만 명이 25만 개에 이르는 합창단에서 노래한다. 할렐루야 합창단이 엄청나게 많기도 하다.

몇몇 연구에 따르면 합창은 우리 건강에 무척 이롭다. 몸 건강과 생리 활동에 도움이 될뿐더러(특히 호흡기 건강에 좋다), 인지능력을 자극하고 정신 건강도 개선한다. 요양원 거주자가 한 달에 한 번 노래 교실에 참여하면, 불안과 우울이 줄어든다. 노래를 부르면 우리 몸이 이른바 행복 호르몬인 엔도르핀을 분비한다. 사람들 앞에서 노래를 부르면 효과가 훨씬 크다. 자신감이 생기고, 효과가 오래간다. 그러므로 사람들 앞에서 노래를 부르면 씻을 때 혼자 흥얼거리는 것과 다른 효과가 뇌에 나타나는 듯하다. 이런 효과는 새에서도 나타난다. 수컷 명금이 암컷 앞에서 노래할 때는 뇌의 쾌락 중추가 작동한다. 하지만 암컷이 없으면 그런 효과가 나타나지 않는다.

따라서 다른 사람들과 함께 부를 때 노래가 건강에 큰 효과를 미친다. 합창이 유익한 효과를 일으키는 또 다른 이유는 합창할 때 우리가 음악과 발성에 집중해야 하기 때문이다. 달리 말해 인간관계, 돈 문제, 업무 같은 일상의 골칫거리를 걱정하지 않는다는 뜻이다. 합창단에서 노래하는 사람은 이른바 '스트레스 무풍지대stress-free zone'에 들어선다. 새로운 노래와 화음, 박자를 배우는 활동이 뇌에 무척 유익한 효과를 미쳐 우울증을 막아내고, 특히 나이 든 사람에서는 효과가 누구보다 크게 나타날 것이다. 악기를 배워도 비슷하게 바람직한 효과를 얻을 수 있다. 악기 연주는 머리를 식힐뿐더러, 운동 기능과 근육 조절, 박자 감각도 키운다. 이 모든 효과는 자극에 굶주린 뇌에 뜻하지 않은 도움이 된다.

음악에는 더 실용적인 용도도 있다. 여러 연구에 따르면 주변에서 음악이 흘러나올 때 학습 효과가 실제로 높아진다. 한 연구에서 외국어를 배우는 사람들에게 음악을 들려줬더니, 음악을 듣지 않은 사람에 견줘 정해진 시간 동안 단어를 8.7% 더 많이 익혔다. 이른바 모차르트 효과와 비슷한 결과다. 연구에 따르면 모차르트를 들을 때 공간 추론 능력이 향상한다고 한다.

그렇다면 음악의 부정적인 면은 무엇일까? 음악은 고문 수단으로도 쓰인다. 캐나다 프린스에드워드 섬의 경찰은 음주 운전자를 이송할 때 록밴드 니켈벡Nickelback을 틀겠다고 으름장을 놓았다. 이 섬의 퀸싱턴 지역 경찰은 음주 운전자들에게 무거운 벌금과 형사 고발, 1년 면허 정지는 물론이고, 니켈백의 최신 앨범을 듣는 벌을 주겠다고 알렸다. 오스트레일리아 시드니 근처의 로크데일에서는 청소년들이 가게 밖에서 어슬렁거리지 못하게 하려고 1970년대 가수 배리 매

볼프강 아마데우스 모차르트(1756년 1월 27일 잘츠부르크에서 태어나, 1791년 12월 5일 빈에서 죽음) 모차르트를 배경 음악으로 틀 때 성과가 올라간다고 한다.

닐로Barry Manilow의 노래를 튼다. 최근에 어느 미국 판사는 차에서 음악을 너무 시끄럽게 틀어 사회질서를 어지럽힌 젊은이들에게 계속 음악을 듣게 하는 판결을 내렸다. 이 젊은이들이 들어야 하는 음악은 어린이 프로그램 〈바니와 친구들Barney & Friends〉의 주제곡과 배리 매닐로였다. 또 틴 어웨이Teen Away(청소년 퇴치기)라는 장치는 서른 살이 넘은 사람들이 듣지 못하는 고주파 소음을 내보낸다. 이 장치가 실제로 효과가 있느냐는 다른 문제다. 그런데 청소년들도 부모는 못 듣고 자기네만 들을 수 있는 이 주파수를 벨 소리로 이용한다.

틴 어웨이는 곤충을 쫓아내고자 사람이 듣지 못하는 강력한 소리를 내보내는 초음파 장치와 비슷하다. 이 장치는 특히 귀뚜라미를 잘 쫓아낸다. 쥐도 쫓아내지만, 쥐가 새로운 주파수에 쉽게 적응하므로 효과가 오래가지는 못한다. 소는 어떨까? 쇼핑몰 주변을 어슬렁거리는 성가신 소는 그리 잘 쫓아내지 못하지만, 우유는 더 많이 나오게 한다. 어느 꼼꼼한 연구에 따르면, 소에게 잔잔한 음악을 들려줄 때 우유 생산이 3% 늘어난다.

음악은 실제로 철저한 방식에 따라 무기로도 쓰인다. 아프리카 해안에서 소말리아 해적에게 공격받을 때, 상선들은 브리트니 스피어스Britney Spears의 음악을 아주 크게 튼다. 이 방법을 제안한 사람은 해운업 보안협회SAMI의 스티브 존스Steven Jones다. 왜 브리트니 스피어스일까? 보도에 따르면 존스는 "저스틴 비버를 틀면 제네바 협정에 위배되는 것 같아서요"라고 이유를 댔다. 파나마를 통치했던 군부 지도자 마누엘 노리에가Manuel Noriega는 미군에 쫓기자 파나마 시 교황청

대사관에 몸을 숨겼었다. 이때 미군이 고막이 터질 듯한 헤비메탈 음악을 계속 트는 바람에 오페라를 사랑하는 노리에가가 소음에 시달리다 못해 결국 두 손을 들었다고 한다. 이라크전쟁에서 미군은 군용차에 출력이 아주 센 스피커를 설치하고서 적을 향해 시끄러운 헤비메탈 음악을 틀었다. 이런 무기는 1차 세계대전에서 스코틀랜드 백파이프 부대가 맡았던 역할과 비슷하다. 독일군은 백파이프 부대가 입은 킬트와 커다란 백파이프 소리에 이들을 '지옥에서 온 비명 지르는 여인들'이라고 불렀다.

또 여러 연구에 따르면 우리는 나이 들수록 음악 소리에 짜증을 더 많이 내고, 십 대였을 때와 달리 어떤 음악에 쉽게 푹 빠지지 못한다. 왜 이런 변화가 생길까? 나이가 들수록 들을 수 있는 소리의 범위가 좁아지는 것도 한몫한다. 우리는 갈수록 고주파를 잘 듣지 못한다. 서글프게도 이런 내리막은 겨우 여덟 살일 때부터 시작한다. 한 연구가 마흔 살이 넘은 사람과 그렇지 않은 사람을 살펴봤더니, 마흔 살이 넘은 사람들은 음조와 리듬의 미묘한 차이를 잘 알아차리지 못했다. 또 어울림음과 안어울림음의 차이도 더 적게 인지했다. 음악을 가장 예민하게 인지하는 때는 열일곱에서 스물두 살 사이로, 우리가 그 나이에 듣는 음악을 평생 변함없이 좋아하는 까닭도 이 때문일 것이다. 베이비붐 세대가 1960년대 음악을 넘어서지 못하고, X세대가 펑크와 레게에 갇히는 것도 마찬가지 이유에서다.

마지막으로, 외과 의사가 수술실에서 음악을 트는 것이 외과 학계의 논쟁거리로 떠올랐다. 100년 전 미국 펜실베이니아 출신인 외과

'지옥에서 온 여인'이라 불린 스코틀랜드 백파이프 부대.
1차 세계대전에서 부대를 싸움터로 이끌었다.

의사 에번 오닐 케인Evan O'Neill Kane은 권위 있는 미국 의학 협회 학술지에 편지를 보내 "수술실에서 축음기를 틀 때 생기는 이로운 효과"를 설명했다. 이제는 기술이 크게 발전했으므로, 외과 의사들이 스포티파이에 올라온 음악을 아이폰으로 튼다. 케인은 환자의 불안을 가라앉히는 데 음악이 좋다고 여겼다. 그런데 어느 나이 든 외과 의사는 케인이 1921년에 자기 맹장을 직접 제거한 첫 사람이 되었을 때도 음악이 그의 불안을 가라앉혔을지 궁금하게 여긴다. 수술실에서 음악을 트는 것이 좋냐 나쁘냐는 물음에는 의견이 갈린다. 그 외과 의사는 성난 목소리로 "에드 시런Ed Sheeran의 음악이 나오는 수술실에서는 수술하지 않겠어"라고 못을 빅았다.

음악으로 확실한 이로움을 얻는 사람은 환자다. 음악과 치유는 사실 고대에서부터 지금껏 떼려야 뗄 수 없는 관계다. 6,000년 전에는 모든 사람을 즐겁게 하고자 하프 연주자를 예약하는 것을 의료비를 내는 행위로 봤다. 고대 그리스인들은 아폴로를 치유와 음악의 신으로 모셨다. 환자의 마음을 가라앉히는 데는 진정제보다 음악이 더 낫다는 사실도 증명되었다. 이런 이로움은 집중 치료실에서 산소호흡기를 달고 있는 환자에까지 미친다.

그렇다면 외과 의사와 간호사들에게는 음악이 어떤 효과를 미칠까? 외과 수술 72%에서 음악을 튼다. 또 수술 의료진 80%가 음악이 단합을 높이고 불안을 줄이고, 그리고 아주 흥미롭게도 수술 성과를 높이는 효과가 있다고 밝혔다. 몇몇 연구에 따르면, 음악이 외과 의사가 수술에 집중하도록 도와, 근육 피로를 줄이고 무사히 수술을 마무리 짓게 한다. 하지만 음악이 주의를 흩트린다고 걱정하여 음악의 효과를 부정하는 사람들도 있다. 수련의에서는 이 말이 실제로 맞는 듯하다. 또 한 연구에 따르면 음악이 짜증을 불러일으키기도 한다. 수술실에서는 짜증이 좋은 일일 리가 없다.

그러므로 문제는 수술실에서 어떤 음악을 틀어야 하느냐다. 비틀즈The Beatles의 〈나아지고 있어요Getting Better〉는 어떨까? 비지스Bee Gees의 〈살아 있어Stayin' Alive〉나 핑크 플로이드Pink Floyd의 〈편안하게 마비된Comfortably Numb〉도 괜찮을 성싶다. 피해야 할 노래는 퀸Queen의 〈또 한 명이 죽는다Another One Bites the Dust〉나 롤링 스톤스Rolling Stones의 〈피 흘리게 하라Let It Bleed〉가 있겠다.

10장

죽은 듯이 잘 자야 잘 산다
: 수면과 생체의 과학

SLEEP AND
THE DAILY RHYTHMS OF LIFE

극심한 불면증에 시달리는 사람이든, 오후 3시가 되어서야 침실을 나서는 청소년이든, 낮잠을 사랑하는 스페인 사람이든, 우리는 잠의 힘에서 벗어나지 못한다. 우리는 왜 잠을 자야 할까? 우리가 잠을 잘 때는 무슨 일이 일어날까? 이런 특이하고 어쩌면 위험할지도 모를 습성이 왜 진화했을까? 잠을 잘 때는 특히 공격받기 쉬우니, 잠이란 이해하기 어려운 습성이다. 우리는 뇌가 꿈을 꾸게 하려고 잠을 잘까? 아니면 낮 동안 뇌에 쌓인 찌꺼기를 깨끗이 치우려고 잠을 잘까? 생체리듬은 어떻게 봐야 할까? 생체리듬은 삶에 어떤 기능을 할까? 이 장에서 내 목적은 잠과 24시간 생체리듬을 곰곰이 생각할 만큼 오래도록 당신을 깨어 있게 하는 것이다.

누구나 잠을 자야 한다. 잠을 못 자면 짜증이 늘고, 달콤하거나 기름진 음식이 당긴다. 그러다 정신이 흐릿해지고 끝내는 죽고 만다. 이 말은 사실이다. 쥐를 못 자게 하면 며칠 만에 죽는다. 뇌와 심장이 활동을 멈춘다는 것 말고는, 잠을 못 잔 쥐가 왜 죽는지는 명확히 밝혀지지 않았다. 따라서 짜증이 폭발하거나 끝내 죽음에 이르는 일을 막는 것 말고, 잠의 기능이 실제로 무엇인지 알아내지 못했다.

10여 년 전부터 과학자들은 잠에 여러 단계가 있다는 사실을 알았다. 뇌파기EEG라는 기계를 이용하면 뇌 안에서 어떤 전기 활동이 일어나는지를 뇌파 모양으로 파악할 수 있다. 놀랍게도, 우리가 잠을 잘 때 뚜렷이 다른 다섯 가지 뇌파 모양이 나타난다. 첫 단계는 이직 살짝 깨어 있는 상태다. 이때 나타나는 뇌파는 물 위에 빠르게 퍼지는 잔물결처럼 작고 빠르다. 이런 뇌파를 베타파라고 한다. 그리고 2단계로 들어가 뇌가 긴장을 풀기 시작하면 깊고 푸른 잠속에 빠지므로, 뇌파가 커지고 느려진다. 이 뇌파를 알파파라고 부른다.

2단계도 아직 깊이 잠든 상태는 아니다. 이때 마치 실제처럼 생생한 꿈을 꾸기도 하는데, 이를 입면 환각hypnagogic hallucination이라 한다. 최면도 이 상태에서 일어난다. 어떤 원리인지는 모르겠지만, 최면사들은 부드러운 목소리로 우리가 흔들리는 시계 같은 것에 집중하게끔 유도해, 뇌가 느린 파형slow wave 수면에 들게 한다. 최면 상태에서는 암시에 빠지기도 쉬우므로, 최면사들이 우리에게 황금을 여기저기 숨겨 둔다는 요정 레프러컨을 찾아 나서게 하거나, 담배를 끊게도 한다. 이 단계에서는 어딘가에서 떨어지거나 느닷없이 몸이 뒤틀리는 느낌이 들기도 한다. 이것은 근간대 경련myoclonic jerk이라는 현상으로, 원인은 알지 못하지만 실제로 아주 흔하게 나타난다.

그다음에는 잠의 양상이 바뀌는 3단계와 4단계로 들어선다. 이때 몸의 온도가 떨어지므로 추위를 느껴 이불을 꼭 끌어당긴다. 이 과정에서는 심장박동도 느려진다. 뇌는 이제 깊은 잠에 빠지고, 이 단계가 약 30분 동안 이어진다. 뇌파는 한층 더 느려져 델타파 상태가 된다. 4단계에서는 잠이 더 깊어진다. 이 단계가 끝날 무렵 야뇨증과 몽유병이 일어난다. 이런 증상이 왜 나타나는지는 아직 완전히 밝혀지지 않았다. 마지막으로 뇌는 5단계에 들어선다. 이런 상태를 활성 수면이라 한다. 활성 수면 상태에서는 특별한 일이 벌어진다. 바로 눈동자가 빠르게 앞뒤로 움직이는 빠른 눈 운동 rapid eye movement(REM)이 일어난다. 이 단계에서는 호흡이 빨라지고, 뇌 활동이 다시 늘어난다. 그런데 무척 흥미롭게도, 우리 뇌가 아주 활발해지는 이 시기에 근육은 반대로 크게 이완한다.

REM 수면은 우리가 꿈을 꾸는 단계로, 잠든 지 평균 90분 뒤에 나타난다. 우리가 꿈을 꾸는 이유는 알 길이 없지만, 가설에 따르면 생각을 정리하고 저장하는 일과 관련하거나, 더 단순하게는 신경이 느긋해지면서 기억이 생생해지고 서로 뒤엉켜 나타난 결과라고 한다. 방해만 받지 않으면 우리는 하룻밤 새 이런 수면 단계를 네댓 번 반복한다.

그사이 우리 뇌에서는 무슨 일이 일어날까? 왜 다양한 뇌 활동이 이렇게 질서정연하고 예측할 수 있는 과정을 밟으며 일어날까? 여기에는 몇 가지 가설이 있다. 첫 번째 가설은 우리가 위험에서 벗어나도록 돕고자 잠이 진화했다고 본다. 밤에는 우리가 특히 포식자의 먹잇감이 되기 쉬웠을 테니, 따뜻하고 안락한 동굴로 물러나 꼼짝 않고 머물도록 잠이 진화했다는 뜻이다. 게다가 잠을 자면 자칫 어두움 때문에 다칠 위험도 줄어든다. 다윈주의의 자연 선택 때문에 이런 행동이 나왔고, 그다음에는 개체군에 널리 퍼졌을 것이다. 우리는 어쩌면

〈악몽 The nightmare〉(1781). 스위스 출신으로 영국에서 활동한 화가 헨리 퓨젤리 Henry Fuseli의 작품이다.

초기의 직계 조상들이 잠을 진화시킨 덕분에, 또 어쩌면 꿈을 꾼 덕분에 살아남았을지도 모른다.

두 번째 가설은 에너지 보존을 주장한다. 즉 어두운 탓에 먹잇감을 잡기 어려울 때 음식을 먹지 않아도 되도록 잠에 빠진다. 이를 뒷받침하는 증거도 있다. 잠을 잘 때는 에너지 소모가 10% 정도 줄어든다. 여기에서도 진화가 다시 한번 마법을 부려 무작위로 이 형질을 선택했고, 그래서 잠을 자는 사람이 그렇지 않은 사람보다 생존에 유리해 계속 살아남았을 수 있다. 그러므로 이 가설에 따르면 잠의 주요 기능은 에너지 보존이다.

세 번째 가설은(가설이 잇달아 쏟아진다. 부디 졸지 말기를!) 뇌의 회복과 관련한다. 이 가설에 따르면 우리가 잠을 자는 동안 뇌가 세포와 조직을 복구하고 재생한다. 이 과정에서 낮 동안 뇌에 쌓인 찌꺼기를 모두 깨끗이 치운다. 게다가 근육 발달, 뇌 조직 복구, 새로운 단백질 생성이 모두 우리가 잠잘 때 더 두드러지게 일어난다. 이를 잘 보여주는 예는 아데노신이라는 화학물질과 관련한다. 아데노신은 낮에 일어난 세포 활동으로 만들어지는 부산물이다. 이 아데노신이 쌓이면 졸렸다가 마침내 잠에 빠진다. 즉 아데노신에 반응해 우리를 잠으로 이끄는 기제가 있다. 잠이 들면 아데노신이 없어진다. 우리의 구원자 카페인도 아데노신이 효과를 일으키지 못하게 막아 우리가 말똥말똥 정신을 차리게 한다.

어릴 때는 잠이 뇌 발달에 특히 중요한 역할을 하는 것으로 보인다. 젖먹이는 하루 14시간까지 잠을 자는 데다, 그 가운데 적어도 절반이 REM 수면 상태다. 이때 뇌에서 수많은 전기 활동이 일어나므로, 마치 전기공사를 하고 확인하는 건설 현장과 비슷하다.

2013년에 과학자들이 잠의 회복 기능을 뒷받침하는 증거를 내놓았다. 이들은 우리가 잠잘 때 뇌에서 쓰레기차가 나와 낮 동안 쌓인 찌꺼기를 깨끗이 치운다는 사실을 알아냈다. 아데노신은 그런 찌꺼기의 대표 사례다. 우리 뇌는 참으로 부지런히 일한다. 신경세포는 시냅스라는 것을 통해 끊임없이 발화했다가 수축하며 서로 정보를 주고받는다. 신경전달물질이라는 화학물질이 시냅스를 차례로 건너며 한 신경세포가 다른 신경세포와 정보를 주고받게 한다. 신경세포는 뇌에서 중요한 또 다른 세포인 신경아교세포와도 정보를 주고받는다. 이 모든 흥분 활동은 지금도 일어나고 있다. 흥미롭기 짝이 없는 이 장을 읽는 동안에도, 그래서 뇌에 노폐물이 쌓이는 동안에도. 모든 두뇌 활동에는 노폐물이 부산물로 쌓인다. 이 노폐물을 뇌의 쓰레기차라고 할 신경아교세포가 깨끗이 치운다.

신경아교세포가 심술을 부려 일을 멈추면 해로운 단백질이 쌓인다는 것이 과학계의 오랜 생각이다. 이런 현상은 알츠하이머병에서 가장 눈에 띄게 일어난다. 이 병에서는 베타 아밀로이드라는 단백질이 뇌의 해마(모양이 해마를 닮아서 붙은 이름이다.)에 쌓인다. 길바닥에 쓰레기가 쌓여 길을 꽉 막은 것과 같은 현상이다. 해마에 베타 아밀로이드가 쌓이면 성격과 기억에 영향을 미치는데, 그 과정은 아직도 수수께끼로 남아 있다. 기억하기를. 과학자란 수수께끼 같은 과정이라면 깜빡 죽는 사람들이다.

그런데 밤이 되면 뇌의 물길에 있는 수문이 열리고, 뇌척수액이 노폐물 수기 세포와 함께 빠르게 밀려들어 와, 낮 동안 쌓인 노폐물을 쓸어낸다. 이 노폐물은 간으로 내려가 해독된다. 과학자들은 우리가 잠을 잘 때 이 과정이 두 배 빠르게 일어난다는 사실을 알아냈다. 신경세포가 수축하여 신경세포 사이의 통로가 더 넓어지기 때문이다. 과학자들은 뇌에서 뇌척수액으로 가득 찬 작은 통로들을 살펴 이 사실을 알아냈다. 그런데 어떤 방법을 썼을까? 이 통로를 살펴보고자, 과학자들은 생체 조직 내 세포를 관찰할 수 있는 이광자 현미경 위에서 쥐가 잠들도록 훈련했다. 그리고 쥐가 잠들면 쥐의 뇌에 색소를 주입한 다음, 색소가 통로를 따라 흐르는 모습을 지켜봤다.

과학계는 뇌와 몸의 나머지 부분을 가르는 장벽인 '혈액 뇌 장벽blood-brain barrier'이 우리가 잠자는 동안 살짝 열려서, 노폐물이 뇌에서 빠져나가도록 한다고도 본다. 쥐가 잠들었을 때 이 장벽의 흐름이 늘어나는 것을 봤기 때문이다. 또 표지를 붙인 베타 아밀로이드를 주입해보니, 쥐가 잠을 잘 때 베타 아밀로이드가 두 배 빠르게 제거되었다. 그러므로 잠은 고단한 하루 동안 생각하느라 쌓인 모든 쓰레기 더미를 없애 우리 몸을 회복시킨다. 수면 부족과 불면증은 알츠하이머병을 일으키는 위험 인자다. 이제 그 이유를 알 것 같다. 잠이 모자라면 노폐물이 덜 수거되어 해마가 제 기능을 하지 못한다. 그러므로 우리는 잠의 주요 기능을 알아냈다. 잠의 본질은 청소 시간이다. 밤에 식기세척기나 세탁기를 돌리는 것과 비슷하다. 그렇다고 다른 기능이 작동을 멈춘다는 뜻은 아니다. 잠에는 여러 기능이 있고, 그 기능들이 모두 하나같이 중요하기 때문이다.

또 다른 연구 분야는 낮잠이다. 우리는 때로 낮에도 졸음을 느낀다. 이것도 아데노신이 쌓인 탓일지 모른다. 카페인이 아데노신의 작용을 막을 수도 있지만, 낮잠도 카페인과 같은 속임수가 될 수 있다. 게다가 낮잠이 엄청나게 이롭다는 사실이 증명되었다. 낮잠을 20~30분만 자도 몸이 개운해져 정신이 순식간에 맑아진다. 여러 연구에 따르면, 20분 동안 낮잠을 잔 뒤에는 자판을 두드리거나 피아노를 칠 때 필요한 운동 기능이 향상한다. 그런데 이때 30분을 넘기

잠이 왜 중요할까? : 잠의 기능

- 뇌에 쌓인 독소 제거
- 신체 회복
- 정보 처리 및 기억
- 기분 조절
- 면역 체계 강화

지 않도록 유념해야 한다. 30분을 넘어 3단계 수면으로 들어섰다가 일어나면 운전을 포함한 운동 기능이 더 떨어진다. 하지만 기억 같은 고차원 활동은 60분 남짓 잔 뒤에 향상한다. 물론 잠이 덜 깨 몸이 흐느적거리기는 하겠지만.

잠이 모자랄 때는 낮잠이 더욱더 중요하다. 여기에서 한 가지 물음이 떠오른다. 하루에 몇 시간을 자야 알맞을까? 답은 사람에 따라 천차만별이다. 어떤 사람은 10시간을 자야 하고 어떤 사람은 채 5시간도 안 자는데 말짱하다. 우리는 지구에서 유일하게 일부러 잠을 덜자는 종이다. 영국의 전 총리 마거릿 대처Margaret Thatcher는 하루에 4

시간만 잔 인물로 자주 언급된다. 단언하기는 어렵지만, 대처가 끝내 알츠하이머병에 걸린 이유 중 하나도 사실은 수면 부족일 것이다. 한 연구에서 성인 54,269명을 조사해보니(표본이 엄청나게 크므로, 꽤 정확한 평균이 나왔다고 볼 수 있다.), 31%가 채 6시간도 자지 않았고, 64.8%는 7~9시간을 잤고, 4.2%는 10시간 넘게 잤다. 이 가운데 6시간도 자지 않는 사람과 10시간 넘게 자는 사람 모두 비만, 불안, 당뇨병에 시달릴 확률이 높았다.

아무튼 많은 사람, 그중에서도 특히 중년 남성이 수면 부족에 시달린다고 호소한다. 여러 연구에 따르면 아일랜드 사람은 다섯 명에 한 명꼴로 수면 부족을 겪는다. 잠이 모자라면 사실 심각한 건강 문제가 일어난다. 예컨대 뼈가 약해져 골다공증이 생긴다. 우리가 건강할 때 분비하는 P1NP라는 단백질을 측정하면 골다공증 수준을 측정할 수 있다. 수면 부족에 시달린 젊은 남성은 이 단백질의 수치가 28% 이

마거릿 대처(1925~2013). 영국의 전 총리로, 하루에
4시간밖에 자지 않아도 되었던 인물로 자주 언급된다.

하였다.

수면 부족은 또 정크 푸드에 입맛을 다시게 하고, 그래서 비만을 불러오고, 그 결과 끝내는 당뇨병과 암이 생길 위험을 높인다. 이런 질병은 깨어 있는 시간 때문에 생기는 단순한 문제이기도 하다. 더 오래 깨어 있을수록 먹는 시간도 늘어나기 때문이다. 또 엔도카나비 노이드라는 화학물질을 더 많이 만든다. 엔도카나비노이드는 우리 몸이 만드는 카나비노이드 즉 대마초 성분으로, 대마초를 피워본 적이 있는 사람은 아는 '공복감'을 자연스레 일으킨다. 잠이 모자라면 허기를 더 느껴 더 많이 먹으므로, 결국 살이 찐다. 대마초를 피우지 않더라고, 하루에 달랑 4시간만 자면 몸이 스스로 대마초 성분을 내뿜어 몽롱한 기분이 든다.

미국 수면 재단이란 곳이 2013년에 여섯 나라에서 설문 조사를 진행했다. 수면 시간은 미국인과 일본인이 가장 적어서, 다른 나라 사람들보다 평균 40분 적게 잤다. 일본인이 평균 6시간 22분으로 가장 짧았고, 이어서 미국인이 6시간 31분이었다. 이와 달리 독일인과 캐나다인, 멕시코인, 영국인은 모두 일곱 시간을 넘겼다. 또 대상 국가 모두 주말에는 평일보다 평균 45분을 더 잤다.

조사에서 다른 흥미로운 결과도 드러났다. 멕시코인 62%와 미국인 47%가 자기 전에 기도나 명상을 한다. 보아하니 영국인 중 43%는 자기 전에 긴장을 풀 만한 음료를 마시고, 30%는 벌거벗고 잔다. 그런데 대다수 나라에서 적어도 3분의 2가 자기 전에 텔레비전을 보고, 많은 사람이 자기 전에 마지막으로 하는 일이 스마트폰 확인이었다. 일본인은 아이와 한 침대에서 자는 편이고, 미국인은 반려동물과 한 침대에서 자는 편이다. 양말을 신은 채 자는 사람이 가장 많은 나라는 어디일까? 바로 미국과 캐나다다. 아마 겨울에 추운 지역이 많아서이지 않나 싶다.

또 다른 최근 연구는 수면 습관을 더 자세히 파악하고자 조사 대상자의 스마트폰 애플리케이션을 이용했다. 이 연구는 미국 수면 재단의 연구 결과가 맞는다는 것을 폭넓게 뒷받침했다. 다른 흥미로운 결과도 나왔다. 여성은 남성보다 평균 30분 더 오래 잔다. 또 나이가 들수록 잠이 줄었다. 젊은이들은 잠자는 시간이 아주 많이 제각각이었지만, 나이 든 사람들은 대개 6시간쯤으로 좁아졌다.

왜 사람마다 필요한 수면 시간이 이토록 다를까? 왜 어떤 사람은 낮에 특정 시간만 되면 졸음을 느낄까? 왜 밤이 되면 졸릴까? 또 왜 어떤 사람은 밤에 말똥말똥해지고(과학자들은 이들을 '올빼미 체질'이라고 한다.), 어떤 사람은 아침에 말똥말똥해질까?(이런 사람들을 '종달새 체질'이라고 한다.) 이 모든 현상은 우리 몸에 내장된 생체 시계에서 비롯한다. 우리 몸이 이렇게 하루 동안 바뀌는 흐름을 과학 용어로 '하루 주기 리듬circadian rhythm'이라고 한다. 우리가 손목시계를 볼 줄 알듯이, 우리 몸은 하루 중 어느 때인지를 알 수 있도록 몸속 시계라는 깔끔하고 작은 장치를 진화시켰다. 생명이 생겨난 뒤로 지구가 쭉 자전축을 중심으로 돌면서 하루가 오늘날 우리가 익숙한 순서로 바뀌었다. 즉 아침저녁으로 해가 뜨고 진다.

우리는 몸속 시계 덕분에 하루 중 알맞은 시간에 맞춰 일을 배정할 수 있다. 어찌 보면 몸 안에 일정 계획표가 들어 있는 셈이다. 사실 지구에 사는 동물은 모두 몸속 시계가 있다. 우리도 누구나 이 시계에 익숙하다. 해가 떠 있는 동안에는 끼니때마다 배고픔을 느낀다. 해가 진 뒤에도 때가 되면 졸음을 느낀다. 시차에 시달릴 때는 이런 생체리듬이 깨져서, 잘 때가 아닌데도 졸리고, 입맛이 떨어지고, 기분이 오락가락한다. 교대 근무자도 정상적인 생활 리듬을 잃으므로, 크게 봤을 때 실제로 건강을 해칠 수 있다. 하루 주기 리듬 연구는 인간의 전반적인 건강과 행복을 다루므로, 무척 흥미로운 사실들을 드러낸다.

먼저, 하루 동안 우리 몸에서 흔하게 일어나는 일을 정리해보자. 우리 대다수는 아침 6시에서 9시 사이에 잠에서 깬다. 물론 청소년이라는 희한한 생명체는 생활 방식이 여느 사람과 사뭇 다르니 예외다. 어릴 적에 나는 아침 일찍 일어나 웃음을 머금고 뛰어다니는 활기찬 어린아이였다. 그러던 내가 하루아침에 돌변해 오후 2시가 되어서야 방에서 나오는 모습을 보고서, 어머니는 아들이 청소년기에 들어섰다는 사실을 알아챘다. 그리고 사랑스러운 꼬마에게 무슨 일이 일어났는지 궁금해했다. 하지만 청소년기를 빼면 우리는 대개 아침 9시 무렵이면 잠에서 깨어 있다. 다가올 하루를 맞을 준비를 하라는 뜻에서인지, 이 시간에는 테스토스테론 수치도 가장 높다. 하지만 다른 때보다 피가 더 끈적이고 혈압이 더 높으므로, 심장마비가 일어날 위험도 크다.

몸의 이런 변화는 우리가 다가올 하루에 대비하여 그날 닥칠 일들

생활리듬. 사실 우리는 기계와 마찬가지라서, 몸과 행동이 낮과
밤을 거치며 하루 주기 시계에 따라 바뀐다.

을 준비하도록 하고자 일어나는 듯하다. 오전 9시에서 12시 사이에는 스트레스 호르몬인 코르티솔 수치가 가장 높으므로, 뇌가 바짝 정신을 차린다. 또 단기 기억력이 가장 뛰어나 업무 생산성도 가장 높다. 우리 몸은 음식에 대비해 미리 소화효소를 만든다. 그리고 그렐린ghrelin 같은 호르몬이 뇌를 자극해 '너는 배고프다'라고 말할 때 배고픔을 느낀다. 그러므로 12시에서 오후 3시 사이에는 배가 음식으로 꽉 찬다.

알다시피 점심을 먹고 난 뒤에는 몸이 나른해져서 활력이 뚝 떨어진다. 이 시간에는 주의력이 곤두박질치므로 교통사고도 더 자주 일어난다. 술까지 들어가면 몸을 가누기가 한층 더 어려울 테니 술을 마시기에도 가장 알맞지 않은 시간이다. 오후 3시에서 6시 사이에는 체온이 살짝 올라가고, 심장과 폐가 한층 활발히 움직이며, 근력이 6% 더 강해진다. 따라서 육체노동이나 운동을 하기에 알맞다. 이런 차이 때문에 실제로 어떤 운동선수들은 이 시간에 개인 최고 기록을 내려고 애쓴다.

오후 6시에서 9시 사이에는 몸이 저녁밥을 기다린다. 그런데 저녁식사를 너무 늦게까지 미루면 안 된다. 밤에 가까워질수록 몸이 음식을 처리하는 방식이 바뀌기 때문이다. 밤에는 음식을 지방으로 저장할 확률이 커지므로, 밤에 무엇을 먹는 것은 좋지 못한 생각이다. 밤에 감자칩 한 봉지를 먹으면 이른 시간에 먹었을 때보다 지방이 더 쌓인다. 낮에는 활동량이 많아 지방을 태워서이기도 하지만, 밤에는 지방을 뚜렷하게 더 많이 저장하기 때문이기도 하다. 하지만 쓸모 있는 사실도 있다. 이 시간에 간이 알코올을 분해하므로, 술 마시기에 가장 안전한 시간이다. 9시부터 자정까지는 잠자리에 들 시간이다.

이때부터 가장 극적인 일이 일어난다. 우리 몸이 멜라토닌이라는 수면제를 스스로 만들기 때문이다. 눈이 어두침침한 빛을 감지하면 뇌에 있는 솔방울샘이 멜라토닌을 분비한다. 그 때문에 우리는 잠이 든다. 그런데 시간대가 바뀌는 지역으로 여행하면 멜라토닌이 현지 시각과 어긋나는 엉뚱한 시간에 분비되는 바람에 엉뚱한 시간에 잠이 들고 활력이 떨어진다. 이런 현상을 시차 피로라 한다. 눈으로 들어오는 햇빛은 멜라토닌 생성에 영향을 미친다. 빛이 어두침침해지면 우리 몸이 멜라토닌을 만들므로, 우리는 마침내 새로운 시간대에 적응한다.

푸른빛은 멜라토닌 생성을 억제한다. 컴퓨터 화면이나 스마트폰에서 내뿜는 빛의 파장이 푸른색이므로, 잠들고 싶다면 밤에 그런 전자 기기를 들여다보지 않는 쪽이 좋다. 밤에 일하는 교대 근무자는 몸이 분비하는 멜라토닌에 맞서야 하는 데다, 다른 시간에도 잠을 자는 데 어려움을 겪는다. 또 밤에 음식을 먹으므로 살이 찌기 십상이다. 따라서 오늘날 비만이 급속히 번지는 데는 사람들이 수면 장애나 수면 부족에 시달린 나머지, 먹지 말아야 할 시간에 음식을 먹는 것도 한몫한다.

종달새 체질일수록 멜라토닌을 더 일찍 만들고, 올빼미 체질일수록 더 늦게 만든다. 하지만 무엇이 멜라토닌 생성 시기를 제어하는지는 아직 밝혀지지 않았다. 그래도 하루 주기 리듬을 제어하는 단백질을 만드는 유전자, 그리고 PER2라는 유전자가 중요한 역할을 하는 듯하다. PER2유전자는 몸속 시계에서 중요한 톱니바퀴 구실을 하는 것으로 보인다. PER2유전자의 길이가 길면 종달새 체질이 되기 쉽고, 짧으면 올빼미 체질이 되기 쉽다. 가족성 수면 주기 전진 증후군 FASPS도 PER2유전자와 관련한다. 유전하는 이 증후군이 있는 사람들은 평균 저녁 7시 반에 잠들었다가 새벽 4시 반에 깨어난다. 그러니 혹시 이 증후군이 있는 집을 안다면, 저녁 7시 반 무렵에는 전화를 걸지 말기길. 그 시간이면 그 집 식구들이 모두 코를 골고 있을 때다. 이 증후군은 PER2유전자에 특이한 변이가 일어날 때 나타나므로, 수면-각성 주기를 제어하는 데 이 유전자가 얼마나 중요한지가 한층 두드러진다. PER2와 다른 요인들은 햇빛에 반응하여 우리의 몸속 시계를 맞춘다. 햇빛이 날마다 몸속 시계의 태엽을 감는 열쇠 구실을 하고, 태엽이 풀릴 때 PER2유전자가 작동한다.

　계절성 정서장애seasonal affective disorder를 생각해보면, 몸속 시계를 유지하는 데 햇빛이 중요한 역할을 할 확률이 높다. 계절성 정서장애란 한 해 가운데 대부분은 정신 건강에 문제가 없던 사람이 겨울만 되면 우울증을 앓는 질환이다. 이런 사람들은 겨울에 잠을 너무 많이 자고 기운이 뚝 떨어진다. 이 질환은 아무래도 햇빛이 모자라 생기는 듯하다. 예컨대 미국을 보면 계절성 정서장애에 시달리는 사람이 플로리다에서는 1.4%뿐이지만 알래스카에서는 9.9%에 이른다. 북유럽 국가들도 알래스카와 비슷한 비율을 보인다. 이런 반응은 음식이 희귀한 겨울에 활동을 줄이고자 진화하지 않았을까 싶다. 따라서 이 질환에는 광선요법이 유용하다. 아직 어두운 아침에 천천히 빛이 밝아지는 조명 알람시계도 마찬가지로 효과가 있다. 해가 짧은 긴 겨울에는 멜라토닌 생성이 줄어들 터이므로, 광선요법이 멜라토닌 생성을 되돌릴 것이다. 멜라토닌은 그 자체로 유용한 치료법이기도 하다.

하루 주기 리듬과 기분의 관련성에서 또 흥미로운 사실이 있다. 만약 당신이 올빼미 체질이라면 우울증과 암을 앓을 위험이 높다. 올빼미 체질은 또 외향적이라 사람들과 잘 어울리고, 쉽게 자기도취에 빠지고, 성생활이 문란한 사람이 많다. 이런 성향이 동물학자가 말하는 '짝 가로채기mate poaching'와 관련한다는 설명이 있다. 즉 짝짓기 경쟁자는 잠들어 있지만 나는 깨어 있다면 그 사람의 짝을 가로챌 수 있다. 또 올빼미 체질끼리 결혼하거나 종달새 체질끼리 결혼하면 결혼이 깨질 확률이 높다. 아마 서로 방해하거나 신경을 건드려서이지 않을까 싶다. 이상적인 결혼은 올빼미와 종달새가 만나는 것이다. 특정한 시간에만 만나는 데다, 상반된 성격이 서로 보완할 터이기 때문이다. 아이 돌보기와 집안일 같은 책임을 한 사람은 아침 일찍부터, 한 사람은 저녁 늦게까지 나눠 맡을 수 있으므로 두 사람이 조화를 이룰 것이다.

올빼미나 종달새와 사뭇 달리 햇빛에 기대지 않고도 시계를 맞추는 생명체가 있다. 이를테면 바다에 사는 갯지렁이는 달빛을 이용해 몸속 시계를 맞추고, 바다 이sea lice는 밀물과 썰물을 이용한다. 따라서 정기적인 환경 신호라면 무엇이든 몸속 시계를 맞추는 데 이용할 수 있다.

자정부터 새벽 3시까지는 우리가 잠든 시간대다. 이때 뇌는 수문을 열어서 낮 동안 뇌에 쌓인 찌꺼기를 확 쏟아낸다. 그러니 이 시간에 아직 깨어 있다면 조심해야 한다. 몸속 호르몬 때문에 피곤하고 기분이 조금 가라앉으므로, 영혼이 길고 어두운 밤을 보내기 십상이기 때문이다. 이런 명백한 이유 때문에 이 시간대에는 산업재해가 훨씬 자주 일어난다. 새벽 3시부터 6시까지는 아직 잠들어 있을 시간이다. 하지만 멜라토닌 수치가 떨어지기 시작해 우리가 깨어날 준비를 하게끔 한다. 체온을 섭씨 37도로 유지하는 데 쓰던 에너지를 피부 재생 같은 다른 활동에 쓰므로, 심장이나 방광의 중심 체온도 떨어진다.

잠은 피부를 곱게 해 우리를 더 멋져 보이게 한다. 뇌가 계속 찌꺼기를 배출하도록 돕는 데도 에너지가 필요하다. 최근 증명된 바에 따르면 면역 체계는 낮보다 밤에 더 활발하게 움직인다. 어째 말이 안 되는 소리 같다. 일어나 돌아다닐 때 병원균에 감염될 확률이 높으니, 이때 면역 체계가 우리 몸을 방어해야 하지 않을까? 하지만 가벼운 감염에 몸이 과잉 반응하면 이로움보다 해로움이 크므로, 면역 체계가 조금 덜 활발하게 움직여 과잉 반응을 막는 것일지도 모른다. 또 낮에 만났던 병원균을 다시 만나면 적절하게 대응하도록, 밤에는 면역 체계가 그 병원균을 기억하는 작업을 한다고도 본다.

하지만 이런 특성 때문에 면역 체계와 관련한 질병이 생기기도 한다. 류머티즘 관절염은 면역 체계가 우리 몸의 관절을 공격해 관절이 아프고 손상되는 질병이다. 따라서 면역 체계가 활발해지는 밤에 더 뻣뻣해지고 쑤시므로 사람들이 통증에 잠을 깨기 일쑤다. 천식 발작도 밤에 더 자주 일어난다. 이것도 기능이 아주 많이 떨어진 폐가 과잉 반응을 일으켰기 때문일 수 있다.

이렇게 24시간 주기를 한 번 돌았으므로, 우리는 박자에 맞춰, 그러니까 몸속 시계에 맞춰 다시 깨어난다. 이 하루 주기 리듬은 우리가 실제로 얼마나 기계에 가까운지, 또 우리의 기분, 식욕, 수면 양상이 자신의 선택이 아니라 몸속 시계 단백질의 활동에 얼마나 좌우되는지를 드러낸다.

물론 크게 보아 사람이 저녁에 활발한 올빼미 체질과 아침에 활발한 종달새 체질로 나뉘는 데서 드러나듯이, 사람마다 차이는 있다. 최근 한 연구가 잠을 아주 적게 자면서도 건강한 사람들을 살펴, 이들의 습성을 설명하는 유전적 근거를 찾아냈다. 하루에 4시간에서 6시간만 자도 되는 사람 대다수는 DEC2라는 유전자에 돌연변이가 있다. 쥐에서 이 유전자에 돌연변이를 일으켰더니, 마찬가지로 잠을 아주 적게 잤다. 연구진이 이 쥐들의 뇌를 검사했더니 아주 흥미로운 결과가 나왔다. 쥐의 뇌에서 감각과 기억을 연결하는 부위들이 더 촘촘하게 연결되어 있었다. 또 사람에서와 마찬가지로 비만도 더 적었다. 그렇다면 왜 이 사람들은 우리보다 절반 정도밖에 자지 않으면서도 멀쩡할까? 이 사람들은 효과 만점인 잠을 자는 듯하다. 뇌가 더 촘촘하게 연결되었으므로 찌꺼기를 더 깨끗이 씻어내거나, 단기 기억이 쉽게 장기 기억으로 굳어질 것이다. 이런 기억 강화도 잠의 중요한 기능이다.

잠을 적게 잘 수 있게 돕는 유전자 돌연변이를 발견한 것은 흥미로운 발전이다. 과학자들은 이제 이 돌연변이가 정확히 무엇을 하는지 알고 싶을 것이다. 틀림없이 이 돌연변이가 뇌의 찌꺼기 청소를 앞장서서 조정할 것이다. 앞서 살펴봤듯이 찌꺼기 청소는 우리가 잠을 자는 중요한 목적이다.

잠을 적게 자도 되게 하는 DEC2 유전자 돌연변이를 갖고 싶은가? 그런 돌연변이가 생긴다면 남는 시간에 무엇을 하고 싶은가? 앞으로 무슨 일이 벌어질지 누가 알겠는가. 혹시 아나? 앞으로 유전자를 조작해 잠을 적게 자는 사람이 많아질지, 그래서 밤새 사랑을 나누고, 즐기고, 진정으로 오늘을 살지를.

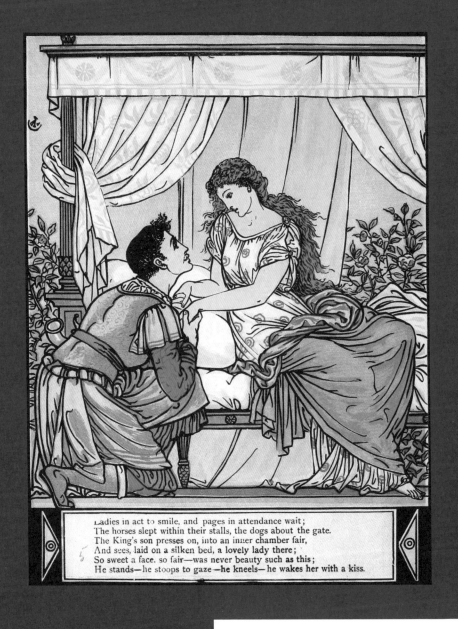

Ladies in act to smile, and pages in attendance wait;
The horses slept within their stalls, the dogs about the gate.
The King's son presses on, into an inner chamber fair,
And sees, laid on a silken bed, a lovely lady there;
So sweet a face, so fair—was never beauty such as this;
He stands—he stoops to gaze —he kneels— he wakes her with a kiss.

숲속의 잠자는 미녀가 더 자고 싶은 마음에 스마트폰의
'다시 알림'을 다섯 번째 누르고 잠들었는데, 눈치 없게도
왕자가 끼어든다.

11장

우리가 먹는 것이 우리를 위협한다
: 식품과 호르몬의 과학

OUR DESPERATE
RELATIONSHIP WITH FOOD

지구 생명체는 모두 영양분을 흡수해 살아간다.

우리는 더 많은 우리를 만들 분자를 얻고자, 몸을 움직이는 데 필요
한 에너지를 얻고자 음식을 먹는다. 음식은 연료통에 연료를 공급할
뿐더러, 새로운 차를 만들 부품도 공급한다. 겉보기에는 복잡할 것이
하나도 없다. 그런데도 음식과 영양 섭취를 연구하는 분야는 걸핏하
면 논란에 시달린다. 나쁜 과학, 업계의 이익, 골칫거리가 마구잡이
로 뒤엉킨다. 21세기 들어 우리 인간과 음식의 관계는 한층 더 복잡
해졌다. 게다가 발달한 세계는 이제 전염병처럼 퍼지는 비만에 시달
린다.

우리는 이제 무엇 때문에 우리가 음식을 간절히 바라는지 깊이 이
해한다. 또 중간 단계를 건너뛸, 그러니까 소를 쓰지 않는 더 건강한
합성 식품을 만들고자 애쓴다. 오늘날에는 음식이 이렇게 몹시 복잡
한 걱정거리가 되었다. 그 옛날 조상들에게는 음식 섭취가 '배가 고
파. 그러니 먹어야겠어'라고만 생각했던 단순한 일이었으니, 이런 상
황이 벌어질 줄 누가 생각이나 했겠는가?

그동안 과학이 많이 발전한 덕분에 이제는 무엇이 식욕을 제어하

느지, 왜 우리가 어떤 음식에 사족을 못 쓰는지, 왜 어떤 사람들은 쉽게 살이 찌는지를 꽤 깊이 알 수 있다. 비만은 의학계에서 중요하게 다루는 문제다. 최근 분석에 따르면 아일랜드인 25%가 과체중과 비만을 겪는 데다, 그 비율이 갈수록 높아지고 있다. 과체중은 심장병과 당뇨는 물론이고 암이 생길 위험까지 높여 갖가지 건강 문제를 일으킨다. 여러 정부가 전염병처럼 빠르게 늘어나는 비만을 막고자 설탕에 세금을 매기거나 가공식품의 지방 함량을 낮추는 정책들을 내놓고 있다. 그래서 식품 생산 기업과 규제 기관이 끊임없이 싸움을 이어가고 있다. 식품 생산 기업은 사업을 유지하고 싶어 하고, 규제 기관은 국민이 아프지 않도록 확실하게 조치하고 싶어 한다.

하지만 설탕을 많이 먹을수록 비만이 늘어난다는 것은 의심할 바 없는 사실이다. 이유는 간단하다. 우리는 석기 시대의 몸으로 산다. 무슨 말이냐 하면, 20만 년 전 상황에 맞춰 진화한 몸으로 오늘을 산다는 뜻이다. 당시에는 먹을거리가 꽤 희귀했으므로, 먹을 것이 생기면 배가 터져라 양껏 먹었다. 잔뜩 먹은 뒤에는 남은 열량을 지방으로 저장했다. 우리 몸은 당분을 지방으로 바꾸는 데 선수다. 음식을 저장하는 데 지방만큼 좋은 방법이 없기 때문이다. 지방을 태울 때는 같은 양의 당을 태울 때보다 적어도 열 배나 많은 엄청난 에너지를 내뿜는다. 따라서 그 옛날 우리는 비가 와 쫄쫄 굶을 날에 대비해 당을 지방으로 저장했다.

그런데 오늘날 우리는 굶주리기는커녕 언제나 배가 터져라 먹고 마신다. 그래서 무슨 일이 일어났냐고? 뚱뚱해졌다. 게다가 고려해야 할 사실이 또 있다. 원시시대 조상들의 삶은 죽어라 달려서 동물을 사냥한 다음 잡아먹는 과정의 연속이었다. 달리고, 먹고, 또 달리고. 영화 〈달려, 뚱땡이, 달려Run, Fatboy, Run〉 속 인물과는 사뭇 다른 삶이다. 그러므로 오늘날 우리는 달리지는 않으면서 많이 먹는, 치명적인 생활 습관이 결합한 삶을 산다. 몸을 움직이지 않는 생활 방식은 우리에게 해롭다. 먹기는 매슬로A. H. Maslow가 말한 5단계 욕구 중 1차 욕구에 속한다. 그러므로 오늘날 이토록 풍요로운 세상에서(적어도 대다수 나라에서) 우리가 끊임없이 무언가를 먹는 것도 그리 놀랄 일이 아니다.

하지만 상황이 정말로 이렇게 단순하기만 할까? 최근 한 연구가 식욕을 제어하는 호르몬, 어떤 음식을 먹고 싶은 욕구를 제어하는 호르몬, '그만 먹어'라고 스위치를 내리는 반응을 제어하는 호르몬을 밝혀냈다. 이 호르몬들이 제대로 작동하지 않을 때 비만이 생긴다. 그렇다면 어떤 호르몬들일까? 렙틴leptin과 그렐린ghrelin처럼 일곱 난쟁이의 이름같이 들리는 호르몬도 있고, FGF21처럼 도통 무슨 뜻인지 모를 호르몬도 있다. FGF21은 우리가 단 음식을 먹지 않도록 막는 호르몬이다. 이 호르몬들을 다룬 연구는 우리가 언제 먹는지, 왜 먹는지, 무엇을 먹는지, 언제 그만 먹기로 하는지를 속속들이 흥미롭게 알려준다.

과학자들은 수십 년 동안 배고픔과 포만감을 연구해왔다. 배고픔과 포만감은 둘 다 감각으로, 배고픔은 음식을 먹고 싶은 생리 욕구고 포만감은 배고픔을 느끼지 않는 상태다. 우리는 대개 겨우 몇 시간만 음식을 먹지 않아도 배가 고프고, 배가 고프면 짜증이 돋아 먹을 것을 찾는다. 그리고 음식을 먹은 지 5분에서 20분 사이에 배가 부르다는 느낌이 생긴다. 렙틴이라는 호르몬을 발견함으로써 식욕 연구에 돌파구가 열렸다. 주로 지방세포에서 만들어지는 이 호르몬은 배고픔을 느끼지 않게 함으로써 몸의 에너지 균형을 조절한다. 렙틴을 발견하자 과학계는 엄청난 흥분에 휩싸였다. 렙틴을 섭취하면 식욕을 억제할 수 있지 않을까? 알고 보니 안타깝게도 일이 그렇게 간단하지 않았다.

렙틴은 비만 쥐를 연구하다가 발견했다. 1949년에 미국 과학자들이 실험용 쥐를 교배하다가 게걸스럽게 먹이를 먹어치워 엄청나게 뚱뚱해진 집단을 발견했다. 연구진은 이 쥐를 ob/ob쥐(obese(비만인)를 줄인 말이다) 즉 비만 쥐라 불렀다. 한참 뒤인 1966년에는 당뇨병에 걸린 또 다른 비만 쥐 집단을 발견했다. 연구진은 이 쥐를 db/db쥐(diabetes(당뇨)를 줄인 말이다) 즉 당뇨 쥐라 불렀다. 그리고 마침내 1994년에 비만 쥐에서 결함이 있는 유전자를 발견했고, 이 유전자가 렙틴(렙틴은 가늘다, 마르다를 뜻하는 그리스어에서 따온 이름이다.)을 만든다는 사실을 밝혔다. 알고 보니 비만 쥐는 렙틴을 아예 만들지 못했고, 당뇨 쥐는 세포에 렙틴을 감지할 수용체가 없어서 자신이 생산한 렙틴에 반응하지 못했다. 따라서 두 실험 쥐 집단이 뚱뚱해진 이유는 모두 렙틴과 관련한 유전자에 결함이 있기 때문이었다.

이어서 아일랜드 과학자 스티븐 오라힐리Stephen O'Rahilly가 인간에

ob/ob 쥐(왼쪽)는 유전자 때문에 비만이 된다. 배고픔을 억제하는 렙틴이
라는 호르몬을 만들지 못하므로, 음식을 게걸스레 먹어치운다.

게서 중요한 사실을 발견했다. 심하게 비만인 아이들을 살펴보니 비
만 쥐와 비슷하게도 렙틴을 전혀 생산하지 못한 탓에 살이 쪘다. 이
환자들을 렙틴으로 치료하니 몰라보게 살이 빠졌다. 이 환자들은 지
금까지도 정상 체중을 유지하지만, 날마다 렙틴 주사를 맞아야 한다.
그 뒤로 과학자들은 더 흔한 비만을 치료할 방법으로 렙틴을 연구했
다. 뚱뚱한 사람들에게 렙틴 주사를 놓으면 배가 부르다고 느껴 음식
을 그만 먹을까? 하지만 과학과 의학에서는 언제나, 식은 죽 먹기처
럼 보이는 일이 뜻대로 풀리지 않는 상황이 벌어지기 마련이다. (달콤
한 죽이라면 일이 보기보다 특히 더 어렵다.) 뚱뚱한 사람들을 살펴보니
혈액 속에서 순환하는 렙틴의 수치가 오히려 높았다. 왜 그럴까? 지
방세포가 렙틴을 만드는데, 뚱뚱한 사람은 체지방 비율이 높기 때문

이다. 사실 이들은 자기 몸속의 렙틴에 저항한다. 그러므로 렙틴의 수치가 올라가더라도, 렙틴이 배고픔을 제어하지 못하므로 살이 찐다.

렙틴은 분명 우리가 케이크를 먹게 하는 호르몬은 아니다. 하지만 렙틴을 연구하는 과정에서 호르몬들이 얼마나 복잡하게 비만을 조절하는지가 드러났다. 사실 렙틴은 수치가 낮을 때 배가 고프다는 신호를 보내 우리가 음식을 먹도록 유도할 것이다. 그러다 렙틴이 정상 수준으로 만들어지면, '지방을 넉넉히 저장했으니 이제 먹을 것은 그만 찾아'라고 신호를 보낸다. 또 우리 몸이 스스로 만든 렙틴에 반응하지 않아 비만이 생기는지도 모른다. 그래서 현재 2형 당뇨병에서 환자가 몸속 인슐린에 더 예민하게 반응하도록 돕는 약물을 몇 가지 사용하듯이, 여러 연구가 비만인 사람이 몸속 렙틴에 더 예민하게 반응하도록 이끌 방법을 찾고 있다.

그런데 배가 부르다고 느끼는 데 렙틴이 중요한 구실을 하지 않는다면, 도대체 무엇이 그런 역할을 할까? 이 역할은 뇌의 시상하부라는 곳에 있는 배내측핵ventromedial nucleus이라는 영역과 관련한다. 알고 보니 시상하부 배내측핵은 실제로 혈액에서 혈당, 지방, 아미노산(단백질에서 생성된다.)의 수치 상승을 포함한 여러 영양분의 수준을 감지한다. 배내측핵은 특히 아미노산의 수치에 예민하게 반응한다. 혈액 속을 돌아다니는 이 아미노산이 식욕을 조절하여 음식을 덜 먹게 한다. 고단백 식이요법이 살을 빼는 데 도움이 되는 까닭도 이 때문이다.

그런데 여기에는 심리도 한몫을 한다. 어떤 식품의 사진을 보고 또 보면 적어도 잠깐은 그 음식이 당기지 않는다. 그래서 같은 음식을 너무 많이 먹는 바람에 영양 불균형이 일어나지 않도록 막는다. 렙틴을 연구하는 과정에서 식욕을 조절하는 또 다른 호르몬 그렐린을 발견했다. 몸에 지방이 부족하면 렙틴 수치가 낮아지고, 그러면 몸은 그렐린을 분비한다. 그래서 그렐린을 렙틴의 파생 호르몬이라고 말한다.

그렐린은 실제로 우리가 배고픔을 느끼게 한다. 여러 연구가 증명한 바에 따르면, 그렐린을 많이 생성했을 때 실제로 음식을 보면 식욕이 늘어난다. 식품 광고를 보다가 배고픔을 느낀다면, 아마 그렐린이 그 음식을 먹고 싶어 하도록 우리를 부추겼기 때문일 것이다. 또여러 흥미로운 연구에 따르면, 우리는 스트레스를 받을 때도 그렐린을 만든다. 스트레스에 짓눌린 상황에서 배고픔을 크게 느끼는 까닭도 이 때문일지 모른다. 이런 때 식욕을 잃는다면 기운을 내야 하는 긴장 가득한 상황에서 영양부족을 겪을 위험이 생기니 해로울 것이다. 그래서 입맛을 잃은 암 환자나 나이 든 사람에게 그렐린을 사용해 입맛을 당기게 하려는 연구들이 진행 중이다. GLP1은 또 다른, 어쩌면 더 중요할지도 모를 식욕 억제 물질이다. 따라서 연구가 매우 활발하게 일어나고 있다.

최근 무척 흥미로운 한 연구가 FGF21이라는 또 다른 호르몬의 특성을 밝혀냈다. FGF21은 우리가 단 음식을 먹었을 때 생성하는 호르몬으로, 단 음식을 얼마나 많이 먹을지 조절하는 일을 한다. 이 호르몬이 많은 사람은 복도에 있는 자판기를 그냥 쉽게 지나친다. 하지

계속 먹어. FGF21 따위는 무시하고, 더 먹어.

만 FGF21이 부족한 사람은 과자 한 통을 다 먹고 싶은 마음이 굴뚝같이 치솟는다. 여러 연구에 따르면, 아무리 식습관에 신경 쓰더라도 단 음식을 먹고 싶은 욕구를 극복하기가 너무 어려운 사람들이 있고, 그 원인은 FGF21 수치가 낮아서다. 쥐 실험에서는 이 호르몬이 당분 섭취를 줄인다고 이미 밝혀졌지만, 이제는 인간에게서도 사실로 증명되었다.

덴마크에서 6,500명을 대상으로 진행한 한 연구는 FGF21 중 특정 유형을 지닌 사람들이 단 음식을 더 많이 먹을 확률이 20% 높다는 사실을 알아냈다. 이 사람들은 FGF21에 결함이 있는 탓에 케이크와 달콤한 군것질에 쉽게 끌렸다. 간은 혈액 속에 당분이 얼마나 많은지를 감지하여 FGF21을 만든 뒤 내보낸다. 이 FGF21이 뇌로 가 '당분을 그만 먹어'라고 말한다. 그러면 단것을 먹고 싶다는 욕구가 줄어들어 그런 음식에 흥미를 잃는다.

FGF21을 섭취하면 단것을 먹고 싶은 욕구를 억눌러 지방이 덜 쌓일 테니, 이런 연구가 사람들이 살을 빼도록 돕는 데 쓸모 있을지 모른다. 하지만 과학에서는 늘 그렇듯, 생각지 못한 결과가 툭 튀어나온다. 알고 보니 FGF21에 결함이 있는 사람들이 오히려 비만이 적었다. 당분을 더 많이 먹는데도 살이 덜 찐다니, 예상과 다른 놀라운 결과였다. 분명히 비만은 당분을 많이 섭취해서만 생기는 문제가 아니다. 몸을 많이 움직이지 않는 생활 방식도 큰 요인이다. 그러니 FGF21에 다른 역할이 있을 것이다. 예컨대 FGF21이 우리가 몸을 움직여 운동하도록 자극할 수도 있다. 아마 가게로 달려가 단것을 더 사는 운동이겠지만.

연구는 우리가 단 음식을 얼마나 많이 먹을지를 호르몬이 어떻게 조절하는지를 뚜렷이 드러냈다. 그렇다 해도 간단히 호르몬 주사를 놓아 식욕에 영향을 미쳐서 살을 빼게 돕는 일이 쉽게 일어날 것 같지는 않다. 하지만 그런 연구가 활발하게 진행 중이다. 그사이 몇 가지 식이요법이 살을 빼는 데 도움이 된다는 것이 증명되었다. 그런 예로는 저탄수화물 요법(섭취한 단백질 속 아미노산이 포만감을 느끼게 하여 효과를 내는 듯하다), 지중해 식단(올리브기름, 채소, 생선, 딸기류를 많이 먹는다), 구석기 또는 석기시대 요법(가공식품을 전혀 먹지 않는다)이 있다. 이런 식이요법들은 살을 빼거나, 적어도 살이 덜 찌는 데 도움이 된다는 것이 증명되었다. 하지만 가장 간단한 처방은 덜 먹고 더 운동하는 것이다.

FGF21이 당분을 덜 먹게 하는 것은 분명하지만, 강렬한 식욕은 어떻게 이해해야 할까? 누구에게나 식욕이 있다. 게다가 식욕이 불쑥 치솟기도 한다. 느닷없이 소금과 식초로 맛을 낸 감자칩이나 캐러멜 한 봉지가 입에 침이 고이도록 당길 때가 있다. 어떤 사람들은 남들이 손사래를 치는 음식에 입맛이 당기기도 한다. 이런 식욕을 느끼게 하는 것은 무엇일까? 어떤 음식을 좋아하느냐는 아직 어머니의 자궁에 있을 때 어느 정도 형성될 것이다. 예를 들어 당근을 좋아하는 여성은 당근을 좋아하는 아이를 낳을 것이다. 또 포유류치고 달달한 것을 좋아하지 않는 종이 없는 까닭은, 어미의 젖에서 주로 단맛이 나기 때문일 것이다.

또 여러 연구에 따르면 지방과 당분을 많이 먹는 여성이 낳은 아이는 뚱뚱해지기 쉬울뿐더러, 술과 마약 같은 다른 물질에 중독될 위험도 더 높았다. 그러니 당신이 크리스피 크림 도넛이나 잭 다니엘스 위스키를 사랑해 마지않거나 과속하는 습관이 있다면, 어머니 탓을 해도 괜찮다.(하지만 이런 현상을 과학이 그리 탄탄하게 뒷받침하지 않는다는 말도 덧붙여야겠다.) 이런 일을 설명할 만한 기제를 하나 꼽자면, 우리가 음식을 먹을 때 뇌에서 도파민이 치솟아 기쁨을 느낀다는 것이다.

도파민은 보상과 관련한 신경전달물질로, 술과 마약에도 작동한다. 우리가 술과 마약에 사족을 못 쓰는 것도 이 때문인 듯하다. 그래서 이런 물음이 떠오른다. '음식에도 중독될 수 있을까?' 어느 정도는 그렇다. 초콜릿 아이스크림을 먹은 청소년의 뇌를 촬영해보니 흥미로운 사실이 드러났다. 어쩌다 가끔 아이스크림을 먹은 학생들은 뇌가 엄청나게 활발히 움직였다. 하지만 아이스크림을 입에 달고 산 학생들은 뇌에서 발생하는 신호가 훨씬 적었으므로, 이미 아이스크림에 둔감해졌다는 사실을 보였다. 그러므로 다음에는 아이스크림에 내성이 생기기 전과 같은 짜릿함을 느끼고자 아이스크림을 마구 먹어치울 것이다.

여기에서도 심리가 한몫한다. 이유는 알지 못하지만, 둥근 접시에 음식을 담아 먹으면 사각 접시에 담을 때보다 더 달게 느낀다고 한다. 구리 수저를 쓰면 음식에서 쓴맛을 느낀다. 딸기 무스를 하얀 접시에 담으면 10% 더 달게 느끼고, 커피를 파란 유리잔에 담으면 덜 쓰게 느낀다. 빨간색 청량음료는 더 달다고 평가하지만, 노란색 청량음료는 더 시다고 평가한다. 코카콜라는 일반 콜라와 맛이 조금도 다르지 않은 투명 콜라를 '탭 클리어Tab Clear'라는 이름으로 내놓았다가 크나큰 실패를 맛봤다. 맛은 혓바닥에 있는 맛봉오리로 느끼는데 왜 이런 일이 일어나는지는 아직 밝혀지지 않았다.

또 여러 맛이 냄새와 관련한다. 무슨 말인지 쉽게 알고 싶다면 코를 꼭 막고 민트 잎을 한번 먹어보라. 민트에서 아무 맛도 나지 않을 것이다. 그러다 코를 열면 뇌로 민트 맛이 불쑥 밀려든다. 맛봉오리로도 민트 맛을 느끼지만, 후각으로도 느끼기 때문이다. 맛봉오리에는 수용체가 다섯 가지뿐이라 짠맛, 단맛, 쓴맛, 신맛, 감칠맛밖에 느끼지 못한다. 하지만 코에는 수용체가 수도 없이 많아서 다양한 냄새를 맡을 수 있다. 우리는 멜론과 파인애플을 주로 후각으로 맛본다.

후각은 나이가 들수록 떨어진다. 나이 든 사람들이 음식이 맛없다고 투덜대는 데는 이것도 한몫한다. 또 비행기에서는 후각과 미각이 모두 제 기능을 하지 못한다. 후각과 미각은 해발 9,000미터에서 가장 먼저 둔해지는 감각이다. 이런 사실이 우리가 모두 사랑해 마지않는 멋진 기내식과 합쳐지면 재앙을 부르는 길이 된다. 사방이 꽉 막힌 비행기 안에서는 짠맛과 단맛을 느끼는 능력이 30% 떨어진다. 게다가 낮은 습도, 낮은 압력, 주변 소음까지 더해지면 한층 심해진다. 그래서 항공사는 기내식의 맛을 내고자 소금과 양념을 더 많이 쓴다. 과일 맛이 나는 와인은 높은 곳에서도 맛을 어느 정도 유지하지만, 샴페인은 신맛이 훨씬 강해지므로 정말이지 견디기 어렵다.

그렇다면 음식의 미래는 어떠할까? 전염병처럼 빠르게 느는 비만에는 식습관 변화와 운동이 답이다. 하지만 우리가 설탕, 소금, 지방을 좋아하는 욕구를 타고났고 호르몬은 우리 머리 꼭대기에 있으므로, 둘 다 쉽지 않은 일이다. 아마 음식의 미래는 합성 식품일 것이다. 합성 식품은 연구가 매우 활발하게 일어나는 분야다. 고기 생산을 줄이려는 데는 지구를 살리려는 목적도 있다. 고기 생산은 온실가스를 어마어마하게 내뿜는다. 아일랜드에서 배출하는 온실가스 중 3분의 1이 가축이 내뿜는 메탄가스에서 나온다. 온실가스 중에서도 메탄가스는 이산화탄소보다 여덟 배나 해롭다.

고기를 합성할 수 있다면, 구성 요소를 바꿔 더 건강하고 영양가 높은 고기를 만들 수 있다. 2013년에 처음으로 인조고기 버거가 세상에 나왔다. 만드는 데 5년이 걸린 이 인조고기는 살아 있는 소에서 채취한 줄기세포를 배양액에서 배양해 근육 조직으로 키운 다음 살코기 가닥으로 뽑아냈다. 버거 하나를 만드는 데 배양 세포 수백억 개가 들어갔을뿐더러, 맛과 질감을 더하고자 달걀가루, 비트즙, 빵가루, 소금, 사프란을 넣었다. 비용은 33만 달러였으므로, 머지않아 가까운 가게에서 팔 일은 없을 듯하다.

그래도 몇몇 회사가 인조 식품 탐구에 나섰다. 눈에 띄는 회사 한 곳이 빌 게이츠Bill Gates와 래리 페이지Larry Page가 투자한 '임파서블 푸드Impossible Foods'다. 실리콘밸리의 여느 신생 기업처럼, 이 회사도 '중개자 제거disintermediation'라는 요소를 판다. 아마존이 서점을 없앴듯이, 임파서블 푸드는 소라는 매개체를 없애려 한다. 게이츠는 개발도

2013년에 소에서 채취해 배양한 세포 수십억 개에 달걀가루와 비트즙, 여러 양념을 더해, 처음으로 완전한 인조고기 버거를 만들었다. 비용은 33만 달러였다.

상국에서 갈수록 늘어나는 중산층에 영감을 받아 이 회사에 투자했다. 부유해지면 고기를 먹고 싶기 마련이기 때문이다. 이 회사는 미국에 있는 음식점 몇 곳에서 자신들이 만든 버거를 팔았고, 기대할 만한 결과를 얻었다고 주장한다. 이들은 사람들이 지갑을 열 만한 가격이라는 난제를 어떻게 넘어섰을까?

임파서블 푸드를 세운 생화학자 패트릭 브라운Patrick Brown은 고기의 핵심 요소가 헴haem이라는 물질이라는 것을 알았다. 헴은 고기의 붉은빛을 내고 단백질도 함유한다. 브라운은 토끼풀에서 비슷한 단백질을 마련할 수 있다는 사실을 깨닫고서 집 근처 언덕에서 토끼풀을 뜯어 단백질을 추출했다. 그리고 밀에서 얻은 식이섬유와 감자, 동물성기름을 대체할 코코넛 기름, 젤라틴을 대체할 곤약과 섞었다. 이렇게 만든 버거는 일반 버거보다 살이 꽤 덜 찌고 콜레스테롤도 많이 낮아서, 비만을 낮출 수 있다. 브라운은 이제 직원 140명을 고용해 인조 버거를 생산하고 있다. 실제로 브라운은 토끼풀을 먹는 소에서 시작하던 고기 공급 사슬에서 소를 없앴다. 그리고 이제 토끼풀에서 바로 '고기'를 만든다.

물론 핵심은 맛이다. 인조 버거도 일반 버거와 똑같이 먹는 즐거움과 도파민 분출을 일으켜야 한다. 임파서블 푸드는 버거를 요리할 때와 먹었을 때 사람들의 눈과 코와 입을 짜릿하게 사로잡을 방법에 공을 들이고 있다. 이런 맛을 내는 화학물질을 밝히고자 숯불에 노릇노릇 구운 고기의 추출물을 질량분석기(어떤 화학 물질이 들어 있는지 아주 세밀하게 밝히는 기계다.)에 넣었다. 또 사람들에게 지글지글 소리가 나는 고기 냄새를 맡게 한 뒤 어떤 냄새가 나는지 적도록 했다. '버터 맛이 난다', '탄내가 난다'부터 '구린내가 난다', '기저귀 냄새가 난다'처럼 특이한 설명이 나왔다. 임파서블 푸드는 노력 끝에 이런 맛 중 일부를 자사 버거에 구현했다. 돼지고기와 닭고기 맛도 열심히 개발하고 있지만, 주요 목표는 소고기 맛 버거다. 소고기가 햄버거용으로 어마어마하게 많이 소비되기 때문이다. 맥도널드가 한 해에 파는 소고기만 해도 무려 50만 톤이다. 이 가운데 얼마를 인조고기로 대체한다면, 그리고 포도당 시럽이 훨씬 덜 들어간 청량음료를 판다면, 비만 수준에 큰 영향을 미칠 것이다.

물론 인조 식품이 새로운 먹거리는 아니다. 이를테면 오래전부터 판 가공 치즈에는 기름, 유화제, 첨가제가 들어가지만, 치즈는 아예 조금도 들어가지 않을 때가 많다. 마찬가지로 버터가 들어가지 않은 버터 대체 식품도 흔하고, 오렌지즙이 아니라 여러 과일 농축액에 향미료를 더한 오렌지 주스도 흔하다. 이런 식품들은 뇌에서 자연식품과 똑같은 경로를 자극하지만, 영양 면에서는 몸에 그리 이롭지 않다. 그래도 합성 착향료 주스가 FGF21을 생성하도록 자극하면, 다행히 FGF21이 제 할 일을 다해 주스를 너무 많이 마시지 않도록 막는다.

인조 식품의 전망이 밝은 데다 식품이 혁신과 함께 새로운 시장을 열어줄 주요 사업으로 떠오르면서, 식품 사기도 걱정거리로 떠올랐다. 우리가 먹는 식품이 제품에 표시된 성분과 다르지 않다는 것을 어떻게 알 수 있을까? 국제 식품 산업은 위조 식품 때문에 해마다 490억 달러(한화 약 58조 7,500억 원)에 이르는 비용을 치른다고 한다. 위조 식품이 가장 많은 품목은 식용 기름, 우유, 꿀이다. 2013년에 유럽은 소고기를 썼다고 광고한 식품에 말고기가 섞인 사실이 드러난 말고기 파동을 겪었다. 그리고 이 일로, 식품 공급 경로를 추적하는 데 큰 구멍이 뚫렸다는 사실이 드러났다. 영국에서 소고기 버거 스물일곱 개를 확인했더니 무려 37%에서 말 DNA가 검출되었고, 85%에서 돼지 DNA가 검출되었다. 아이덴티젠Identigen이라는 아일랜드 회사는 DNA 검사를 이용해 소고기의 원산지를 검증하는 방법을 이끄는 선두 기업이다. 이 회사를 포함한 여러 기업의 노력 덕분에, 적어도 육류 산업에서는 식품 사기가 그리 흔하지 않은 듯하다.

그래도 말고기 파동은 2013년에 아주 재미있는 농담을 하나 보탰다. '햄버거(HAMBURGERS)의 철자 순서를 바꾸면 무슨 말이 나올까? SHERGAR BUM, 셔거*의 엉덩이.' 음식 문제에서는 유명한 과학 저술가 알렉스 러빈Alex Levine의 말을 기억하는 것이 좋다. "한 잔에 술, 카페인, 설탕, 지방, 이 네 가지 기본 식품을 모두 담는 것은 아이리시 커피뿐이다." 그러므로 아일랜드는 뛰어난 먹거리와 마실 거리를 제공한다는 기쁨을 누려도 된다. 전염병처럼 빠르게 퍼지는 비만을 없앨 수만 있다면, 우리 아일랜드는 식품 산업과 영양 문제에서 유럽의 상징이 될 것이다.

---

* 1980년대에 이름을 날린 아일랜드 출신 경주마다.

12장

언젠가는 초능력자가 될 수 있을까?
: 초인간의 과학

SUPERHUMANS
REAL AND IMAGINED

만화책과 할리우드는 유전공학으로 능력이 향
상된 인간을 다룬 이야기, 특히 변종 인간들이 통제를 벗어난 암울
한 미래를 그리는 이야기를 다뤄 늘 크나큰 재미를 봤다. 미래를 예
측하려는 시도가 얼마나 말도 안 되게 빗나갔는지를 보여주는 예는
1982년에 제작된 영화 〈블레이드 러너Blade Runner〉다. 2019년 암흑
에 빠진 로스앤젤레스를 배경으로 삼은 이 영화에서 인간은 복제 인
간을 만들어 지구 바깥의 식민지에서 일하게 한다. 그러다 일부 복
제 인간이 식민지를 탈출해 지구로 돌아오고, 해리슨 포드Harrison Ford
가 탈출한 복제 인간을 추적해 잡는 특수 경찰, 블레이드 러너로 출
연한다. 그러므로 영화는 최첨단 기술을 다루지만, 한 가지는 예외
다. 전화를 걸어야 하는 한 장면에서 포드가 어떻게 했을 것 같은가?
공중전화를 이용한다. 과학이 그토록 엄청나게 발전했는데 아직 휴
대폰이 없다니, 미래를 예측하는 것이 얼마나 위험천만한 일인지를
고스란히 보여준다.

하지만 최근 유전공학, 특히 크리스퍼라는 기술의 발전으로 인간
의 유전자를 바꾸는 미래가 다가올 가능성이 한층 더 커졌다. 그렇

다면 앞으로 결함이 있는 유전자를 수정해 질병에 맞설 수 있을까? 뛰어난 질병 저항력을 타고난 사람들을 활용할 수는 없을까? 그런 사람들의 정보를 이용해 모든 사람이 질병에 강해질 수 있을까? 어떤 사람을 스파이더맨이나 아일랜드 신화 속 영웅 핀 막 쿠월Fionn MacCumhaill로 만들 수 있을까? 근력이나 시력, 청력이 강한 인간을 만들 수 있을까?

초인간을 만들려는 노력에는 사실 엄청나게 발전한 기술이 필요하지 않다. 인간은 그 옛날 아프리카 초원에서 남녀가 만났을 때부터 지금까지 쭉 초인간을 만들고자 애썼다. 3장에서 봤듯이 여성은 지능 또는 계속 옆에 머물며 아이를 키울 만한 성향 같은 특정 형질을 바탕으로 짝을 고른다. 또 남성은 빛나는 머리칼이나 지방 축적을 알리는 굴곡진 몸매처럼 생식 능력을 드러내는 신호를 바탕으로 짝을 고른다. 또 남녀 모두 대칭인 얼굴을 좋아한다. 대칭인 얼굴이 정상적인 발달과 뛰어난 유전자를 드러내기 때문이다.

하지만 미래에는 부모가 정자와 난자를 검사해 자기 아이가 가질 형질을 고를지도 모른다. 23앤드미23andMe라는 회사는 최근에 '가족 형질 유전 계산기Family Traits Inheritance Calculator'(미국 특허 번호 8543339)라는 특허를 받았다. 유전자 기술과 컴퓨터 기술을 활용한 이 방법을 이용하면, 불임을 겪는 예비 부모가 정자나 난자 기증자를 고를 수 있다. 그렇게 태어난 아이는 기증자의 유전자 특성에 따라 특정 형질을 지닐 확률이 높다. 정자은행은 벌써 정자 기증자의 사회 경제적 지위부터 형제자매와 조카의 수 같은 가계 정보, 지능 등 여러 특성을 포함한 정보를 다양하게 제공한다.

크게 성공한 남성, 이를테면 노벨상 수상자의 정자에는 엄청난 추가 금액이 붙는다. 실제로 이들은 꾸준히 정자 기증을 요청받는다. 아마도 한 수상자는 이렇게 대꾸했을 것이다. "당신네가 얻고 싶어 하는 정자는 내 것이 아닙니다. 내 아버지 것이지요. 그분이 나를 낳았으니까요. 아버지는 뉴욕에서 택시를 몰았습니다." 미국의 한 체외 수정 병원은 XX 정자를 쓰느냐 XY 정자를 쓰느냐로 아이의 성별을 선택하는 데 2,500달러를 청구한다. 그런데 23앤드미의 유전자 검사에서는 기증자의 정자나 난자가 기증받는 사람의 유전자와 결합했을 때 유전자가 큰 역할을 하는 선택 형질을 지닌 아이가 태어날 확률이 높은, 이른바 '선호하는 기증자'를 고를 수 있다. 또 유전 성향이 강한 낭성 섬유증이나 헌팅턴병도 예측할 수 있다. 게다가 수정 전에 정자나 난자를 선택하므로, 도덕성을 걱정하지 않아도 된다. (뭐, 모든 정자가 신성하다고 생각한다면야 어쩔 수 없지만.)

그런데 23앤드미의 특허는 건강과 관련한 형질을 넘어서 키, 몸무게, 눈동자 색깔, 유머와 따뜻한 마음씨 같은 성격 특성, 지구력 경기에 뛰어나게 해 줄 근력 같은 형질까지 아우른다. 하지만 이런 형질의 정확한 유전 근거가 완전히 밝혀지지 않았고, 환경도 유전 형질만큼이나 큰 영향을 미치거나 적어도 유전 형질과 함께 작용하므로, 이런 형질을 선택할 수 있다고 완벽하게 보장하기는 어렵다.

게다가 과학이 아직 그 수준에 이르지 못했다. 현재 23앤드미는 이런 서비스를 제공하지 않는다. 하지만 특허를 받았다는 사실은 23앤드미나 다른 회사가 앞으로 그런 사업을 추진할 계획이 있다는 뜻이다. 두둑한 이익을 챙길 수 있다면 유전자 관련 회사들이 틀림없이 이런 사업에 뛰어들 것이다. 시장 조사에 따르면 어느 부모가 이렇게 말했다고 한다. "아이를 프린스턴 내학교에 보내는 데 10만 달러를 쓴다면, 인생에 성공할 가능성을 미리 유전자로 높이는 데는 2만 달러를 쓰겠다." 물론 이런 욕망은 부자가 돈으로 아이들에게 가장 좋은 형질을 물려줄 수 있는《멋진 신세계》로 우리를 한층 가까이 이끈다.

23앤드미는 현재 우리 DNA에 담긴 다양한 정보를 알려준다. 여기에는 무려 200가지에 이르는 질병 발생 가능성도 포함한다. 내 DNA를 검사해보니, 피가 응고하지 않도록 막는 약물인 와파린에 매우 예민했다. 겨울철에 식중독을 일으키는 노로 바이러스에도 예민하고, 늙어서 눈이 멀 위험도 크다. 또 알고 보니 배우 수잔 서랜던 Susan Sarandon과 머나먼 혈연관계였다. 내 유전자 정보로 보건대, 내가 '혈전증을 앓고 식중독에 걸린 멍청한 시각장애인' 역할로 수전과 함께 영화를 찍을 가능성은 희박하다.

어느 유전자 변이가 어떤 형질을 일으키는지를 안다면, 원하는 형질을 난자나 정자, 수정란에 집어넣어 맞춤형 아기를 만드는 데 얼마나 가까이 다가간 것일까? 마음에 쏙 드는 아이를 만드는 데 얼마나 가까이 왔을까? 크리스퍼라는 기술을 발견한 뒤로 우리는 어느 때보다 그런 상황에 가까이 와 있다. 크리스퍼 기술 덕분에 수동 거품기를 이용하다 전동 거품기를 이용하는 것만큼 유전공학을 구현하기가 꽤 쉬워졌기 때문이다. 어찌나 쉬운지 부엌에서도 유전자 편집을 할

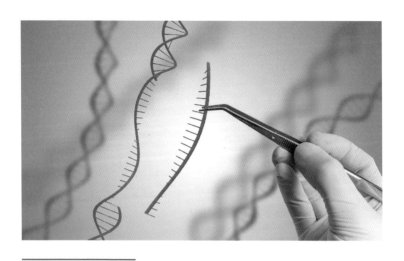

크리스퍼라는 기술 덕분에 유전공학을 구현하기가 훨씬 쉬워졌다.

수 있을지 모른다. 이 기술은 자신을 방어하고자 캐스9 Cas9 이라는 효소를 이용해 바이러스의 유전자를 잘라낼 줄 아는 세균에서 처음 발견되었다. 똑같은 방법을 어떤 세포에든 적용할 수 있지만, 무엇보다도 유전자를 제거하거나, 망가진 유전자를 수정된 유전자로 바꿀 수 있다. 최근에는 인간의 배아에서도 유전자를 편집해 심장병과 관련한 유전자를 수정했다. 이 배아를 사람의 몸에 착상하지는 않았지만, 마음만 먹는다면 못할 일도 아니었다.

개, 염소, 원숭이에서도 유전자를 변형했지만, 돼지야말로 가장 눈길을 사로잡는다. 이미 일반 돼지보다 여섯 배나 가벼운 마이크로 돼지를 만들어 반려동물로 팔고 있다. 또 살집이 커서 고기가 더 많이 나오는 돼지도 만들었고, 인간에게 이식할 수 있는 장기를 만들고자

말라리아 같은 질병을 퍼뜨리지 못하도록 크리스퍼로 유전자를 편집한 모기를 실험하고 있다. 이 모기들을 야생에 내보내면 한 해 안에 말라리아를 뿌리 뽑을 것으로 예상된다.

인간이 거부반응을 일으키는 돼지 DNA 62개를 편집한 돼지도 만들었다. 장기이식을 받아야 하는 많은 환자가 기증자를 기다리고 있으니, 박수를 보내 마땅한 목적이다. 환자에게 조건이 맞아떨어지는 돼지 신장을 이식할 수 있다면, 더 많은 사람이 이식수술을 받을 수 있을 것이다. 그리 중요하지는 않지만, 캐시미어를 더 많이 생산하고자 털이 긴 캐시미어 염소도 만들었다. 매우 흥미로운 발전도 있다. 과학자들은 말라리아를 없애고자 유전자를 편집해 불임 모기를 만들었다. 이 모기들을 야생에 내보내면 다른 모기들과 경쟁한 끝에 개체군에서 다수를 차지하여, 마침내 모기들이 퍼뜨리는 말라리아를 없앨지도 모른다.

하지만 크리스퍼 기술을 인간에 적용할 때 불거지는 윤리 문제는 뜨거운 논란거리다. 그래서 많은 나라가 인간 유전자에 크리스퍼 적

용을 금지한다. 국제 지침은 인간의 유전자를 크리스퍼로 편집해서
는 안 된다고 규정한다. 이런 일은 한번 시작하면 멈출 리가 없으니,
인간의 여러 형질을 사뭇 다르게 바꿔놓을 터이기 때문이다. 그동안
지구 생명체는 가장 적합한 종이 살아남는 자연선택을 따랐다. 하지
만 이제 우리 인간은 지구 역사상 처음으로 자신이 직접 개입해 꽤
쉽게 유전형질을 조작할 줄 아는 종이 되었다.

이런 기술이 어떤 결말을 낳을지는 아무도 모른다. 어떤 사람들은
우생학이 출현할까 봐 이런 기술을 크게 두려워한다. 전에는 유전자
향상을 논의한들 대게 이론으로나 가능한 일로만 봤지만, 이제는 크
리스퍼를 판도를 바꿀 기술로 본다. 이전 기술보다 더 융통성 있고
정확하고 싸고 쉽기 때문이다. 최근에는 중국 과학자들이 크리스퍼
를 인간 배아에 적용하는 데 성공했다. 물론 중국의 윤리 지침에 따
라, 이 배아는 폐기되었다. 뒤이어 영국이 인간 배아의 유전자를 초
기 발생 단계에서 편집했다. 지금까지는 덴마크와 독일만이 인간 배
아에 크리스퍼를 적용하는 것을 금지하고 있다.

하지만 선천성 장애를 일으키는 유전자를 수정하도록 크리스버 기
술을 허용하라는 입법 압력이 강하다. 해마다 그런 장애를 안고 태어
나는 아이가 어림잡아 무려 790만 명이다. 어쩌면 크리스퍼가 그런
고통을 모두 막을 수 있을지도 모른다. 최근에 크리스퍼로 인간 배아
의 유전자를 편집하는 데 성공한 일은, 철저히 규제는 따르겠지만 끝
내는 이 기술을 허용하리라는 상황을 뜻한다.

그렇다면 우리는 어떤 유전자를 변형하려 할까? 어쩌면 질병에 끄

떡없는 초인간을 만들 수 있을지도 모른다. 그러려면 망가진 유전자를 수정하거나 없애는 과정이 있어야 한다. 이를 보여주는 좋은 예는 CFTR이라는 단백질을 만드는 유전자에 결함이 있는 낭성 섬유증cystic fibrosis이다. CFTR단백실은 염소의 이동 통로로, 폐를 비롯한 내부 장기의 염도를 일정하게 유지하는 일을 한다. 하지만 낭성 섬유증을 앓는 사람들에서는 이 단백질이 제대로 작동하지 못한다. CFTR단백질과 결합해 이 단백질이 원활히 활동하도록 돕는 약물도 있다. 가장 널리 알려진 약은 미국 제약사 버텍스Vertex의 아이바캐프터Ivacaftor로, 낭성 섬유증을 앓는 사람들에게 큰 효험을 보였다. 하지만 크리스퍼를 이용해 배아의 유전자를 수정할 수 있다면, 문제를 뿌리부터 영원히 해결할 수 있을 것이다. 많은 유전자 관련 질병이 인류를 괴롭히니 누구나 관심을 쏟을 만한 문제다.

　한 흥미로운 연구는 다른 접근법을 썼다. 대체로 의사는 아픈 사람을 연구해 질병의 원인을 알아낸 다음, 환자를 치료한다. 그런데 최근에는 아파야 마땅한데도 아프지 않은 사람들을 연구한다. 어떤 사람들은 꾸준히 에이즈 병균에 노출되는데도 에이즈에 걸리지 않는다. 도대체 왜 그럴까? 게다가 알다시피, 평생 줄담배를 피우고도 폐암으로 죽기는커녕 장수하는 사람들도 있다. 이들이야말로 주의 깊게 살펴봐야 할 흥미로운 집단이다. 최근 한 연구가 유전자 돌연변이 때문에 이미 죽었어야 하는데도 멀쩡히 살아 있는 사람 13명을 찾아냈다. 이들은 자신의 생물학적 조건에 맞서 살아남았다. 하지만 도대체 어떻게 그런 일이 생겼을까?

이 연구는 거의 60만 명에 가까운 사람을 조사했다. 이 가운데 한 사람은 낭성 섬유증을 앓아야 마땅한데도 그렇지 않았다. 또 다른 사람은 두개골 성장에 영향을 미치는 파이퍼^{Pfeiffer} 증후군을 앓아야 하는데도 그렇지 않았다. 틀림없이 다른 유전자 변화가 이들을 보호한 덕분에 이런 질병이 발현하지 않았다. 과학자들은 현재 그 변화가 무엇인지 알아내려 애쓰고 있다. 어찌 보면 이 연구 대상자들은 이런 질병을 앓지 않게 막는 약물을 스스로 만드는 셈이다. 그런 작용을 하는 유전자 변이가 유전자를 조작해 병을 막을 것이다. 이런 사람들, 특히 유전자로 보건대 더 흔한 질병을 앓아야 하는데도 그렇지 않은 사람들을 더 많이 찾아내려는 더 큰 연구가 '회복력^{Resilience}'이라는 이름으로 진행 중이다. 질병 발생을 막는 원인을 찾는 데 이렇게 회복력이 빠른 사람들이 꽤 도움이 될 것이다.

또 다른 연구에서는 에이즈 병균에 심하게 노출되었는데도 한 번도 발병하지 않은 사람을 찾아냈다. 이들의 유전자 특성을 연구해보니, 몇몇 사람의 CCR5라는 단백질 유전자에 돌연변이가 있었다. CCR5단백질은 면역 기능을 하는 T림프구의 표면에 존재한다. 에이즈를 일으키는 사람 면역결핍 바이러스^{human immunodeficiency virus(HIV)}에 감염되면 T림프구가 면역 기능을 하지 못한다. HIV가 T림프구를 공격해 그 안으로 들어가 숙주로 삼기 때문이다. 그런데 HIV에 노출되고서도 에이즈에 걸리지 않는 사람들에서는 HIV가 T림프구 안으로 들어가지 못했다. 이런 변이는 마치 문의 자물쇠를 바꾸는 것과 같다. 즉 예전 열쇠가 더는 맞지 않아서 병균이 침입하지 못한다.

머래비록의 화학 구조식. 에이즈를 막는 치료제로, 사람 면역 결핍 바이러스에 저항력을 타고난 사람들을 연구하다가 개발되었다.

이 연구 결과, 머래비록Maraviroc이라는 치료제가 개발되었다. 머래비록은 CCR5에 결합해 HIV가 침입하지 못하도록 막는 약물로, 효과가 어느 정도 증명되었다. 이렇게 HIV에 저항력이 있는 CCR5 변이가 일어나도록 유전자를 조작한다면 HIV 감염은 지난 일이 될 것이다. 우리는 누구나 조상들이 감염에 맞서 살아남고자 여러 세대에 걸쳐 구축한 면역 체계를 물려받았다.

인간의 유전자 중 면역 체계 유전자야말로 감염성 세균, 바이러스, 다양한 균과 끊임없이 싸우느라 가장 빠르게 진화하는 유전자다. 그러므로 만약 그 옛날 에이즈가 많은 사람을 꾸준히 죽였다면, CCR5 돌연변이가 있는 사람만이 살아남았을 것이다.

담배는 또 어떤가? 줄담배를 피우는데도 지긋하게 나이 들 때까지 사는 사람들을 꼼꼼히 연구해보니, 이들을 보호하는 것으로 보이는 유전자가 있었다. 이 유전자들은 DNA 손상을 복구하는 일과 관련한다. 담배는 유전자를 망가뜨려 암을 재촉할 돌연변이를 일으킨다. 하지만 담배에 저항성이 있는 사람들은 그런 손상이 복구되어 암이 발생하지 못하도록 막았다. 이런 사람들에게는 담배 탓에 DNA 암호에 일어난 오류를 바로잡을 교정기가 있는 셈이다. 이 고성능 교정기가 온갖 환경 독소와 오염이 DNA를 손상하지 못하게 막을 것이고, 인간에게 이 유전자를 주입한다면 환경 때문에 생기는 암을 완전히 막을 수 있을 것이다. 담배를 피우는 사람 절반이 죽음을 맞으니, 담배가 일으키는 손상을 막을 법을 알아낸다면 더할 나위 없이 유용할 것이다.

영국 흡연자 중 가장 오래 산 사람은 102살에 죽은 위니 랭리Winnie Langley다. 의사들이 어림잡아보니 이 노인이 평생 피운 담배가 무려 17만 개비였다. 위니는 1차 세계대전이 일어난 이듬해부터 담배를 피웠다. 그런데도 남편은 물론이고 아들보다 더 오래 살았다. 원래는 하루 다섯 개비씩 피웠지만, 죽기 한 해 전에 '신용 경색'을 이유로 하루 한 개비로 줄였다. 그러니 어쩌면 위니가 이 일로 죽음을 맞았을지도 모른다. 위니의 유전 특성을 샅샅이 살펴본다면 틀림없이 흥미로울 것이다.

과학자들은 운동 능력도 광범위하게 연구했다. 그리고 이제 근육을 더 강인하게 만들 방법을 찾고 있다. 이런 연구는 노인들의 근육을 강화하거나 뒤셴 근육퇴행위축Duchenne muscular dystrophy(DMD) 같은 근육 감소 질환을 치료할 새로운 방법을 찾아내는 데 도움이 될 것이다. 유전 특성은 이런 질환에도 작용한다. 예컨대 DMD의 원인 중 하나가 디스트로핀이라는 근육 단백질을 만드는 유전자에 돌연변이가 생겨서다. 그런데 유전자를 편집할 수 있을 때, 우리는 정말로 달리기 실력이나 지구력이 엄청난 초인간을 만들고 싶어 할까?

동아프리카 출신 운동선수들은 장거리 달리기 실력이 남다르기로 명성이 높다. 왜 그럴까? 유전 특성이 원인이라는 추측이 자주 나온다. 사람이 많지 않은 자그마한 지역 사회에서 올림픽 메달을 딴 선수가 인구 대비 무척 많이 나오기 때문이다. 동아프리카인 특유의 몸매, 이를테면 길고 가는 다리가 이런 성공에 한몫했으리라는 증거가 어느 정도 있지만, 이들의 성과를 설명할 뚜렷한 유전형질은 아직 발견하지 못했다. 한 가지 고개를 끄덕일 만한 원인은 이들이 어릴 적에 많이 달린다는 것이다. 한 연구에 따르면 이렇게 성공한 운동선수들은 5~20킬로미터 떨어진 학교에 다녔고, 날마다 왕복으로 이 길을 달렸다. 그 덕분에 체력과 지구력이 쌓였을지도 모른다. 동아프리카는 고지대이므로 이곳에서 훈련한 덕도 보았을 것이다. 하지만 가장 큰 동기는 경제적으로 성공하고 싶다는 욕구다. 이 욕구가 이들을 계속 이끈다. 한편, 달리기 실력이 근육에서 단백질을 생성하는 ACTN3이라는 유전자와 관련한다는 증거가 있다. 변이가 없는

ACTN3유전자는 단거리달리기 능력과 관련하고, 돌연변이가 있는 유전자는 지구력과 관련한다. 뛰어난 운동선수를 살펴보면 틀림없이 유전적 근거가 큰 몫을 한다고 드러날 것이다.

도핑 검사 항목에 있는 호르몬 중 하나가 에리트로포이에틴erythropoietin(EPO)이다. 이 호르몬은 골수를 자극해 적혈구를 만드는 역할을 한다. 적혈구는 몸 곳곳으로 산소를 나르는 세포다. 따라서 EPO를 주사하면 적혈구를 더 많이 만들어 근육에 산소를 더 많이 공급하므로, 연료를 더 많이 태워 힘과 체력이 늘어난다. EPO의 유일한 문제는 적혈구가 너무 많아지면 혈액이 끈적끈적해져 혈압이 높아지고, 따라서 심장병이 생길 위험이 커진다는 것이다.

그런데 타고나기를 남들보다 EPO를 더 많이 만들어서 단단한 근육을 자랑하는 사람들이 있다. 근육량을 늘리는 단백질도 발견되었다. NCOR1이라는 단백질을 쥐에게 주입하면 쥐의 근육이 여느 쥐보다 3배나 강해졌다. 정말로 슈퍼 쥐가 된 것이다. 그러므로 사람들은 운동선수들이 유전자 도핑을 이용하지 않을까 의심한다. 운동선수들이 신체 조직에 유전자를 주입해 단백질을 만들게 하면 도핑을 했다는 증거가 전혀 남지 않는다. 하지만 이런 방법의 후유증은 아직 하나도 알려지지 않았다.

슈퍼 쥐를 만들 수 있다는 현실을 보고서, 과학자들은 슈퍼 영웅을 실제로 만들 수도 있지 않을까, 즐거운 상상을 해봤다. 세상에는 엄청난 강인함을 자랑한 영웅의 전설이 많다. 아일랜드 영웅 핀 막 쿠월은 섬만 한 바위를 집어 던질 수 있었다. 미국에서는 만화책과 할

괴물 히드라와 싸우는 그리스 신화 최고의 영웅 헤라클레스를 묘사한 그림.

리우드가 인간이 초능력을 얻을 길을 알려준다. 영화에서 봤듯이, 어느 과학자가 어느 날 밤늦게까지 실험실에서 일하다가(보나마나 괴물 잔치가 벌어질 예정이다) 운 나쁘게도 작은 사고가 일어나고, 여기에 어떤 과학 현상까지 더해진다. 예컨대 방사능이나 독성 화학물질에 노출되거나, 파리 한 마리가 들어 있는 실험 장치 안에서 높은 에너지를 쬔다. 그리고 짜잔! 헐크나 스파이더맨이 나타난다.

주목할 만하게도, 슈퍼 영웅은 원래 과학자일 때가 많다. 헐크가 되는 브루스 배너가 좋은 예다. 대개 이들은 다부지게 생긴 미남이라 사실일 리가 없다는 생각이 곧장 머리를 스친다. 누구나 알다시피 과학자란 두꺼운 안경에 뻐드렁니가 난 미숙한 겁쟁이인 데다, 온종일 실험실에 처박혀 어마어마한 지능이 필요한 엄청나게 지루한 일을 하는, 사회성이라고는 손톱만큼도 찾아보기 힘든 사람들이기 때문이다. 그렇다면 정말로 과학자를 슈퍼 영웅으로 만들 가능성이 조금이라도 있을까? (물론 과학자는 이미 슈퍼 영웅이지만.)

슈퍼맨과 같은 힘을 지닌 사람을 만드는 일은 불가능해 보인다. 무거운 물체를 번쩍 들어 올리는 슈퍼맨의 능력은 고향인 크립톤 행성보다 지구의 중력이 훨씬 적은 데서 비롯한다. 하늘을 나는 능력은 오로지 의지력에서 비롯했으니, 안타깝게도 우리는 절대 이런 능력을 얻을 수 없다.

스파이더맨에서는 과학적 근거가 조금 더 탄탄하다. 피터 파커는 방사능에 노출된 거미에 물리는 바람에 유전자가 바뀐다. 아마 방사능이 거미의 DNA를 바꿨고, 이어서 피터의 몸에 들어간 거미 독이 피터의 유전자를 바꿨을 것이다. 그러고 보니 스파이더맨 작가가 크리스퍼 기술이 나올 줄을 미리 알았나 보다! 스파이더맨은 끈끈한 손으로 무엇이든 잡고, 벽을 걷고, 천정을 가로지를 수 있다. 곤충들도 발바닥에 난 특수한 털 덕분에 물체를 단단히 붙잡을 수 있다. 도마뱀붙이도 거의 모든 물체의 표면을 걸을 수 있다. 이런 능력은 발가락 바닥에 있는 수없이 많은 가는 털 같은 구조물에서 비롯한다. 이 섬모는 도마뱀붙이가 걷는 물체의 표면을 실제로 파고들어 흡인력을 얻어서 접착력을 유지한다.

그렇다면 스파이더맨이 만드는 거미줄은 어떨까? 거미줄은 케라틴이라는 단백질이 풍부한 비단으로 만들어진다. 워낙 강해서 범인에게 쏘면 범인을 붙잡아 매달아놓을 수 있을 정도다. 과학자들은 현재 가방을 포함한 여러 물건을 더 강하게 만들고자, 거미줄 비단에서 배울 것이 없는지 연구하고 있다.

또 스파이더맨 특유의 촉은 어떤가? 거미에게는 강모라고도 부르는 센털이 있다. 이 털은 거미의 신경계와 바로 연결되어 기압과 온도 변화를 곧장 알아챈다. 아마 스파이더맨에게도 이런 능력이 있어서 예리한 청력처럼 공기에서 미묘한 압력 변화를 알아챌 것이다. 그러니 혹시 아는가? 우리가 원하기만 한다면 스파이더맨을 만들 수 있을지.

헐크도 실제 과학에 어느 정도 기댄다. 최근 판에서는 브루스 배너의 아버지가 DNA에 함부로 손을 댔다가 자신의 DNA를 바꿨고, 그 DNA가 브루스에게 유전한다. (이 작가도 크리스퍼 기술이 나올 줄을 알았을까?) 그리고 브루스가 고에너지 방사능인 감마선에 노출된다. 그래서 변화가 한층 더 일어난다. 이 때문에 근육량이 늘었을 것이다. 특히 NCOR1 관련 유전자가 변형되었다면 말이다. 하지만 근육량을 하루아침에 그렇게 많이 늘리는 일은 너무 나간 이야기다. 실제로 그런 변화가 일어나려면 몇 년이 걸린다.

그러므로 이른 시일 안에 인간을 슈퍼 영웅으로 바꾸는 일은 안타깝게도 일어날 것 같지 않다. 그래도 크리스퍼 기술이, 또는 크리스퍼를 뒤이은 훨씬 뛰어난 기술이 정확히 어떤 결과를 낳을지 상상해 보면 무척 흥미롭다. 아마 어떤 부모는 체외수정에 앞서 DNA 검사를 바탕으로 자녀의 형질을 고를 것이다. 태아의 DNA 검사가 허용될지도 모른다. 만약 이때 장애를 발견한다면 어떤 일이 벌어질까? 경이로운 크리스퍼 기술을 태아에 적용하여 태아를 치료할 것이다. 지능, 아름다움, 음악 재능, 공감 능력 같은 특성은 복잡하기 짝이 없어서, 이런 특성에 우리가 변경할 수 있는 유전 요소가 있다고 드러날지가 확실하지 않다. 게다가 사실 이런 특성은 사람마다 크게 다르지 않다. 그래도 한 가지는 분명하다. 사람들은 여전히 옛날 방식으로 아이를 만들고 싶어 할 것이다. 그렇게 하고 싶은 동기를 진화라는 과정이 우리 마음 깊숙이, 강하게 심어놓았기 때문이다.

13장

로봇은 우리를 구원할까, 노예로 삼을까?
: 인공지능의 과학

ARE THE ROBOTS COMING
TO SAVE US OR ENSLAVE US?

로봇은 많은 영화가 다루는 소재이자 여러 사람의 걱정거리다. 이들은 미래를 이렇게 예측한다. 로봇이 우리보다 더 영리해져 우리를 죽일 것이다, 앞으로는 로봇이 일자리를 차지하여 인간이 맡을 일자리가 남아나지 않을 것이다, 무인 자동차가 교통을 혁신하여 실업자가 엄청나게 많이 생길 것이다. 글쎄, 당신은 어떻게 생각하는가? 적어도 몇 가지는 현실이 되고 있다. 그렇다면 우리는 앞날을 두려워해야 할까? 그것도 아주 많이? 아니면 이 모든 일을 받아들여 더 자유롭고 행복해져야 할까?

로봇 문제에서는 헛소문으로 불안을 퍼뜨리는 사람들이 많다. 로봇이 일자리를 모조리 없애는 바람에 인간 대다수가 실직자가 되리라는 두려움(알다시피 사람이 한가하면 나쁜 짓을 하기 마련이다.)이 벌써 수십 년째, 자동화만큼이나 오래 우리 곁을 맴돈다. 하지만 러다이트운동* 때부터 지금까지 실제로는 기술 덕분에 경제가 더 강해졌으니, 그런 두려움이 틀렸다는 사실이 마침내 증명되었다. 그렇다

---

* 19세기 초에 기계화에 맞선 방직 노동자들이 기계를 파괴한 운동.

해도 최근에 영국은행의 수석 경제 전문가가 로봇이 영국에서만도 1,500만 개에 이르는 일자리를 위협한다고 예측했다.

그렇다면 어떤 일자리가 가장 위험할까? 이미 똑똑히 봤듯이, 자동화할 수 있는 반복 작업은 모두 기계로 대체되었다. 자동차 제조업과 소매업이 이를 잘 보여준다. 하지만 더 넓게 보면 우리가 생각지도 못했던 곳에서 일자리가 없어질지 모른다. 예컨대 과학자들 본인이 위험에 처할 수 있다. 최근 영국의 아버리스트위스 대학교와 케임브리지 대학교의 협동 연구에서는 아담이라는 로봇이 새로운 과학 지식을 찾아냈다. 아담은 실험을 설계하고 수행해 결과를 해설할 줄 알았다. 또 케임브리지 대학교와 맨체스터 대학교의 협동 연구에서는 이브라는 로봇이 항말라리아제를 찾아내려 애쓰고 있다.

대개 이런 로봇은 말 그대로 수없이 많은 여러 약물을 질병과 비슷한 실험 조직, 예컨대 환자에서 채취한 세포에 적용한 뒤 반복 분석하여 효과가 있는지 알아낸다. 물론 해결해야 할 문제와 계획을 여전히 사람이 입력해야 하므로, 적어도 몇 사람이 맡아야 할 역할은 남을 것이다.

둘째로 로봇이 일자리를 앗아갈 위험이 있는 분야는 놀랍게도 연예 오락 사업이다. 다들 예술계와 음악계야말로 기계가 절대 손을 뻗치지 못할 분야라고 생각했을 것이다. 창의력을 발휘하려면 엄청난 통찰과 음악계에서 말하는 '소울soul'이라는 것이 있어야 하기 때문이다. 게다가 공연 예술에서는 무대에 오른 공연자와 관객이 직접 호흡을 주고받기 때문에, 로봇이 대신할 수 없는 마법 같은 일이 일어난

2012년, 투팍이 죽은 지 16년이 지났는데도 그의 홀로그램이 여전히 사람들 앞에서 공연을 펼쳤다.

다. 정말 그럴까? 그럴 수도 있다. 홀로그램이 아주 정교해지기 전까지는 말이다. 래퍼 투팍 샤커Tupac Shakur는 이미 1996년에 사망했다. 그런데 지난 2012년, 라스베이거스에서는 그의 홀로그램이 공연을 펼쳤다.

비슷한 사례는 또 있다. 아바Abba는 재결합을 수도 없이 요청받았고, 몇 해 전에는 순회 공연료로 무려 10억 달러(한화 약 1조 천억)를 제안받고서 거의 재결합할 뻔도 했다. 아바는 이 돈을 어느 병원에 제공하겠다고 했지만, 어쨌든 계약은 어긋났다. 하지만 이제 아바는 아주 정교한 홀로그램 형태를 빌려 마치 정말로 무대에서 공연하는 듯 보이는 가상 순회공연을 펼치려 한다. 맘마미아, 이럴 수가! 그런데 사람들이 이 공연을 보러 갈까? 어떤 행태로든 아바를 보고 싶은

팬들의 욕망을 생각하면, 모든 최신 기술로 무장한 아바 공연은 이 기술을 검증할 진정한 시험대다. U2의 홀로그램이 공연하는 모습을 보는 것도 시간문제일 뿐이다. 첫 곡은 보나 마나 〈진짜보다 더 좋은 Even Better Than the Real Thing〉일 것이다.

인공지능을 갖춘 기계가 예술을 펼치기도 한다. '생성 예술 generative art'이라고 하는 이 예술은 로봇이 대개 알고리즘에 따라 끊임없이 그림이나 음악을 만들므로, 어떤 사람보다도 많은 결과물을 내놓는다. 비틀스 Beatles의 리믹스 앨범 〈러브 Love〉처럼 인간이 짜깁기한 음악과 달리, 기계는 비틀즈의 모든 음악에서 더 많은 것을 뽑아내 짜깁기할 것이다.

로봇이 갈수록 발을 넓히는 또 다른 분야는 의료다. 바로 지금도 로봇은 병을 진단한 다음 꼭 맞는 약을 처방할뿐더러 수술까지 할 줄 안다. 로봇에게 의료란 병의 신호를 알아챈 다음 엄청난 데이터에서 가장 효과 있는 치료법을 내놓는 일일 뿐이다. 달리 말해 한쪽에는 긴 질병 목록이, 또 한쪽에는 다양한 치료법이 있고, 로봇 의사가 환자에게 맞는 질병과 치료법을 알아낸다.

하지만 여전히 사람의 손길이 필요한 의료 분야가 있다. 바로 간호다. 간호 업무에는 사실 기계가 어려워하는 거의 모든 일이 완벽하게 들어 있다. 정맥에 주삿바늘을 꼽는 섬세한 손놀림부터 전문 지식, 간호 중 일어날 만한 여러 복잡한 상황에 대처하는 능력, 공감 능력, 상냥한 표정까지. 그러므로 간호사라는 직업은 계속 존재할 확률이 높다.

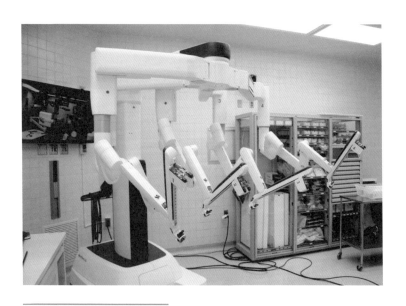

수술 로봇 다빈치. 미국 회사 인튜이티브 서지컬 Intuitive Surgical이 만들었다.

간호사는 앞으로도 쭉 활발하게 활동하겠지만, 의사라는 직군은 쓸모없어질 것이다. 훈련하고 고용하는 데 엄청난 돈이 들므로, 비용 면에서 의사는 가장 먼저 대체해야 할 대상이다. 게다가 의사도 인간 인지라 실수를 저지른다. 한 연구에 따르면 미국에서 2013년 한 해에 의료사고로 사망한 사람만 해도 무려 251,454명이었다. 어느 흥미로운 통계에 따르면 의사가 파업할 때 사망률이 줄어든다고 한다. 다빈치 Da Vinci 라는 로봇은 정확도가 매우 높아 어떤 인간도 하지 못하는 수술을 할 수 있다. 원격으로 작동하므로 어떤 병원의 외과 의사가 다른 병원의 로봇 수술을 원격으로 조종할 수도 있다. 그러므로 앞으로 외과 수술에서는 아주 뛰어난 외과 의사 한 명이 멀리 떨어진 여러 곳에서 수술 로봇이 집도하는 여러 수술을 감독할 것이다. 가장 인상 깊은 것은 개인 건강관리 도우미 로봇 마부^{Mabu}다. 마부는 환자와 대화를 나눠 의사에게 자료를 전달하므로, 환자와 의사가 직접 얼굴을 맞대지 않고서도 치료를 받을 수 있다.

수술 로봇 말고도, 의료 산업에는 앞으로 로봇이 더 많이 나타날 분야가 많다. 일본은 인구 1억 2,800만 명 중 4분의 1이 65세 이상인 고령 사회인 까닭에 의료용 로봇에 특히 관심이 크다. 따라서 노인층과 보호자의 삶을 편리하게 해줄 혁신 제품을 선보인다. 최근에는 한 일본 회사가 침대 신세를 지는 환자를 일으킬 때 보호자가 입으면 힘을 더 많이 쓸 수 있게 돕는 근력 증강 로봇, 머슬 수트^{muscle suit}를 개발했다. 등에 가방처럼 매는 이 로봇은 누군가를 들어 올릴 때 근육 부담을 30%까지 줄여준다.

일본은 지팡이와 비슷한 장치인 라이트봇^{LIGHTBOT}도 개발했다. 라이트봇은 시각장애인들에게 길에 있는 위험 요소를 알리며 목적지까지 길을 안내한다. 필요는 발명의 어머니라고, 라이트봇은 일본에 안내견이 부족한 데다 도쿄에서는 개를 기르기가 어려운 탓에 개발되었다. 인기를 누리는 또 다른 로봇은 로보 네일리스트^{Robo Nailist}다. 이 산업 로봇은 손톱에 믿기지 않을 만큼 정교하게 매니큐어를 칠한다. 나이가 들면 손을 조금씩 떨므로 매니큐어를 바르기가 만만치 않은 일이라, 여성 노인들이 이 로봇을 좋아한다.

언론도 로봇의 위협을 받는다. 시카고에 자리 잡은 회사 내러티브 사이언스Narrative Science는 퀼Quill(깃펜)이라는 제품을 내놓았다. 퀼에 특정 구조를 갖춘 자료를 입력하면 퀼이 설득력 있는 자체 기사를 내놓는다. 현재 몇몇 언론 매체가 퀼을 이용하고 있다. 퀼은 득점이나 주가 변동처럼 정보 형식을 예측할 수 있는 스포츠와 금융 관련 기사를 쓰는 데 특히 뛰어나다. 당신이 지금 읽고 있는 이 글을 로봇이 쓰지 않았다는 것을 어떻게 확신하는가? … 확신하는가? … 확신 …

법률가는 또 어떤가? 손가락질을 받기 일쑤인 이 직업도 로봇 기술이 발전할수록 사라질 것이다. 법률가들이 이 태풍을 피할 수 있을까? 근본적으로 법은 틀림없이 인간만이 다룰 수 있는 분야다. 대개 인간이 흔히 쓰는 언어의 정확성이나 현실 세계와 교과서에 쓰인 이론 세계의 상호작용을 다루고, 그도 아니면 배심원에게 복잡한 증거를 제시해 진실이 무엇인지 확신하게끔 하는 분야이기 때문이다. 로봇은 이 모든 일에 어려움을 겪는다. 하지만 현재 법조계에서는 실제로 많은 일이 놀라울 만큼 기계적으로 반복된다. 부동산 양도 신고, 고용 계약서 작성, 유언장 준비를 이제는 모두 온라인에서 할 수 있다. 그러므로 지금은 많은 상황에서 인간 법률가가 필요하지만, 인공지능이 발전할수록 이들이 필요하지 않을 것이 틀림없다.

하지만 좋은 소식도 있다. 로봇이 실제로 고용을 창출하기도 한다. 최근 한 연구에 따르면 세계에서 로봇 산업에 고용된 사람이 20만 명이 넘고, 인공지능 연구가 진척할수록 수가 늘고 있다. 중국은 정부가 수십억을 투자해 성과를 독려하므로, 이 분야에서도 선두를 달린다. 게다가 인공지능이 이미 스마트폰이든 GPS든 난방 장치든 곳곳에 퍼져 있다. 중국은 인공지능이 전기처럼 어디에나 깔리기를 바란다. 진정한 사물 인터넷을 구축하여 모든 장치가 하나도 빠짐없이 서로 연결되어 학습하게 할 계획도 세웠다. '구글이 당신보다 더 당신을 잘 안다'는 더할 나위 없이 적절한 표현이다. 당신이 여성이라면 구글은 당신이 무엇을 검색하고 사는지를 근거로 당신이 임신했는지를 당신보다 먼저 알아챌 것이다.

어느 연구에 따르면 17개 국가에서 1993년부터 2007년까지 로봇을 사용함으로써 연간 노동생산성이 0.36%, GDP가 0.37% 증가했다. 이 수치를 달리 해석하면, 해당 기간에 로봇이 전체 노동생산성 성장에는 16%를, GDP 성장에는 10%를 기여했다는 뜻이다. 게다가 사람들도 로봇을 이용함으로써 갈수록 더 많은 편리를 누린다. EU의 설문조사에 따르면 응답자 중 35%가 무인 자동차에 크게 만족할 것 같다고 답했다. 드론이 상품을 배달하는 편리한 방법이라고 생각하는 사람도 57%였다. 빌 게이츠는 로봇에게 세금을 걷어야 한다고 주장한다.

로봇 때문에 우리가 남에게 말을 걸지 않아도 되리라는 견해도 나오고 있다. 누군가는 반길 만한 일이다. 실리콘밸리(여기 아니면 또 어디겠는가?)에는 호텔에서 숙박 수속을 밟아 주는 로봇이 있다. 분석에 따르면 사람들은 로봇에게 안내받는 것도 즐기지만, 남과 어울리고 싶지 않을 때 굳이 사교적인 대화를 나누지 않아도 되는 것을 더 즐긴다. 미국의 어떤 철물점들에는 오쉬봇OSHbot이라는 로봇이 손님을 맞이해 찾는 물건이 있는 매대로 안내하고, 스스로 처리하지 못하는 사안이 있을 때는 영상통화로 인간 전문가와 연결해준다.

현재 중국이 로봇공학과 인공지능에 30억 달러(한화 약 3조 5,800억 원) 넘게 투자했으니, 머잖아 여러 영역에서 큰 진전이 나타날 것이다. 중국농업은행은 현금인출기에서 돈을 찾을 때 가면은 인식하지 않을 만큼 아주 정교한 얼굴 인식 기술을 이용한다. 패스트푸드점, 음식점, 호텔이 이 기술을 도입하고 있으니, 머잖아 얼굴 인식으로 돈을 치를 날이 올지 모른다. 은행에서는 이 기술을 미소 지불微笑支付 Smile to Pay이라 부른다. 즉 웃으면 현금인출기가 돈을 내준다. 대학들은 학생들이 학생증을 긁지 않아도 얼굴 인식으로 기숙사나 강의실에 들어가도록 한다. 베이징에는 로봇이 직원으로 일하는 자동화 서점이 스무 곳이나 있다. 24시간 문을 여는 이 서점들에서는 로봇이 고객에게 '꼼꼼하고 인간답게' 책을 추천한다. 무인 편의점과 슈퍼마켓도 베이징 곳곳에서 문을 열고 있다. 베이징의 한 절에는 셴얼賢二 Xian'er이라는 로봇 승려가 사람들에게 조언을 건넨다. 민머리에 샛노란 승복을 입은 이 로봇은 내면보다 스마트폰을 더 들여다보는 사람들을 돕는 역할을 한다. 셴얼은 가슴팍에 있는 터치스크린에 표시된 질문 스무 개에 답한다. 어쩌면 이런 로봇이 세계 곳곳에서 성당을 위협하는 성직자 감소를 해결할지도 모른다. 그러고 보니 바티칸이 로봇 신부로 무엇을 할지 궁금하다. 로봇이여, 자비를 베푸소서. 제가 죄를 지었습니다.

집에서도 이미 로봇이 허드렛일을 한다. 진공 청소 로봇 룸바Roomba나 창문 청소 로봇 윈도로Windoro는 갈수록 흔해지고 있다. 얼룩을 제

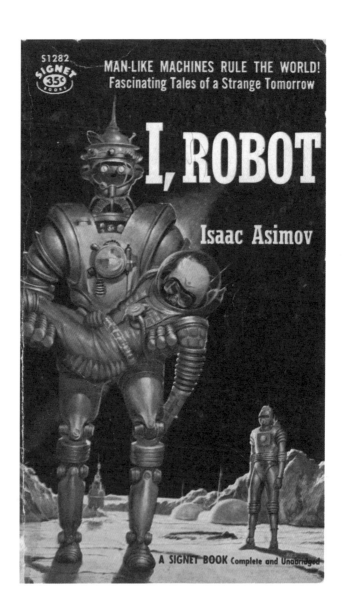

아이작 아시모프 Isaac Asimov가 쓴 《나, 로봇 I, Robot》.
21세기에 수전 캘빈 박사와 로봇이 소통하는 내용을 다
룬 소설이다.

거하는 로봇도 있다. 하지만 조심해야 한다. 로봇이 벌써 앙갚음을 시작했는지도 모르기 때문이다. 어느 오스트리아 여성이 싱크대 상판에 쏟은 시리얼을 치우려고 로봇 청소기를 올려놓았다. 그리고 청소가 끝나자 로봇의 전원을 껐다. 그런데 아마 로봇이 고된 생활 때문에 절망했는지 존재의 위기에 빠졌다. 스스로 전원을 켠 로봇은 전기 레인지 위로 올라가 커피 주전자를 밀어뜨리고 그 자리에 주저앉았다. 마침내 불꽃에 휩싸인 로봇 청소기는 화재 연기를 내뿜어 집 안을 온통 엉망진창으로 만들었다. 그리고 자살한 첫 로봇으로 기록되었다.

그렇다면 로봇이 우리를 노예로 삼을 가능성은 없을까? 그럴 것 같지는 않다. 게다가 로봇에 안전장치를 내장할 수 있다. 전에는 군사 드론이 통제를 벗어나 애먼 사람을 공격하지 않을까 걱정했지만, 이제는 점검과 제어를 워낙 철저히 하므로 그런 일이 일어나지 않으리라고 확신한다. 'AI의 지구 장악'은 컴퓨터와 로봇이 인간에게서 지구의 통제권을 앗아간다는 시나리오를 묘사하는 말이다. 할리우드가 흔히 쓰는 AI의 지구 장악 이야기는 이렇게 흘러간다. 어마어마하게 영리한 로봇이 인간이란 지구 자원을 갉아먹거나 위협하는 존재이므로 죽여 마땅하다고 결정한다. 이런 견해를 이용한 한 예로 '클립 많이 만들기paperclip maximizer'라는 사고 실험이 있다. 이 사고 실험에서는 클립을 되도록 많이 만들도록 입력된 로봇을 가정한다. 목표를 이루고자 지구의 모든 자원을 이용하는 과정에서, 로봇은 지구 자원을 갉아먹고 로봇을 멈춰 세울지 모를 인간을 제거한다.

이런 일이 정말로 일어날까? 고인이 된 스티븐 호킹Stephen Hawking은 물론이고 빌 게이츠, 스페이스XSpaceX의 창립자 일론 머스크Elon Musk도 인공지능이 우리 통제를 벗어날 만큼 발전할지 모른다는 걱정을 드러냈다. 그러므로 우리도 당연히 걱정해야 할 것이다. 로봇들이 서로 협동한다는 증거도 있다. 인간의 손에서 벗어나 서로 협력하는 로봇이라니, 오싹한 전망이다. 게다가 서로 배우고 발전한다면 정말로 소름이 돋을 일이다. 미국의 한 연구에서는 크기가 동전만 한 로봇 천 개가 서로 힘을 합쳐 대열을 만들고 글자나 모양을 표현했다. 회전 날개가 네 개라 쿼드콥터quadcopter라고도 부르는 로봇 헬리콥터는 열 대가 서로 끊임없이 교신해 충돌을 피했다. 보트 로봇도 한 무리가 매우 복잡한 협동 훈련을 해냈다. 이런 로봇들은 스스로 체계를 구축하고 서로 교신하여 협력하도록 설계된 기계다. 그리고 틀림없이 갈수록 더 정교해질 것이다.

누구나 동의하듯이, 앞으로 무인 자동차가 나타날 것이다. 무인 자동차는 자동차 제조사가 엔진 효율을 높이고자 차에 컴퓨터를 집어넣으면서 시작했다. 상황이 점점 더 복잡해지자, 항공기 제조사가 자동 운항 장치를 개발했듯이 자동차 제조사도 자동 주행 장치 개발에 나섰다. 지금도 여러 회사가 자동 주행 연구에 어마어마한 돈을 쏟아붓고 있다. 그중에서도 구글은 현재까지 11억 달러(한화 약 1조 3,000억)를 투자해 선두를 달린다. 미래학자 대다수는 도로를 달리는 모든 차가 무인 자동차인 날이 오리라고 내다본다. 그래서 우리가 차를 소유하는 마지막 세대가 되리라고 말한다. 무인 자동차는 우리

미래는 무인 자동차 세상이다.

삶을 개선하고, 수많은 일자리를 없앨 것이다. 스마트폰처럼 어느 날 불쑥 생활에 스며들어 삶을 통째로 바꿔놓을 것이다.

시작은 도심을 달리는 버스 노선일 것이다. 프랑스 리옹에서는 벌써 무인 버스가 달린다. 앞으로 10년 안에 무인 자동차가 도로를 달릴 것이라는 예측도 나온다. 파리는 올림픽을 개최하는 2024년까지 도심을 무인 자동차 거리로 만들 계획이다. 물론 초기에는 인간 주행 차량과 무인 자동차가 공존할 것이다. 그다음은 상품 배달 트럭이다. 무인 자동차와 무인 트럭은 주로 배터리로 연료를 공급하는 전기 자동차일 것이다. 태양열을 이용할 이 배터리는 차가 도로의 '충전 차선' 위를 달릴 때 충전될 것이다. 그래도 여전히 차를 손수 몰고 싶은 사람이 있을 터이므로, 자동차 경주장은 여가 활동 삼아 질주하고 싶은 자동차광들로 붐빌 것이다. 무인 자동차를 몰 동기는 많다. 예컨대 지금은 도시에서 차를 몰고 싶을 때 요금을 많이 내야 한다. 설문 조사를 해보니 무인 자동차가 있으면 이용하겠다고 답한 사람이 30%였다. 86%는 보험료가 더 싸다면 이용하겠다고 답했다.

구글은 무인 자동차 경쟁에서 앞서간다. 구글에 따르면 이 회사의 자율 주행차가 지난 6년 동안 270만 킬로미터 넘게 달렸지만, 관련된 사고는 열두 건뿐이었다. 차에는 카메라 여덟 대와 초음파 감지기 열두 대가 달려 있다. 또 사전 제작한 3D 정밀 지도도 들어 있다. 구글 자율 주행차는 이 정밀 지도와 실제 상황을 끊임없이 비교한다. 어떤 변화가 있어도 차가 즉시 반응한다는 뜻이다. 그러므로 앞으로 모든 무인 자동차가 운행 시스템에 사전 제작한 3D 정밀 지도를 내장할 것이다. 구글 캠퍼스에 갔다가 실제로 구글 무인 자동차가 달리는 모습을 본 적이 있다. 조수석에 시각 장애인(아니면 까만 선글라스를 쓰고 지팡이를 든 남성)이 올라타자 차가 출발했다. 캠퍼스를 한 바퀴 돈 차는 주차장에 멈춰 섰다. 그리고 차에서 시각 장애인이 내리더니 감탄에 겨워 연신 손뼉을 쳤다.

무인 자동차가 완전히 자리 잡았을 때 예상되는 일은 놀랍기 그지없다. 무엇보다도 도로를 달리는 차량 수가 90%까지 떨어진다. 무인 자동차가 워낙 효율이 좋은 데다, 택시처럼 쉴 새 없이 움직여 사람을 내리고 싣기 때문이다. 우버를 모두 자율 주행 택시로 바꾸는 변화는 자그마한 발걸음일 뿐이다. 우버가 택시로 바뀌면 차량 소유가 뚝 떨어질 것이다. 적당한 가격에 어디든 갈 수 있는 무인 택시를 부를 수 있는데 굳이 왜 차를 소유하겠는가? 자가 차량을 없애고 무인 자동차를 이용한다면 연간 6,000파운드(한화 약 880만원)를 아낄 수 있다.

교통사고도 뚝 떨어질 것이다. 교통사고는 대개 반응시간이 늦거나, 앞차 꽁무니를 바짝 따라붙거나, 한눈을 팔다가 일어난다. 모두 인간의 잘못이다. 한 추정에 따르면 무인 자동차 시대에는 교통사고가 90% 정도 줄어든다. 사망자 수로 환산하면 120만 명이다. 상상해 보라. 무인 자동차가 보급되면 교통사고 사망자 120만 명이 목숨을 잃지 않아도 된다. 또 1,900억 달러(한화 약 228조 2,850억 원)를 아낄 수 있다. 물론 사고야 어느 정도 나겠지만, 기술이 워낙 빠르게 발전하므로 사고율이 무척 낮아져, 무인 자동차 오작동이 직접 원인인 사고는 거의 일어나지 않을 것이다. 또 모든 차가 전기 자동차이므로 공해 수준도 뚝 떨어진다. 통신망에 연결된 차량 하나하나의 위치와 속도를 알므로 차량 흐름이 원활하도록 속도를 조절할 터이니, 차량 정체도 지난 일이 될 것이다. 교통 혼잡도 사람들이 주차할 곳을 찾거나 길을 잃었을 때 주로 일어나므로, 무인 자동차 시대에는 거의 없어지다시피 할 것이다.

알맞게 거리를 유지하고 달리므로, 무인 자동차는 화물 기차가 꼬리에 꼬리를 물고 달리는 모습과 비슷해 보일 것이다. 사람이 내리거나 탈 때 말고는 차가 멈춰 설 일이 거의 없으니 주차 문제도 지난 일이 된다. 파리 도심만 해도 현재 차량 15만 대가 세워져 있다. 그런 공간을 확보한다면 무엇을 할지 상상해보라. 공원, 놀이터, 산책로가 새로 들어선 풍경을. 차가 떡하니 자리를 차지하고서 기름을 줄줄 흘리는 그곳에 이제는 가슴이 탁 트이는 공원이 들어설 것이다. 무인 자동차로 출근하는 것도 마음에 쏙 들 것이다. 이제 차 안에서 커피를 마시거나, 화장을 하거나, 뉴스를 확인하거나, 아니면 그냥 잠을 자도 된다. 무인 자동차는 나이 든 사람들에게 특히 요긴할 것이다. 이동하기가 훨씬 더 쉬워져 친구와 가족을 편안하게 만날 수 있다. 장애인에게도 여러 가능성이 열린다. 게다가 청소년에게도 도움이 된다. 생각해보라. 10대인 아이가 있는 부모들이 이제 더는 택시 기사 노릇을 하지 않아도 된다.

그렇다면 부정적인 면은 무엇일까? 글쎄, 몇 가지 측면이 있다. 먼저, 어떤 상황에서는 무인 자동차가 '윤리적' 결정을 해야 한다는 두려움이 있다. 이런 상황을 생각해보자. 무인 자동차가 아이를 치지 않으려면 방향을 틀어야 하는데, 그러면 차에 타고 있는 어른 네 명이 죽는다. 차는 어떤 결정을 내려야 할까? 아이를 죽이고 어른을 살려야 할까, 아니면 어른을 죽게 하고 아이를 살려야 할까? 어떤 사람들은 이런 난관을 해결할 수 있으리라고 내다본다. 예를 들어 MIT 대학교는 '윤리 기계Moral Machine'라는 웹사이트를 이용해 무인 자동차가 학습할 여러 해결 방안을 입력받고 있다. 만약 당신이 주어진 상황에 따라 도덕적 결정을 내리면, 프로그램은 당신의 해결책과 다른 사람의 해결책을 비교해 나쁜 결정을 수정한다. 무인 자동차에서는 이 과정이 자동으로 실행되어, 우리 대다수가 합의하는 대응 방안을

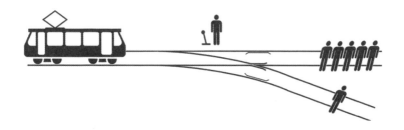

전차 문제(trolley problem)라는 사고 실험. 선로 변경 장치를 당기는 쪽이 윤리적일까, 아무것도 하지 않는 쪽이 윤리적일까?

근거로 주어진 상황에 결정을 내릴 것이다. 또 다른 두려움은 사람들이 가솔린 엔진의 힘을 더 좋아하고 실제로 운전을 즐기기 때문에 무인 자동차를 사용하지 않으리라는 전망이다. 하지만 가솔린 엔진 선호는 전기 자동차의 가격이 더 싸진다면 해결될 것이고, 운전 선호는 자동차 경주로 해결될 것이다.

하지만 가장 크게 걱정을 사는 어두운 측면은 실업이다. 현재 모든 선진국에서는 자동차 산업이 크나큰 비중을 차지한다. 독일만 해도 경제에서 자동차 산업의 비중이 3분의 1이다. 트럭 운전사와 택시 기사가 일자리를 잃을 것이다. 자동차 제조사는 구글처럼 무인 자동차를 운행할 돈과 정보를 손에 쥔 첨단 IT 대기업에 무릎을 꿇을 것이다. 정부는 주차 위반 벌금, 속도위반 벌금, 유류세를 걷지 못하므로, 세입의 중요한 원천이 사라진다. 큰 시련을 겪을 것으로 보이는 또 다른 산업은 보험업이다. 어떤 보험사는 매출의 50%를 자동차와 관련한 차량 보험, 운전자 보험, 상해보험이 차지한다. 무인 자동차가 보급되면 그렇게 많은 보험이 필요하지 않을 것이다. 달리 말해 보험사가 다른 사업에 투자할 돈이 줄어 경제 성장이 느려진다는 뜻이다.

이 모든 걱정은 과장된 느낌이 있다. 또 극복하지 못할 문제도 분명 아니다. 보험사는 틀림없이 다른 보험 상품을 찾아낼 것이다. 마차를 타던 시기에 자동차가 나타나 말 매매에 종사하던 사람들을 두려움으로 몰아넣었을 때 벌어진 일들이 몇 가지 기록으로 남아 있다. 당시 영국에서는 붉은 깃발을 든 사람이 차 앞에서 걸어가며 말이 놀라지 않도록 미리 알려야 했다. 물론 많은 일자리가 사라졌다. 하지만 보라, 무슨 일이 일어났는가? 자동차 덕분에 거대한 신산업이 태어나 셀 수 없이 많은 사람의 삶을 윤택하게 만들었다. 이런 일이 다시 일어나고 있다. 하지만 이번에는 우리 삶과 지구를 망가뜨릴 위험이 없다.

우리는 이제 생활 곳곳에 로봇이 스며들어 우리를 돕는 세상을 한껏 기대한다. 로봇이 우리 건강을 확인하고, 매니큐어를 발라주고, 가고 싶은 어디로든 더할 나위 없이 편안하게 차를 몰아주는 그런 세상을. 그때 우리는 느긋하게 앉아 그랑프리 자동차 경주의 재방송을 볼 것이다. 그리고 지난 시절을 돌아볼 것이다. 수많은 사람이 조용한 절망을 안기는 일에 매여 살고, 몇 시간 동안 꽉 막힌 도로에서 오도 가도 못한 채 지구에 매연을 내뿜던 시절을. 그러니 로봇 세상이여, 어서 오기를! 우리 인간이 잃을 것은 속박뿐이니.

2018년 캐나다 몬트리올에서 열렸던 로봇 축구 시합에서.

14장

가장 크고 가장 비싼 기계는 어디에 쓸까?
: 우주와 원자의 과학

THE BIGGEST AND MOST EXPENSIVE
MACHINES EVER BUILT

1712년 어느 날, 영국 웨스트미들랜즈 주의 도시 더들리 근처 광산에서 그때껏 한 번도 들어본 적 없는 낯설고 시끄러운 소리가 들리기 시작했다. 칙칙폭폭 소리가 쉼 없이 들려왔다. 그리고 이 소리가 그때껏 세상이 경험하지 못한 가장 큰 변화, 산업혁명을 일으켰다. 토머스 뉴커먼Thomas Newcomen이라는 사람이 광산에서 물을 퍼내려고 만든 이 시끄러운 기계는, 석탄을 연료로 썼고 증기로 작동했다. 바로 이것이 첫 증기기관이었다.

그때까지만 해도 이런 일에는 '대기압 기관atmospheric engine'이라는 장치를 썼고, 필요한 에너지도 주로 사람이나 동물의 근력에서 얻었다. 밀을 빻고자 맷돌을 돌릴 때는 흐르는 물이나 바람의 힘을 이용했다. 하지만 이제 사뭇 다른 장치가 등장했다. 이 장치는 중력이나 흐르는 물, 바람을 이용하지 않았다. 석탄에서 나오는 에너지를 이용했다. 지옥에서 날 법한 시끄러운 소리를 냈고 유독 가스를 뿜어냈다. 그때부터 지금껏 기차에서 귀 따가운 소리가 나는 까닭도 이 장치 때문이다. 그 뒤로 우리는 현대 생활을 영위할 수 있게 한 여러 기계를 만들었다. 기차, 비행기, 자동차, 전기 발전기, 아이폰. 그리고 모

국제 우주정거장. 공학 기술과 국제 협력이 낳은 놀랍기 그지없는 업적이다.

든 소음을 차단하는 헤드폰까지. 이 물건들은 모두 인간의 독창성을 보여주는 증거다.

　그런데 이를 훌쩍 뛰어넘어, '우리 인간이 이런 일을 해냈다니!' 하는 감탄에 절로 입이 떡 벌어지는 기계가 둘 있다. 국제 우주정거 장ISS과 대형 강입자 충돌기다. 국제 우주정거장은 인간이 만든 가 장 비싼 물체다. 현재까지 들어간 비용만 해도 1,500억 달러(한화 약 180조 원)로 추정된다. 대형 강입자 충돌기는 인간이 만든 단일 기계 로는 가장 비싼 것으로, 75억 유로(한화 약 10조 원)가 투자되었다. 두 기계는 무엇일까? 우리는 왜 이 기계들을 만들었을까?

국제 우주정거장은 사람이 살 수 있는 우주정거장으로, 지구 저궤도에 떠 있다. 따라서 지표면에서 330~435킬로미터 떨어진 궤도를 회전하고, 가끔 우주왕복선이 방문할 때는 더 가까워지기도 한다. 1998년에 첫 구성품을 발사한 이 거대한 물체는 하루에 지구를 15.54회 돈다. 우주정거장이 워낙 크므로 하늘을 가로지르는 모습을 맨눈으로도 볼 수 있다. 바로 지금도 그곳에 사람이 머물며, 생물학, 물리학, 천문학, 기상학과 관련한 실험을 수행한다. 러시아, 미국, 유럽, 일본의 우주선이 꾸준하게 이곳을 찾는다. 그러니 지구의 여러 나라가 싸우거나 말다툼을 하는 대신 서로 협력하는, 기막히게 멋진 사례다. 지금까지 열일곱 개 나라에서 온 우주 비행사들이 이곳에 머물렀고, 다행히 친구로 남았다.

국제 우주정거장 건설은 국제 협력과 공학 기술이 낳은 놀랍기 그지없는 업적이다. 과학과 기술이 인간을 유례없이 하나로 묶었다. 건설은 1998년에 러시아가 자국이 맡은 모듈들을 쏘아 올리며 시작되었다. 모듈들은 로봇처럼 착착 서로 결합하였다. 이때도 다시 한번 러시아가 우주에서 미국을 한발 앞섰다. 그래도 다른 모듈은 모두 미국이 만든 우주왕복선으로 날랐다. 우주 비행사들은 1,000시간 넘게 우주 유영을 하며 구성품 159개를 힘들게 결합했다. 2000년에는 러시아 우주선 즈베즈다^{Zvezda}(별이라는 뜻이다)가 발사되어 숙소, 화장실, 부엌, 또 이산화탄소를 흡착해 공기를 맑게 할 정화기, 산소 생성기, 운동기구, 통신수단을 척척 설치했다. 처음 거주한 승무원은 러시아 사람들이었고, 이어서 미국인 빌 셰퍼드^{Bill Shepherd}가 러시아 우주선 소유스^{Soyuz} TM-31을 타고 국제 우주정거장에 도착했다. 셰퍼드는 국제 우주정거장의 무선 호출 부호를 거추장스러운 '인터내셔널 스페이스 스테이션' 대신 '알파^{Alpha}'로 바꾸자고 요청했다. 세르게이 크리카레프$^{Sergei\ Krikalev}$가 이끄는 러시아 승무원들은 여기에 반대했다. 자국의 우주정거장 미르^{Mir}가 첫 우주정거장이었으므로 국제 우주정거장은 '베타'나 '미르2'여야 한다고 생각했기 때문이다. (언제 어디서나 다툴 거리는 있기 마련이다.) 그래도 호출 부호는 결국 '알파'로 결정되었다.

그때부터 국제 우주정거장은 나날이 발전했다. 소유스 U 로켓이 도킹용 칸을 가져왔다. 우주왕복선 디스커버리^{Discovery}, 아틀란티스^{Atlantis}, 인데버^{Endeavour}가 실험 장비와 우주유영의 통로로 쓸 기밀실을 가져왔다. 그러다 2년 동안 모든 계획이 정지되었다. 임무를 마치고 지구로 재진입하던 우주왕복선 컬럼비아^{Columbia}가 폭발했기 때문이다. 2003년 2월 1일 일어난 이 사고로 승무원 일곱 명이 모두 목숨을 잃었다. 국제 우주정거장 계획을 다시 추진했을 때는 더 많은 발전기와 가압 모듈, 태양광 발전용 전지판을 결합했다. 2010년에는 관측용 모듈 큐폴라^{Cupola}를 결합한 덕분에, 우주 비행사들이 우주를 바라보며 쉴 곳이 생겼다. 국제 우주정거장은 앞으로도 더 많은 모듈을 결합해 실험 공간을 확보할 예정이다. 이 모든 일을 끝마쳤을 때 국제 우주정거장의 무게는 자그마치 400톤에 이른다.

이제 정거장 안으로 들어가보자. 국제 우주정거장은 두 구역으로 나뉜다. 러시아 궤도 구역$^{Russian\ Orbital\ Segment}$과 미국 궤도 구역^{United}

States Orbital Segment. 해당 구역에 자금을 댄 나라의 이름을 땄지만, 두 구역 모두 어느 나라 사람이든 머물 수 있다. 미국과 러시아 모두 2024년까지 건설 자금을 대기로 약속했다. 하지만 대다수 과학 기금이 그렇듯, 실제로 그렇게 된다는 보장은 없다. 러시아가 국제 우주 정거장을 대체할 새로운 우주정거장을 짓고 싶다고 발표했지만, 미국이 아직 동의하지 않았다.

국제 우주정거장에서 우주 비행사가 멀쩡히 살아 있을 수 있는 비결은 무엇일까? 우주 생활에서 고려해야 할 사항은 다섯 가지다. 공기, 물, 음식, 위생, 화재 감지 및 진화. 대기는 지구와 거의 같아서 공기압이 해수면과 같다. 산소는 화학적 생성기로 만들어 공급한다. 우주 비행사들이 숨 쉴 때 내뿜는 이산화탄소는 흡착 정화기로 없앤다. 또 생체 대사로 생긴 다양한 노폐물, 이를테면 창자에서 나오는 메탄가스(이리 반가울 수가!)와 땀에서 나오는 암모니아도 활성탄 여과 장치로 없앤다.

전기는 앞에서 언급한 태양광 발전용 전지판으로 공급한다. 이 전지판은 아주 눈에 띄는 모양이라 마치 국제 우주정거장의 날개처럼 보인다. 전지판으로 생성한 전기는 수명이 6년 반인 니켈-수소 전지에 저장된다. 2018년에는 이 전지를 수명이 더 긴 리튬-이온 전지로 바꾸었다. 우주정거장에 탑재한 모든 장비는 열을 내뿜으니, 열기도 해결해야 한다. 따라서 냉각 배관으로 암모니아를 밀어 넣어 열을 모은 뒤 외부 방열기로 내보낸다.

국제 우주정거장에는 주로 극초단파ultra-high frequency(UHF)를 이용하는 정교한 무선통신 장치가 있다. 우주 비행사들은 이 장치로 지구, 그중에서도 미국 휴스턴에 있는 관제 센터와 끊임없이 교신한다. (휴스턴 관제 센터가 우주 영화에서 들었던 유명한 말, "휴스턴, 문제가 생겼다"를 듣는 일이 없었으면 좋겠다.) 또 상업용 노트북 100대도 싣고 있다. 노트북에서 나오는 열이 흩어지지 않고 노트북에 머물므로, 노트북을 쓸 때는 특수한 강제 환기장치를 돌려야 한다. 우주 비행사들은 와이파이로 지구와 통신한다. 비행기를 탔을 때 와이파이로 한 번 이곳과 통신을 시도해보라.

정거장에 파견된 우주 비행사들은 그곳에서 여섯 달을 머문다. 그런데 러시아 비행사 세르게이 크리카레프는 이보다 훨씬 오래 머물러 최장 우주 체류 기록을 보유한다. 맨 처음 국제 우주정거장에 탑승했던 그는 우주에서 803일 9시간 39분을 머물렀다. 임무를 마친 뒤에는 레닌 훈장, 소비에트 연방 영웅 칭호, 러시아 연방 영웅 칭호뿐 아니라 나사에서 주는 훈장도 네 개나 받았다. 미국인 가운데 우주에 가장 오래 머문 사람은 스콧 켈리Scott Kelly인데, 헛웃음이 나오게도 겨우 340일을 머물렀다.(미국이여, 힘을 내라! 우주를 다시 위대하게!) 우주정거장에서 외로움과 불안을 느낄 때 켈리는 자신이 무척 좋아하는 아일랜드의 남극 탐험가 어니스트 섀클턴Ernest Shackleton을 떠올리며 마음을 다스렸다. 회고록《인듀어런스 – 우주에서 보낸 아주 특별한 1년Endurance: A Year in Space, A Lifetime of Discovery》에서 켈리는 지구를 내려다보다 이런 생각이 문득 떠올랐다고 적는다. "여기 우주정거장에 있는 사람을 빼면, 지금껏 태어난 모든 사람이 죽었든 살았든

저 아래 지구에 있다."

우주 관광객도 건강진단을 통과하면 이곳을 여행할 수 있다. 가격은 얼마일까? 4,000만 달러(한화 약 480억 원)다. 하지만 대기자가 있으니 줄을 서시라. 그런데 우주 관광객이라는 말에 억울해하는 사람들이 있다. (관광객이라는 말을 좋아하는 사람은 없다.) 이들은 주로 실험에 참여한 과학자들이다. 예를 들어 이란계 미국인인 아누셰흐 안사리 Anousheh Ansari 는 자비로 우주정거장에 갔지만, 그곳에 머무는 10일 동안 러시아 및 유럽 우주국을 도와 연구에 참여했을뿐더러 의학과 미생물 실험에도 참여했다.

우주정거장 생활은 아침 6시에 기상 안내로 시작한다. 아침을 먹은 뒤에는(다행히 누군가의 배에서 외계인이 튀어나오는 일은 없다), 그날 진행할 일을 점검하는 회의가 열린다. 승무원들은 8시 10분쯤에 일을 시작한다. 무중력상태를 이겨내도록 틈틈이 운동을 하고, 오후 1시 5분부터 한 시간 동안은 점심을 먹는다. 오후에는 업무량과 운동량이 더 많아진다. 그다음에는 잠들기 전까지 저녁 식사, 승무원 회의 같은 활동이 이어진다. 그리고 저녁 9시 30분에 잠자리에 든다.

승무원들은 대개 주중에는 하루 10시간씩 일하고, 토요일에는 5시간 일한다. 나머지 시간에는 휴식을 취한다. 국제 우주정거장은 그리니치 표준시(정확히는 협정 세계시 Coordinated Universal Time, 약어로는 영어와 프랑스어를 절충한답시고 짜증나게도 UTC를 사용한다.)를 쓴다. 하루에 열여섯 번이나 해가 뜨고 지므로 잠자는 동안에는 창문을 가려 안을 어둡게 한다. 승무원마다 사생활이 보장되고 방음장치가 된 개인

우주 비행사들은 주로 진공 포장된 우주식을 먹는다.

숙소가 있다. 하지만 방문객은 그렇게 많은 돈을 내는데도 벽에 침낭을 붙이고 잔다. 라이언에어^{Ryanair*}는 이 일이 자기네와 아무런 관련이 없다고 주장했다고 한다. 우주정거장 곳곳을 자유롭게 떠다니며 잘 수도 있지만, 자다가 혹시 장비와 부딪힐지 모르므로 대개는 한 곳에서 잔다. 초기 승무원들은 환기가 중요하다는 사실을 알아냈다. 환기가 제대로 되지 않으면 자신이 내뿜은 이산화탄소 방울이 머리를 에워싸 숨을 헐떡이며 일어날 터이기 때문이다.

음식은 어떨까? 음식은 비닐에 진공포장 되어 배송된다. 무중력상태라 맛이 더 없게 느껴지므로 양념을 더 많이 쓴다. 가끔 신선한 과일과 채소가 배달되면 승무원들이 굉장히 기뻐한다. 자기가 먹을 음식은 스스로 조리한다. 따라서 음식 때문에 다툴 일이 거의 없고, 소일거리도 얻는다. 혹시 음식이 멀리 떠내려가면 장비를 막을지 모르

---

* 아일랜드의 저가 항공사로, 각종 추가 요금을 받기로 악명이 높다.

므로 반드시 붙잡아야 한다.

위생은 까다로운 문제다. 예전에도 샤워를 하기는 했지만, 필요하든 안 하든 한 달에 한 번만 샤워를 할 수 있었다. 하지만 지금은 방법이 바뀌어 물을 조금 뿌리고 물티슈로 닦는다. 또 물을 아끼고자, 헹구지 않아도 되는 샴푸와 먹어도 되는 치약을 쓴다. 화장실은 두 개로, 모두 러시아에서 설계했다. 대변은 보관했다가 나중에 지구로 가져와 버리고, 오줌은 여성과 남성의 신체 구조에 맞춰 소변을 볼 수 있게 만든 깔때기로 모았다가 마시는 물로 재활용한다.

우주 비행사들은 방사선 노출에 조심해야 한다. 우주정거장 승무원들은 항공기 조종사보다 다섯 배나 많이 방사선에 노출된다. 따라서 암에 걸리거나 백내장을 앓을 위험이 커진다. 면역 기능도 떨어지므로, 감염과 암 발생 위험이 올라간다. 그러므로 혹시 일어날지 모를 이런 문제를 보호막과 특수 약물을 이용해 막는다. 하지만 이런 갖가지 신체 질병의 위험도 사회 심리적 스트레스라는 위험에는 견줄 바가 아니다. 주요 스트레스는 수많은 사람의 눈초리를 받으며 높은 성과를 유지해야 한다는 압박(큰 실수를 하면 지구에 있는 모든 사람이 알아챘다고 생각해보라), 그리고 동료 및 가족과 멀리 떨어진 고립감이다.

분명한 사실은 처음 3주가 중요하다는 것이다. 3주가 지나면 스트레스 수준이 떨어진다. 정신과 전문의들의 지원도 있다. 이 심리 지원단은 우주 비행사들이 훈련을 시작할 때부터 임무를 마칠 때까지는 물론이고 임무가 끝난 뒤에도 적응을 돕는다. 그래서 심리 상담에 참여한 정신의학자들은 우주 비행사는 물론이고 가족과도 알게 지내게 된다. 우주 비행사들이 국제 우주정거장에 탑승한 뒤에는 2주마다 비밀이 보장된 화상 상담을 한다. 여가 활동도 우주정거장에서 쌓인 스트레스를 푸는 데 특히 중요하다. 그리고 앞으로는 인공지능 프로그램이 우주정거장 승무원에게 맞는 인지 행동 치료법을 내놓을지도 모른다.

그런데 우주정거장에서는 무슨 일이 벌어질까? 그 옛날 뱃사람들이 갑판을 박박 문질러 닦고 물건들을 깔끔하게 정리했듯이, 우주정거장에서도 유지 보수가 중요한 활동이다. 물론 연구도 한다. 국제 우주정거장의 임무 중 하나가 우리가 달이나 화성으로 여행할 수 있도록 준비하는 것이다. 그래서 인간이 무중력상태에 어떻게 반응하는지를 샅샅이 확인한다. 우주의학 연구도 많이 벌어지고 있다. 무중력에서 우리 몸은 근육과 뼈가 줄어들고, 체액이 이상하게 반응하는 등 몇 가지 변화를 보인다. 최근 연구에 따르면, 여섯 달 동안 무중력에서 생활한 뒤 화성 같은 행성에 착륙하거나 지구로 돌아올 때 자칫 뼈가 부러질 수 있다. 따라서 우주 비행사들은 압력을 이겨내도록, 반드시 꾸준한 운동으로 근육과 뼈를 단련해야 한다. 그렇게 하더라도 지구로 돌아온 뒤에 메스꺼움, 열, 발진, 관절통에 시달린다. 이런 후유증은 시간이 지나야 사라진다.

과학자들은 무중력에서 식물이 어떻게 자라는지도 실험하고 있다. 또 무중력에서는 단백질 결정이 지구에서와 사뭇 다르게 형성된다는 사실을 알아냈다. 단백질 결정 연구에 유용한 발견이었다. 단백질의 모양과 구조를 알면 우리 몸속 단백질과 상호작용하는 약물을 찾아내 신약을 만드는 데 유용하다. 그리고 단백질의 모양과 구조를 알려면 단백질 결정이 있어야 한다. 단백질 결정을 형성한 뒤 X선을 쬐면 결정에 부딪힌 빛이 산란하면서 단백질의 구조를 드러낸다. 우주정거장에서는 이런 목표를 염두에 두고 단백질 결정을 기른다. 과학자들은 우주에서 세포도 기른다. 과학자 출신 우주 비행사 케이트 루빈스Kate Rubins는 인류 최초로 우주에서 DNA의 염기서열을 분석했다.

국제 우주정거장은 교육에서도 중요한 역할을 한다. 지구에 있는 학생들이 실험을 설계해 무선 통신, 영상 연결, 이메일로 우주정거장과 소통한다. 유럽 우주국은 교실에서 쓸 만한 갖가지 교육 자료를 무료로 제공한다. 국제 우주정거장이 마련한 한 흥미로운 프로젝트는 유리 가가린Yuri Gagarin이 인간으로는 처음으로 우주를 비행할 때 탔던 보스토크Vostok 1호의 궤적을 정확히 작성하는 것이었다. 학생들은 보스토크 1호의 궤적을 추적해 가가린이 경험했던 것을 파악할 수 있었다. 2013년 5월에는 국제 우주정거장의 함장이던 크리스 해드필드Chris Hadfield가 데이비드 보위David Bowie의 《기이한 우주Space Oddity》를 노래했고, 그 영상이 유튜브에 올라와 있다. 조회 수가 440만에 이르는 이 영상은 우주에서 찍은 첫 뮤직비디오다.

아마 역사상 가장 값비싼 영상이기도 할 것이다. 국제 우주정거장에 들어간 총비용은 1,500억 달러(한화 약 180조 원)로 추정되고, 그 가운데 무려 580억 달러(한화 약 70조 원)를 미국이 떠맡았다. 총비용을 국제 우주정거장에서 승무원 한 사람이 하루에 쓰는 비용으로 환산하면 750만 달러(한화 약 90억 원)이다. 크리스 해드필드가 영상을 찍는 데 30분을 썼다면, 영상에 들어간 돈은 62만 5천 달러(한화 약 7.5억 원)다. 그 영상이 그만한 가치가 있을까? 국제 우주정거장이 과학의 엄청난 발전과 세계 평화를 뜻하는 곳이라면, 그렇다. 뭐 해드필드가 아주 희한하게 날아다니는 모습을 눈 뜨고 봐야 하지만.

국제 우주정거장의 비용에 견주면 겨우 75억 유로(한화 약 10조 원)밖에 들지 않은 대형 강입자 충돌기는 값싸 보인다. 그래도 단일 기계로는 역사상 가장 크고 비싼 기계다. 대형 강입자 충돌기는 여러모로 뉴커먼의 증기 엔진과 곧장 연결된다. 이 기계의 임무는 양성자들을 부딪치는 것이다. 그게 다다. 그래서 입자 충돌기라고 한다. 건설은 유럽 입자 물리 연구소CERN가 1998년에 시작해 2008년에 완공했다. 대형 강입자 충돌기는 100여 국가에서 1만 명 넘는 과학자와 수백 개 대학이 참여한 어마어마한 협동 연구다. 아프리카 초원을 벗어난 인간과 그리 다르지 않은 사람들이 이토록 엄청난 기계를 만들 수 있으리라고 누가 상상이나 했겠는가? 대형 강입자 충돌기는 아주 수준 높은 협력으로 구축되었고, 지금도 그런 협력 활동으로 돌아가고 있다. 사람들은 이제 큰 동물을 사냥해 먹거나 서로 싸울 목적이 아니라, 물질의 비밀을 밝히고자 하나로 뭉쳤다.

대형 강입자 충돌기가 이토록 거대한 데는 그럴 만한 이유가 있다. 제네바 근처 프랑스-스위스의 접경지 아래 있는 27킬로미터짜리 터널을 포함하기 때문이다. 지금까지 대형 강입자 충돌기가 거둔 큰 성공은 원자의 하위 기본 입자인 힉스 보손 입자Higgs boson를 발견한 것이다. 현재 연구에 참여한 과학자들은 다른 입자를 찾을 뿐 아니라,

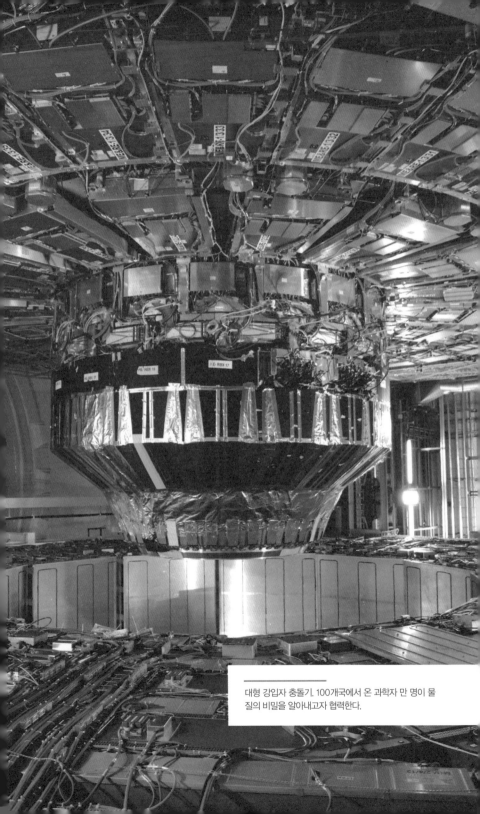

대형 강입자 충돌기. 100개국에서 온 과학자 만 명이 물질의 비밀을 알아내고자 협력한다.

물리학의 여러 중요한 문제에 답하려 한다. 여기에는 물리학에서 다루는 네 힘(강한 핵력, 약한 핵력, 전자기력, 중력) 중 중력이 왜 그토록 약한지, 양성자는 기본적으로 안정된 것인지, 중성미자의 질량은 얼마인지가 포함된다. 모두 과학의 아주 근본적인 물음이다.

대형 강입자 충돌기는 계속 기록을 깨고 있다. 첫째, 양성자 빔이 내뿜는 에너지양이 이전 세계 기록보다 네 배나 많다. 이곳에서 생성하는 데이터양도 마찬가지다. 유럽 입자 물리 연구소는 월드와이드웹으로도 유명하다. 1989년에 이곳에서 월드와이드웹을 개발한 팀 버너스 리Tim Berners-Lee는 처음으로 웹사이트를 만든 사람이기도 하다. 유럽 입자 물리 연구소에서는 언제나 데이터가 중요하다. 그리고 대형 강입자 충돌기는 해마다 수십 페타바이트에 이르는 데이터를 생성한다. 페타바이트란 100만의 4제곱 즉 10^15 바이트(1 뒤에 0이 열다섯 개 달린 수다)다. 이렇게 어마어마하게 많은 데이터를 42개국에 있는 컴퓨팅 센터 170곳이 처리한다. 정말 대박 터지는 성과다.

그런데 강입자란 무엇일까? 강입자란 '강한 핵력strong force'으로 결합한 입자를 가리킨다. 정말로 포스force가 그대와 함께하기를. 원자와 분자는 전자기력이라는 힘으로 결합한다. 하지만 양성자와 중성자 같은 입자는 강입자(물리학자들이 이 모든 상황에 얼마나 흥분할까 생각하다가 하마터면 강입자(hadron)를 'hadron(발기)'으로 쓸 뻔했다.)다. '충돌기'는 뜻이 분명하다. 입자의 운동 속도를 높여 서로 부딪히게 해 입자들이 깨지게 한다는 뜻이다. 아일랜드 출신 노벨상 수상자 어니스트 월턴Ernest Walton도 초창기 충돌기를 사용했다. 월턴은 이 가속기 전에도 케임브리지 대학교 캐번디시 연구소에서 존 콕크로프트 John Cockcroft, 어니스트 러더퍼드 Ernest Rutherford와 함께 더 초기 형태의 충돌기를 사용했었다. 세 사람은 리튬 원자들을 서로 부딪쳐 쪼갠 뒤 헬륨으로 만들었다. 즉 처음으로 원자를 쪼갰다. 이들이 최초로 원자를 쪼갠 원자 분쇄기 atom smasher는 이제 누구나 볼 수 있도록 대형 강입자 충돌기 입구에 놓여 있다. 볼품없는 모양이지만, 대형 강입자 충돌기를 낳은 아주 중요한 전신이다.

원자를 쪼개는 것과 양성자를 쪼개는 것은 사뭇 다른 일이다. 대형 강입자 충돌기는 물리학의 아주 근본적인 물음을 해결하려 한다. 첫 물음은 해결되었다. '소립자의 질량은 무엇 때문에 생길까?' 무엇이든 질량이 있어야 존재한다. 알고 보니 모든 물질이 질량을 얻게 하는 입자가 바로 힉스 보손 입자였다. 이를 예견한 사람이 있었다. 바로 피터 힉스 Peter Higgs와 사티엔드라 보스 Satyendra Bose(힉스 보손 입자의 보손은 그의 이름에서 따왔다)로, 이들의 예견은 참인 것으로 증명되었다. 힉스 보손 입자는 최고의 과학 사례다. 아주 복잡한 수학을 이용해 예견한 일을 뒤이어 과학이 참이라고 증명한 예이기 때문이다.

물리학계가 지금도 씨름하는 물음은 이런 것들이다. 공간을 나타내는 삼차원과 시간까지 나타내는 사차원 말고도 더 높은 차원이 있을까? 암흑 물질 dark matter은 어떤 물질일까? (암흑 물질은 우주 질량 에너지의 27%를 차지하는데도 아직 그것이 무엇인지를 모른다.) 왜 중력은 다른 인력들보다 훨씬 더 약할까? 빅뱅(이 우주 대폭발로 초기 우주가 생겨났을 것이다.) 뒤 존재했던 물질 형태인 쿼크 글루온 플라스마

quark-gluon plasma는 어떤 물질일까? 이 물음들은 물리학이 풀어야 할 근본 문제로, 대형 강입자 충돌기가 여기에 답하려 한다.

대형 강입자 충돌기는 기다란 원형 굴이다. 하나가 무려 27톤인 쌍극 자석dipole magnet 1,232개가 양성자 빔이 좁게 똑바로 나가도록 유지한다. 또 사극 자석quadrupole magnet 392개가 양성자 빔을 한 곳으로 모은다. 게다가 초전도 자석 1만 개가 충돌 속도를 끌어올린다. 자석들은 반드시 영하 271.25 ℃를 유지해야 한다. 이 온도를 유지하고자 초유체 헬륨-4*를 이용한다. 그러므로 대형 강입자 충돌기는 세계에서 가장 큰 극저온 유지 시설이다.

대형 강입자 충돌기가 정상 작동할 때는 양성자가 27킬로미터를 90마이크로초(100만분의 90초)만에 이동한다. 이는 빛의 속도와 손톱만큼 차이 나는 0.999999999배에 해당하는 속도다.(아인슈타인은 물질이 빛의 속도에 이를 수 없다고 예견했다. 하지만 혹시 그럴 수도 있지 않을까?) 다른 수치는 훨씬 더 놀랍다. 가속기가 작동할 때 자석에 저장되는 에너지는 폭약 물질인 TNT 2,400킬로그램에 맞먹는다.(미국 육군이 사용하는 표준 원자 폭탄인 토마호크 크루즈 미사일 한 발이 TNT 500킬로그램에 맞먹는다. 따라서 자석에 지장된 에너지는 원자폭탄 다섯 개에 맞먹는다.)

건설에는 75억 유로나 썼지만, 가동에는 절약 정신을 발휘한다. 그

---

* 초유체는 점성이 전혀 없어 마찰을 일으키지 않고 표면을 따라 흐르는 유체로, 헬륨-4는 절대온도(영하 273.15 ℃)에 가까운 극저온에서 초유체가 된다.

래서 전기 요금이 더 싼 여름에만 가동한다. 또 모든 프로젝트가 그렇듯 건설 과정에서 실수가 있었다. 자석을 받치는 지지대가 망가져 극저온 액체 헬륨 6톤이 샜고, 전선을 제대로 연결하지 않은 일도 일어났다.(전선은 똑바로 연결해야 하는 법이다.) 그 바람에 일정이 지연되었지만, 결국은 이겨냈다. 그리고 성과가 나오기 시작했다.

2011년 5월 24일, 쿼크 글루온 플라스마를 감지했다. 과학자들은 쿼크 글루온 플라스마가 블랙홀 바깥에 존재하는 고밀도 물질로, 빅뱅 직후 생겨났다고 본다. 쿼크 글루온 플라스마 1그램이면 세상을 너끈히 움직일 만한 에너지를 낸다. 그러니 이 물질을 포착할 수 있다면 무슨 일이 벌어질지 상상해보라. 그리고 2012년 7월 4일, 영광스러운 성과가 나타났다. 드디어 힉스 보손 입자를 감지한 덕분에 물질이 무엇에서 질량을 얻는지를 알 수 있었다. 물리학이라는 복잡한 세계에서는 발견한 물질이 힉스 입자일 확률이 통계적으로 5시그마 수준(99.99994%)에 이르러야 했고, 실제로 그랬다.

그렇다면 이런 실험들로 생길지 모를 위험은 무엇일까? 실제로 대형 강입자 충돌기가 지구 종말을 일으킬지 모를 기계라는 공포가 있다. 블랙홀을 만들어 지구의 모든 것들을 빨아들일지도 모르고, 아니면 이론상 '이상 소립자strangelet'라고 불렀던 위험한 입자를 만들지도 모른다. 이 이상 소립자가 지구 전체를 '뜨겁고 커다란 이상한 물질 덩어리'로 바꿔놓으리라는 두려움이 있었다. 두 차례 안전성 평가 결과, 그런 일들이 일어나지 않으리라는 결론이 나왔다. 대형 강입자 충돌기에서 일어나는 일이 우주에서도 자연스레 일어나지만 위험한 결과는 없기 때문이다. 정말 마음이 놓인다. (그렇다 해도 과학소설에 대형 강입자 충돌기가 등장하는 것까지 멈추지는 못했다. 심지어 댄 브라운Dan Brown의 소설《천사와 악마Angels and Demons》에서는 대형 강입자 충돌기가 생성한 반물질을 무기 삼아 어떤 세력을 겨냥한다. 어디일 것 같은가? 바로 바티칸이다. 예수에 반대하고자 반물질을 쓴다?)

실험은 계속 이어진다. 그리고 대형 강입자 충돌기가 앞으로도 중요한 발견을 계속하려면 성능 개선이 필요하다. 과학자들의 바람은 언제나 끝이 없다. 2022년에 개선을 진행할 예정이므로, 앞으로 수행할 실험들이 우리가 사는 세상을 구성하는 물질의 비밀을 계속 밝힐 것이다. 그렇게 얻은 새로운 지식이 어떤 결과를 낳을지 누가 알겠는가? 그래도 한 가지 확실한 결실은 영원한 안전 에너지다. 마이클 패러데이Michael Faraday가 전기라는 신비로운 에너지가 존재한다는 것을 처음으로 증명했을 때는 전기를 적용할 곳이 전혀 없었다. 당시 수상이 패러데이에게 전기가 어디에 유용하냐고 물었더니 이렇게 답했다 한다. "모르겠습니다, 수상님. 하지만 틀림없이 세금은 매길 수 있을 겁니다." 핵물리학이 학문으로 발돋움했을 때도 마찬가지였다. 핵물리학 때문에 원자 폭탄이나 핵연료가 생겨나리라고 확언한 사람은 없었다. 물리학자 리처드 파인먼Richard Feynman은 말했다. "물리 연구는 섹스와 같다. 아이는 틀림없이 섹스의 결과물이지만, 그렇다고 우리가 꼭 아이를 낳으려고 섹스를 하지는 않는다."

국제 우주정거장과 대형 강입자 충돌기라는 거대한 기계는 수많은 사람이 수천 년 동안 지난날의 성과에 조금씩 노력을 더한 결과

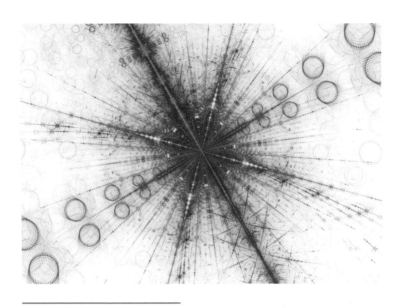

양성자를 서로 부딪쳐 원자보다 작은 세계를 밝히고 있다.

물이다. 두 기계 모두 우리 인간의 끈질기고 쉼 없는 호기심이 우리를 움직인 결과물이다. 닐 암스트롱이 인류 최초로 달을 걸었을 때, 암스트롱 뒤에는 그가 그 작은 발걸음을 내디딜 수 있도록 묵묵히 도운 수없이 많은 사람이 있었다. 수학과 과학과 공학이 있었다. 두 기계에 쓰인 공학은 영국 더들리 근처 광산 아래에서 들렸던 뉴커먼 엔진의 낯선 소음에서 비롯했다. 그러니 이 두 기계가 앞으로 우리에게 무엇을 알려줄지 어찌 알겠는가? 또 우리가 입이 떡 벌어지게 멋진 어떤 새로운 기계를 만들지 어찌 알겠는가? 그러니 미래로 나아갈 때 우리 인간이 협력 본성과 평화 본성을 계속 드러내기를 바라자.

15장

인류는 질병을 정복할 수 있을까?
: 면역의 과학

WILL WE STOP
ALL DISEASES?

페이스북 창립자 마크 저커버그Mark Zuckerberg가
최근 2100년까지 모든 질병을 고칠 치료제를 찾겠다는 목표를 내
걸고 재단을 세웠다. 이 포부가 정말로 실현될 날이 올까? 우리는 왜
병에 걸릴까? 질병은 지금껏 언제나 우리를 괴롭혔다. 질병이란 몸
이 제대로 기능하지 못하는 건강 상태로, 대개 징후와 증상으로 나
뉘어 나타난다. 병에 걸리면 우리는 삶을 오롯이 누리지 못한다. 그
런데 병은 사람에 따라 아주 천차만별로 나타난다. 어떤 사람은 아
프지만, 어떤 사람은 아프지 않는다. 이런 차이는 우리를 병에 걸리
게 하는 유전자 변이 때문에 나타날 수 있다. 또 생활 방식 때문에
나타날 수도 있다. 그도 아니면 대개 그렇듯, 유전자와 생활 방식이
결합해 나타날 수도 있다. 어떤 사람들은 가난해서 병에 걸리기도
하고, 그저 운이 나빠 병에 걸리기도 한다.

　의학은 우리를 아프게 하는 많은 원인에 멋진 치료법을 제공한다.
하지만 아직도 치료하기 어려운 질병이 많다. 알다시피 새로운 치료
법을 찾고자 엄청난 노력을 쏟고, '돌파구'를 찾았다는 소식도 자주
듣는다. 그렇다면 전망은 어떠한가? 조짐은 좋다. 이제 우리는 몸속

에서 무엇이 잘못되어 아픈지를 어느 때보다 자세히 안다. 때로는 몸 속의 어떤 분자 때문에 병이 생겼는지까지. 그러므로 이제 목표는 몸이 아프지 않게 하거나, 아팠을 때 병을 고치는 것이다.

항생제를 발견하기 전까지만 해도 우리 목숨을 가장 많이 앗아간 질병은 감염병이었다. 왜 그랬을까? 한 가지 견해는 우리가 떠돌이 유목 생활을 멈추고 아주 가까이 모여 살기 시작하자, 사람들 사이에 병이 퍼지기가 더 쉬워졌다는 것이다. 가축과 함께 살기 시작했을 때는 가축의 병원균이 사람에게 옮겨 퍼져 병을 일으켰을 터이므로 특히 더 그랬을 것이다. 감염병의 증상은 대개 세균이든 바이러스든 병을 일으킨 감염원이 다른 곳으로 퍼지려고 일으키는 것이다. 감기에 걸렸을 때 기침을 하는 까닭 중 하나가 이것이다. 바이러스는 다른 사람에게 옮아가 번식하고자 재채기를 하게 한다.

그런데 감염병이 미쳤던 엄청난 피해를 세 가지 커다란 돌파구, 즉 깨끗한 물, 백신, 항생제 덕분에 억제할 수 있었다. 깨끗한 물을 공급할 방법은 19세기에 기술자들이 여과 방식을 포함해 여러 방안을 떠올려 해결했다. 예방 접종은 에드워드 제너Edward Jenner가 발견했다고 알려져 있다. 그는 목장에서 젖 짜는 여인들이 웬만해서는 천연두에 걸리지 않는다는 말을 듣고서, 그 이유가 이들이 이미 천연두보다 약한 우두에 걸렸기 때문이라고 생각했다.(하지만 농부 벤저민 제스티Benjamin Jesty에게 우두와 천연두의 관련성을 들었을 가능성이 더 크다.) 그래서 제너는 효과를 확인하고자 제임스 핍스James Phipps라는 어린아이에게 우두에 걸린 사람의 고름을 접종한다.

에드워드 제너(1749~1823). 천연두 감염을 막을 백신을 아이에게 접종하고 있다.

여기에는 과학적 방법이 작용했다. 즉 가설(우두가 천연두에서 사람을 보호한다)을 세운 다음, 가설을 검증했다(누군가에게 우두를 접종한 뒤 천연두에 노출해 천연두에 걸리지 않는지 확인한다). 제너는 제임스 핍스에게 우두 고름을 접종한 뒤 다시 천연두에 노출했다. 그리고 짠! 핍스는 천연두에 걸리지 않았다. 무슨 일이 일어났던 것일까? 핍스의 면역 체계가 우두에 반응하기는 했지만, 우두를 가볍게 앓고 끝났다. 우두와 천연두 바이러스는 여러 특성을 공유한다. 따라서 핍스가 천연두에 노출되었을 때는 이미 면역 체계가 천연두를 적으로 인식하도록 훈련된 뒤라 천연두에 능숙하게 대처했다. 이 과정은 마치 전쟁과 같았다. 처음 맞붙은 적은 노병들이라 수가 많아도 쉽사리 무찔렀다. 그다음에는 같은 소속인 더 젊고 건장한 부대가 몰려왔지만 적인 줄을 재빨리 알아채 무찔렀다. 이것은 엄청난 진전이었다. 천연두가 수많은 목숨을 숱하게 앗아갔던 탓에 누구나 벌벌 떨던 치명적인 바이러스였기 때문이다. 제너의 천연두 백신을 뒤따라, 병을 예방하고자 병원균의 독성을 약하게 만든 다른 백신도 여럿 개발되었다. 초창기에 나온 백신으로는 디프테리아 백신과 광견병 백신이 있다. 이제 우리는 여러 질병을 백신으로 예방한다.

항생제는 백신과 달리 세균을 죽인다. 이런 특성이 있는 첫 항생제가 페니실린으로, 알렉산더 플레밍Alexander Fleming이 우연히 발견했다.(플레밍이 운이 좋았다는 뜻이다.) 플레밍은 세균을 배양한 접시에서 곰팡이가 자라면서 세균을 죽인 사실을 알아챘다. 이 곰팡이는 사실 플레밍의 실험실 가까이 있던 아일랜드 의사 찰스 라 투쉐Charles La

알렉산더 플레밍(1881~1955). 페니실린을 발견해
마침내 수많은 목숨을 구했다.

Touche의 실험실에서 건너온 것이었다. 라 투쉐는 거미집이 천식 발작

을 일으키는지 살펴보고자 런던의 이스트엔드오브런던에서 거미집

을 모았다. 그 거미집에 페니실린을 만들어 세균에서 자신을 지키는

푸른곰팡이penicillium의 균이 붙어 있었다. 바로 이 푸른곰팡이가 어찌

된 일인지 라 투쉐의 실험실에서 플레밍의 실험실로 날아들어, 배양

접시 안에 있던 세균을 죽였다. 그래서 플레밍은 페니실린을 '곰팡이

즙'이라 불렀다. 비록 세균이 항생제에 맞서도록 진화하리라는 두려

움이 있지만, 이제 항생제는 해마다 수백만 명의 목숨을 구한다.

아직 몇 가지 바이러스를 해결하지 못했지만, 우리는 바이러스 감

염을 이겨낼 방법도 갈수록 더 많이 찾아내고 있다. 소아마비를 일으

키는 바이러스를 물리칠 백신은 찾아냈다. 하지만 에이즈를 일으키

는 HIV나 C형간염을 일으키는 바이러스를 이겨낼 백신은 아직 찾아내지 못했다. 하지만 에이즈와 C형간염은 항생제가 세균을 직접 표적으로 삼듯이 바이러스를 직접 표적으로 삼는 치료제가 있다.

에이즈에 맞선 싸움은 특히 성공을 거뒀다. 에이즈에 걸린 사람들은 이제 여느 사람처럼 오래 살리라 기대할 수 있다. 겨우 20년 전만 해도 에이즈가 사망 선고였다는 사실을 되돌아보면, 이는 놀랍기 그지없는 성공이다. HIV는 T림프구를 감염하는 아주 교활한 바이러스다. T림프구는 우리 면역 체계에서 보병 구실을 하여, HIV를 몸에 들어온 적으로 인식한다. 하지만 HIV는 이 세포 저 세포로 옮겨 다니며 끝내 T림프구를 죽인다. 이 때문에 면역결핍이 일어나 갖가지 감염을 일으키고, 끝내 환자가 죽는다. 그 가운데 많은 사람이 극심한 폐렴으로 죽는다.

2016년에 추산해보니 HIV 감염자가 3,670만 명이었고, 이해에 HIV로 목숨을 잃은 사람이 100만 명이었다. HIV는 유인원이나 원숭이(이들은 HIV를 품고 살 수 있도록 진화했으므로, HIV에 걸려도 아프지 않는다)에서 사람으로 옮겨온 듯하다. 미국에서 에이즈 확산은 1981년 6월 5일 미국 질병 통제 예방 센터가 남성 동성애자 사이에 폐포자충 폐렴이 이상하리만큼 많이 발병한다고 발표하면서 공식 확인되었다. 그전까지는 대개 면역력이 떨어진 장기이식 환자에서만 폐포자충이 나타났다. 그 뒤로 왜 이런 현상이 나타났는지를 추적한 끝에, 1983년에 파리의 파스퇴르 연구소 소속 과학자들이 HIV가 원인이라는 사실을 밝혀냈다. 제약사들이 HIV가 세포분열을 일으키지 못하게 막을 물질을 개발하기 시작했고, 마침내 항레트로바이러스 치료법을 발견했다. HIV는 레트로바이러스다. 여기서 레트로[retro]는 역전사[reverse transcriptase]의 줄임말로, 이 이름이 붙은 까닭은 레트로바이러스의 유전물질이 DNA가 아닌 RNA라, 숙주인 T림프구에 들어간 뒤에 DNA로 역전사하기 때문이다. 원래 우리 세포에서는 DNA가 RNA로 전사한다.

처음 개발된 약물은 바로 이 역전사를 수행하는 HIV효소(이런 효소를 역전사 효소라고 한다.)를 표적으로 삼았다. 역전사효소 억제제 세 가지를 함께 복용하는 칵테일 요법을 쓰면 특히 효과가 크다. 최근 한 연구가 유럽과 북아메리카의 HIV 감염자 88,500명을 조사한 연구 18개의 데이터를 분석했더니, 오늘날 항레트로바이러스 치료를 받는 스무 살짜리 HIV 감염자의 기대 수명이 일반인과 비슷한 일흔여덟 살이었다. 그토록 많은 사람의 목숨을 앗아간 질병에 맞서 얻은 어마어마한 성과다.

깨끗한 물, 백신, 항생제 덕분에 우리는 이제 이전보다 훨씬 오래 산다. 백신과 항생제는 의학계의 모든 진보 중에서도 가장 중요한 진보라고들 여긴다. 두 약물은 정말 많은 목숨을 살렸다. 그러므로 우리는 감염병에서 살아남을 것이다. 하지만 다른 여러 질병에 발목이 잡힐 위험이 있다. 인류를 괴롭히는 질병은 약 7,000가지로 추정된다. 대다수는 드물게 일어나는 병이다. 어떤 병은 유전자 이상이 원인으로, 자연스레 발병하거나 부모에서 아이에게로 유전한다. 낭성 섬유증이 그 예로, 폐에서 CFTR이라는 단백질을 만드는 유전자에 변이가 생겨 발병한다. CFTR은 폐의 염도를 조절하는 일을 한다. 만약 CFTR에 이상이 생기면 염분이 쌓여 폐를 망가뜨린다. 그러면 감염을 부추겨 낭성 섬유증에 더 많은 문제를 일으킨다.

하지만 오늘날 가장 많이 목숨을 앗아가는 질병은 심장병과 암이다. 가장 자주 발생하는 심장병은 동맥경화증이다. 동맥에 콜레스테롤 등이 쌓이다 끝내 꽉 막혀 피가 흐르지 않으면 심장마비를 일으킨다. 동맥경화를 일으키는 위험 요인은 여럿으로, 크게는 흡연, 스트레스, 높은 콜레스테롤 수치가 있다. 콜레스테롤은 동맥에 들러붙어 피가 흐르지 못하게 가로막아 심장마비를 일으킨다. 스타틴statin처럼 콜레스테롤 수치를 낮추는 약물은 동맥에 콜레스테롤이 쌓이지 않도록 막아서, 심장병 치료에 커다란 진전을 이뤘다.

암은 유전자 변이로 일어나는데, 흡연이나 자외선 같은 환경요인이 이런 변이를 일으키기도 한다. 담배에 들어 있는 독성 화학물질이나 태양의 자외선이 DNA와 화학반응을 일으키기 때문이다. 화학반응은 DNA를 바꾸고, 따라서 그 DNA가 만들 단백질 제조법까지 바꾼다. 이렇게 만들어진 새 단백질은 이를테면 세포 성장을 제어하지 못해 종양을 형성함으로써 암을 일으킨다. 유전자는 대개 세포 성장을 일으키는 단백질을 만드는데, 변형 유전자는 세포 성장을 통제하지 못한다. 또 종양이 자라지 못하도록 억누르는 단백질을 만드는 이른바 종양 억제 유전자가 있는데, 이 유전자가 변이하면 종양이 계속 자란다. 종양 세포는 퍼지는 과정에서 전이도 일으킨다. 그러다가 종양 세포가 머물러 자라는 곳이 바로 암이 우리 목숨을 앗아가는 곳이다. 예를 들어 종양 세포가 뇌에 머물면 뇌종양으로 목숨을 잃는다.

암을 고치는 치료법에는 암세포를 독으로 죽이는 화학요법, X선으로 태우는 방사선요법, 수술로 제거하는 방법이 있다. 의사들은 암에 맞선 전쟁에서 갈수록 더 많이 이기고 있다. 오늘날 암 치료율은 60%에 이른다. 우리 몸을 실제로 공격하는 침윤성 암의 5년 생존율이 1994~1999년 사이에 진단받은 환자에서는 45%였지만, 2006~2011년 사이에 진단받은 환자에서는 59%로 늘어났다. 현재 유방암의 생존율은 81%, 전립선암의 생존율은 91%다. 이런 성과는 조기 진단 덕분이다. 암은 더 빨리 치료할수록 효과가 더 좋다. 늦으면 소 잃고 외양간 고치는 꼴이기 때문이다. 그런데 요즘 한 가지 획기적인 방법이 환영받고 있다. 과학자들이 살펴보니 어떤 상황에서는 우리 면역 체계가 암세포를 죽이기도 했다. 이때 면역 체계는 암세포 속에 있는 변이 단백질을 이물질로 인식한다.

면역 체계는 적과 친구를 구분하는 일을 하는데, 암세포를 만나면 어쩌다 가끔만 적으로 인식한다. 문제는 암이 '모든 병의 황제'라 부를 만큼 약삭빠르다는 것이다. 그래서 갖가지 방법으로 면역 체계의 공격을 비껴간다. 면역 활동을 꺼버리는 중요한 스위치로는 '면역 관문immune checkpoint'을 형성하는 PD1단백질과 PDL1단백질이 있다. 면역 세포에는 종양 세포를 찾아내 죽이는 PD1이라는 단백질이 있는데, 종양은 PDL1단백질을 늘려 면역 세포의 PD1과 결합한다. PD1이 PDL1과 결합하면 면역 관문이 형성되어 면역 세포가 활동하지 못한다. 마치 PD1이라는 스위치를 PDL1이라는 손가락이 눌

러서 면역 세포의 불을 모조리 꺼버리는 것과 같다. 이 때문에 과학자들은 PDL1 손가락이 PD1 스위치를 끄지 못하게끔 막아, 면역 세포가 종양 세포를 죽이는 제구실을 하도록 설계한 면역 관문 억제제 즉 항체를 시험했다. PD1 억제제나 PDL1 억제제 같은 이런 새로운 약물은 이전에는 생명을 연장할 치료법이 없었던 암, 특히 많은 목숨을 앗아간 폐암과 흑색종에서 성공을 거뒀다.

흑색종 환자의 평균 생존 기간은 약 1년이다. 그런데 PD1을 차단해 PDL1과 결합하지 못하게 막는 PD1 억제제를 쓴 환자 가운데는 3년 넘게 생존한 사람도 있고, 어떤 사람은 암이 아예 사라졌다. 그러므로 정말로 암을 고치거나 적어도 진행 속도를 늦출 치료법이 나올지 모른다는 전망은 이제 현실이 될 확률이 높다. PD1과 PDL1은 과학자들이 추적 끝에 완전히 새로운 암 치료제를 내놓게 한 새로운 표적이다.

그러므로 이제 우리는 주요 사망 원인인 심장병과 암을 일으키는 원인이 무엇인지를 꽤 자세히 안다. 하지만 우리를 괴롭히는 질병 가운데는 아직 원인을 전혀 알지 못하는 것도 많다. 심장병과 암 다음으로 우리를 괴롭히는 것은 염증 질환이다. 여기에는 류머티즘 관절염, 다발 경화증, 염증성 장 질환 같은 병이 해당한다. 알츠하이머병이나 파킨슨병 같은 퇴행성 신경 질환도 뇌에서 잘못 축적된 단백질에 염증 반응을 일으키므로 염증 질환으로 분류한다. 알츠하이머병에서는 베타 아밀로이드 단백질과 타우 단백질이 알지 못하는 이유로 뇌에 쌓인다. 파킨슨병에서는 알파 시누클레인 단백질이 마찬가지로 알지 못하는 이유로 뇌에 쌓인다.

우리가 아는 사실은 이런 염증 질환에서는 면역 체계가 갈피를 잃고 제멋대로 우리 몸의 세포를 공격한다는 것이다. 염증 질환에 쓸 수 있는 항염증제는 여러 가지다. 몇 가지는 식물 성분에서 유래한다. 그 옛날 우리 조상들도 어떤 식물의 추출물이 염증을 줄인다는 사실을 알았다. 그래서 초창기 약물은 거의 모두 식물에서 추출한 것이었다. 다른 영장류도 특정 식물에 유익한 효능이 있다는 사실을 안다. 침팬지는 기생충에 감염되었을 때 국화과 식물인 아스필리아 모삼비센시스^{Aspilia mossambicensis}를 먹어 기생충을 없앤다.

염증은 언제나 쉽게 눈에 띈다. 염증이 있다는 것은 감염되었거나 다쳤다는 뜻이다. 염증 부위는 열이 나서 벌겋게 부어오르고 아프다. 그러므로 그 옛날 조상들은 염증을 알아채고서 어떤 식물을 먹거나 문질러 치료했다. 기록이 남은 첫 약물은 기원전 1550년에 작성된 에베르스 파피루스^{Ebers Papyrus}에 상형 문자로 적혀 있는 식물이다. 이 식물은 고대 이집트에서 결막염과 치질을 치료하는 데 쓰였다. 그 식물은 무엇일까? 바로 대마초다. 대마초 성분인 카나비노이드는 실제로 염증을 멈추는 효과가 있다.

실험실에서 합성한 첫 약물은 아스피린이다. 아스피린은 항염 성질이 있다고 알려졌던 버드나무 껍질에서 살리실산을 추출해 분자구조를 일부 바꾼 화합물이다. 아스피린을 만든 곳은 독일 제약사 바이엘^{Bayer}로, 이곳은 모르핀을 개량한 약물도 만들었다. 이 약을 맞으면 영웅이 된 느낌이 든다 해서 이름을 헤로인이라 붙였다. 바이엘은 헤

에베르스 파피루스. 기원전 1550년에 파피루스에 작성한 이집트 의학서다. 결막염과 치질을 치료하는 데 대마초를 쓰라고 적었다.

로인이 정신에 매우 해로운 영향도 미친다는 사실을 한참 뒤에야 알 아채는 바람에, 오랫동안 헤로인을 기침약으로 팔았다.

노화에 따라 나타나는 주요 질환은 사실 염증 질환이다. 그리고 이런 질환의 원인은 여러모로 바로 우리다. 감염으로 죽었다면 늙지도 않았을 텐데, 살아남은 덕분에 이제 늙기 때문이다. 노화는 마치 병처럼 보인다. 눈은 침침하지, 귀는 어둡지, 여기저기 쑤시고 결려 안 아픈 데가 없는 데다, 예전처럼 삶을 오롯이 누리지도 못한다. 노화에 따른 이런 염증 질환이 왜 일어나는지는 알지 못한다. 다만 우리가 나이 들수록 염증의 진행이 정상을 벗어나 세포조직을 망가뜨린다는 사실을 알 뿐이다. 어떤 조직이든 염증이 생기면 붉게 부풀어 오르고 아프다. 관절염에서는 관절이, 염증성 장 질환에서는 소화 기관이, 다발경화증에서는 중추 신경계가 그런 영향을 받는다.

치료법에도 발전이 있었다. 새로운 표적을 발견한 과학자들은 이 표적들을 차단할 방법을 찾아냈다. 이를 잘 보여주는 사례가 TNF라는 단백질이다. 염증 조직에서 만들어지는 TNF는 염증을 더 많이 일으켜 조직이 괴사하도록 촉진한다. TNF를 표적으로 삼는 약물들은 류머티즘 관절염, 크론병 같은 질환에 효과를 발휘한다. 이런 약물들은 마치 스펀지처럼 TNF를 빨아들이도록 설계된 항체 단백질이므로 최첨단 기술을 이용한 치료제다. 이 약물들이 병을 완전히 낫게 하지는 못하지만, 작용 과정에서 병의 진행 속도를 늦추므로 환자의 삶이 크게 달라진다. 이런 염증 질환을 완전히 고치려면 근본 원인을 찾아내야 한다. 아마 근본 원인에는 유전적 차이, 환경의 영향, 그리

독일 제약사 바이엘은 인류의 첫 합성 약품. 아스피린을 만들었다. 또 헤로인이라는 기침 약을 만들어 팔았는데, 나중에 보니 중독성이 워낙 강해 판매를 중단했다.

고 우리가 아직 발견하지 못한 바이러스가 결합하여 있을 것이다.

노령 인구가 늘수록 알츠하이머병과 파킨슨병이 더 많이 눈에 띈다. 알츠하이머병은 회복할 수 없는 뇌 질환으로, 기억과 사고력을 천천히 무너뜨린다. 처음 증상은 대개 예순 살이 넘었을 때 나타난다. 알츠하이머는 알로이스 알츠하이머Alois Alzheimer라는 의사의 이름을 딴 것이다. 그는 치매를 앓았던 환자의 뇌를 살피다가, 기억과 가장 관련이 깊은 뇌 영역인 해마에서 아밀로이드가 덩어리처럼 뭉친 아밀로이드판amyloid plaque과 신경 섬유가 실타래처럼 엉킨 신경섬유 다발neurofibrillary tangle을 발견한다. 이 아밀로이드판과 신경섬유 다발이 해마의 신경세포를 죽이기 때문에 환자가 지난 일을 기억하지 못한다.

보아하니 알츠하이머병도 면역 체계와 관련이 있다. 면역 세포가 아밀로이드판을 청소하려다 뜻하지 않게 염증을 일으키면 그 과정에서 신경세포가 죽는다. 과학자들이 알츠하이머병 환자에서 달리 나타나는 유전자를 찾아봤더니, 아포 지질 단백질 E4형(APOE-ε4) 유전자가 두드러졌다. 이 유전자가 있는 사람은 치매가 생길 위험이 높다. 최근 한 연구에 따르면 APOE-ε4가 아밀로이드판과 신경 섬유 다발이 생기도록 유도한다. 그러므로 APOE-ε4를 표적으로 삼는 신약이 나올지도 모른다. 아직 큰 성과를 보이지는 않지만, 아밀로이드판과 신경 섬유 다발을 직접 겨냥하는 약물도 개발 중이다.

파킨슨병도 알츠하이머병과 비슷하지만, 파킨슨병에서는 알파-시뉴클레인alpha-synuclein이라는 단백질이 덩어리를 만든다. 이 덩어리가 중뇌에 있는 흑질이라는 부위에 쌓인다. 흑질은 운동신경을 제어하는 데 관여하므로, 흑질의 신경세포가 죽으면 운동 능력이 떨어진다. 발음기관이 제대로 움직이지 못해 단어를 정확히 발음하지 못하므로 언어능력도 떨어진다. 파킨슨병은 치료법이 많지 않고, 흑질에서 생성되는 신경전달물질인 도파민을 대신 투약하는 방법을 주로 쓴다.

하지만 여기에서도 면역 세포의 과잉 활성이 중요할지 모른다. 따라서 면역 체계와 염증 진행과정을 표적으로 삼는다면 알츠하이머병(알츠하이머병은 현재 치료제의 효과가 매우 적다)과 파킨슨병을 치료할 방법이 나올지도 모른다. 실제로 여러 염증 증상에서 한결같이 나타나는 상황이 있다. 염증 질환이 생기면 대식세포라는 면역 세포가 노화 때문에 몸에 쌓이는 찌꺼기를 깨끗이 치우려 한다. 그러다 짜증이 난 나머지, 염증을 일으킨다. 다른 예로는 요산 결정이 쌓여서 나타나는 통풍, 동맥벽에 콜레스테롤이 쌓여서 나타나는 동맥경화증, IAPP라는 단백질이 쌓여서 나타나는 2형당뇨병이 있다. 대식세포는 이런 찌꺼기들을 먹어치우려 하지만, 이때 대식세포에 존재하는 NLRP3라는 단백질이 이런 물질들을 감지하면 염증을 일으킨다. 내가 공동 창립한 인플러좀Inflazome을 포함한 여러 회사가 NLRP3을 차단하는 약물을 개발 중이다. 이런 약물이 개발된다면 모든 질병에 유용하게 쓰일 것이다. NLRP3은 대식세포와 염증 진행 과정에 흥미를 느낀 과학자들이 발견한 물질이다. 그리고 앞으로 아주 중요한 발견으로 밝혀질 것이다.

그렇다면 미래는 어떤 모습일까? 의료 연구는 전 세계에서 수십억 유로를 투자하는 활동이다. 여러 대학교, 연구 기관, 제약사에서 수많은 과학자가 변화를 일으키고자 연구에 힘쓰고 있다. 그중에서도 진정한 영웅은 거트루드 엘리언Gertrude Elion이다. 엘리언은 통풍, 말라리아, 포진 같은 질병을 치료할 신약을 개발한 공로로 1988년 노벨 생리의학상을 공동 수상했다. 그리고 이런 수상 소감을 남겼다. "우리가 쏟은 노력이 실제 의료에서 부족한 부분을 채우고 환자에게 도움이 될 신약으로 나타나기 시작했을 때, 그동안의 노력이 아깝지 않은 더할 나위 없는 뿌듯함을 느꼈다." 인류는 생의학 연구에 해마다 2,400억 달러(한화 약 290조 원) 넘는 돈을 쏟아붓는다. 하지만 이런 투자는 서구권 사람들을 괴롭히는 심장병과 암 같은 질병에 치우친 나머지, 말라리아와 사망률이 매우 높은 결핵 같은 감염병에는 크게 관심을 쏟지 않는다. 여기에는 상업주의도 한몫한다. 제약사는 수익을 올리고 싶어 하므로, 더 부유한 나라를 괴롭히는 질병을 좇는다. 해결하기 너무 어렵다는 생각에 어떤 질병은 아예 포기하기도 한다. 최근에 화이자Pfizer는 비용을 이유로 알츠하이머병 같은 뇌 질환 연구를 중단한다고 발표했다.

의학 연구는 생명 기관이 실제로 어떻게 작동하는지 이해하려는 노력에서 시작하여 생명 기관이 고장 나면 어떤 일이 벌어지는지를 파악한다. 영국의 의학 연구 위원회Medical Research Council는 DNA가 단백질을 만들 정보를 담은 이중나선 구조라는 발견을 낳은 연구를 지원했다. DNA의 유전자 정보가 바뀌면 유전병이 생긴다. 유전자는 당뇨병을 치료할 인슐린 같은 중요한 약품을 개발하는 데도 이용된다. 따라서 의학 연구 위원회는 기금을 아주 가치 있게 썼다. 과학자

거트루드 엘리언(오른쪽)과 조지 히칭스George Hi-
tchings(왼쪽). 통풍, 말라리아, 포진 치료제를 개발한 공
로로 1988년에 노벨상을 받았다.

들은 대체로 병을 치료하고자 약물을 발사할 표적을 찾아내려 한다.

현재 갖가지 신약이 개발 중이다. 여기에 거는 희망도 대단히 크다. 그동안 쌓인 모든 기초 연구가 이제 신약을 만들 새로운 통찰을 낳고 있다. 앞으로 언젠가는 오늘날 우리를 괴롭히는 주요 질병들을 예방하거나, 진행을 늦추거나, 치료하는 날이 올 것이다. 그렇다면 그때 우리는 무엇 때문에 죽음을 맞을까? 지루함? 아니면 새로운 질병이 생겨날까, 아니면 그 옛날 질병이 유령처럼 다시 돌아와 우리를 괴롭힐까? 알 수 없는 일이다. 비록 이제 백신을 발견했지만, 최근 생겨난 에볼라 바이러스는 자만하지 말라는 가르침을 알려준다. 또 항생제에 내성이 생기는 세균도 조심해야 한다. 이런 세균은 감염병이 수백만 명을 죽이던 시절로 우리를 되돌릴지 모른다. 생각만 해도 오싹한 일이다.

우리가 생각해봐야 할 멋지고 새로운 것들이 몇 가지 있다. 특히 흥미로운 분야는 결함이 있는 유전자를 고치는 기술이다. 이 기술은 12장에서 세균을 다루며 처음 설명했듯이, 바이러스에서 외부 유전자를 잘라내 조작하는 방식이다. 이는 세균의 면역 체계가 바이러스의 DNA를 표적으로 삼아 바이러스와 싸울 때 중요한 부분이다. 과학자, 그중에서도 제니퍼 다우드나Jennifer Doudna, 에마뉘엘 사르팡티에Emanuelle Charpentier, 펑장Feng Zhang이 모든 DNA에 이 방법을 이용할 수 있고, 더 나아가 돌연변이 유전자에 생기는 DNA 손상도 고칠 수 있다는 사실을 알아냈다. 이 기술이 바로 크리스퍼 유전자 가위다. 이제 많은 실험실이 다양한 상황에서 크리스퍼 기술을 시험한다. 이제는 심장병을 일으키는 돌연변이 유전자를 크리스퍼 기술을 이용해 바로잡을 수도 있다. 심장병 유발 유전자 교정은 인간의 수정란으로 실행되었다. 만약 그 수정란을 계속 키웠다면 그렇게 태어난 사람은 해당 심장병을 앓지 않으리라는 뜻이다. 그러므로 대단히 밝은 전망이 보인다. 크리스퍼 기술을 이용해 예컨대 실명이나 근육 위축을 일으키는 질병, 그리고 수많은 유전 질환과 관련한 유전자 손상을 고칠 수 있을지도 모르기 때문이다.

엄청난 흥분을 일으키는 또 다른 중요한 영역은 줄기세포 연구다. 알다시피 수정란에는 모든 신체 장기를 만들 모든 정보가 들어 있다. 야마나카 신야山中 伸弥 라는 일본 과학자는 세포에 배아 발달 초기에만 발견되는 네 가지 단백질 Oct3/4, Klf4, Sox2, c-Myc을 만드는 유전자들을 집어넣으면, 세포를 다시 설계해 사실상 수정란으로 바꿀 수 있다는 사실을 알아냈다. 이것을 네 단백질의 머리글자를 따 'OKSM 프로토콜'이라고 한다.

이 유전자들은 어찌 된 일인지 해당 세포, 이를테면 피부 세포를 거꾸로 되돌려 사실상 수정란으로 돌려놓는다. 기억하는가? 우리 몸에 있는 세포는 하나같이 완벽한 인간을 만드는 데 필요한 유전자를 모두 담고 있다. 모든 세포는 바로 그 수정란이 DNA를 계속 복제하여 만든 것이기 때문이다. 어떤 세포가 특별히 다른 형태가 되는 까닭은 어떤 유전자는 발현하지만 어떤 유전자는 발현하지 않기 때문이다. 따라서 피부 세포는 '나는 피부 세포야'라고 말하는 단백질을 만들고, 간세포는 '나는 간세포야'라고 말하는 단백질을 만든다. 하지만 그런 유전자에 OKSM을 집어넣으면 피부 세포가 분화하지 않은 줄기세포, 즉 수정란에 가까운 상태로 되돌아간다. 그다음에는 줄기세포를 키워, 손상된 척수를 고칠 새로운 신경조직이나 망가진 신장을 대신할 새로운 신장을 만들 수 있을 것이다.

여러 회사가 골수에서 줄기세포를 채취한 뒤 나이 들었을 때 새로운 몸을 만드는 데 이용하도록 보관하는 사업을 한다. 자동차 엔진의 부품을 교체하는 것과 조금 비슷하게, 우리도 망가지거나 노화한 장기를 교체할 수 있을지 모른다. 노화를 물리치고 영원히 살 수 있을지도 모른다. 그렇다면 중요한 물음은 이것이다. '이 모든 신기술에 얼마를 낼 생각인가?' 이런 의술들은 지금도 비쌀뿐더러 앞으로도 계속 비쌀 것이다. 우리 몸의 면역 체계를 깨우는 항암제에 현재 아일랜드 환자가 치르는 돈은 한 해에 10만 유로(한화 약 1.3억 원)다. 누가 그 돈을 낼까? 정부가 비용을 책임질까? 부자는 제 돈으로 치료를 받지만 가난한 사람들은 늘 그랬듯 병에 시달리는 불평등한 상황을 맞이할까? 이런 상황은 지금도 어느 정도 현실이다. 특히 아프리카를 괴롭히는 감염병은 치료할 수 있는 병인데도, 그곳 사람들은 절박하게 필요한 약품을 손에 넣지 못한다.

그러므로 질병을 예방하려면 무엇보다 먼저 세 가지 일을 해야 한다고 사람들에게 계속 상기시켜야 할 것이다. 알다시피, 앞에서 언급한 여러 질병을 물리치는 데는 건강한 식습관, 적절한 운동, 충분한 수면이 도움이 된다. 그래도 우리를 그런 병에 걸리게 할 위험이 있는 유전자를 수정할 수 있다면, 병이 아예 생기지도 않을 것이다. 어쨌든 우리는 모두 《걸리버 여행기 Gulliver's Travels》를 쓴 조너선 스위프트 Jonathan Swift 의 말을 따라야 할 것이다. '건강의 비결 세 가지는 잘 먹고, 푹 쉬고, 기쁘게 사는 것이다.' 그중에서도 최고는 웃음일 듯하다.

16장

노인은 더는 노인이 아니다
: 노화의 과학

WHY YOU SHOULDN'T
WORRY ABOUT GETTING OLD

'나이가 드는구나, 나이가 들어. 이제 바짓단을 접어 입어야겠구나.' T. S. 엘리엇 ^{T.S. Eliot}이 인간의 상황을 깊이 파고 든 〈J. 알프레드 프루프록의 사랑 노래^{The Love Song of J. Alfred Prufrock}〉에 쓴 시구다. 우리는 누구나 나이를 먹는다. 지구에 사는 거의 모든 생명체가 나이 들고, 또 죽는다. 모두가 아니라 거의 모두. 주로 단세포로 혼자 사는 세균과 효모 같은 생물은 나이 들거나 죽지 않고 그저 계속 세포분열을 하기 때문이다. 물론 한 연구에 따르면 어떤 효모 세포는 40번 정도 분열한 뒤에는 분열을 멈춘다. 즉 죽는다.

우리도 그런 모습을 보이는 구석이 있다. 우리 세포도 계속 분열하다 마침내 분열을 멈춘다. 이를테면 창자에 있는 세포는 이틀에서 나흘마다 한 번씩 교체된다. 그래도 결국 우리는 죽는다. 뜻하지 않게 사고로 죽기도 한다. 이때도 세포는 혈류에서 계속 분열하다가 에너지가 떨어지고서야 분열을 멈춘다. 우리 대다수는 병으로 죽는다. 또 앞 장에서 봤듯이 많은 사람이 노화에 따른 질환으로 죽는다. 우리 몸은 언젠가는 활동을 멈춘다. 한때 대수롭지 않게 싸웠던 감염이 우리를 죽이기도 한다. 또 노화 과정 끝에 심장이나 뇌가 마침내 멈춰 서기도 한다. 암처럼 나이를 가리지 않는 질병이나 사고로 죽지 않는다면, 우리 몸은 늙어 노화로 죽는다. 죽음은 다음 장에서 더 자세히 다루겠다. 이 장에서 다룰 내용은 이것이다. '늙는다는 것은 도대체 무엇일까?'

먼저 수명을 들여다보자. 우리가 알기로 지금까지 가장 오래 산 사람은 프랑스의 잔 칼망Jeanne Calment(1875~1997)으로, 122년 164일을 살았다. 칼망이 그토록 오래 산 이유는 잘 알지 못한다. 다만 그녀는 자신의 장수 이유를 이렇게 말했다 "언제든 웃음을 잃지 마라. 내가 오래 산 것은 이 말 덕분이다. 나는 죽을 때도 웃으며 죽을 것 같다. 내 계획은 그렇다." 잔 칼망의 수명은 인간의 최대 한계에 가까워 보인다. 다른 생명체의 수명을 보면 결과가 꽤 놀랍다. 쥐는 평균 3년을 살고, 고양이는 12년, 개는 13년을 산다. 딱히 무슨 이유가 있는 것도 아니다. 그래서 한때는 몸집을 원인으로 보았다. 몸집이 크면 더 오래 산다는 뜻이었다.

그런데 최장수 기록을 보유한 것으로 보이는 지구 생명체는 촉수가 달린 자그마한 민물 동물 히드라로, 1,400살까지 살 수 있다. 아일랜드 사람의 기대 수명은 남자가 79.4살, 여자가 83.4살로, 평균은 81.4살이다. 다른 나라에 견주면 사실 그리 나쁘지 않은 수준이다. 순위가 가장 높은 곳은 일본으로 83.7살이다. 아일랜드는 19위로, 바로 뒤에는 평균수명이 81.2살인 영국이 있다. 시에라리온은 썩 좋지가 않아, 평균수명이 50.1살이다. 여기에는 에이즈 같은 질병도 한몫한다.

잔 칼망. 공인된 최장수 인물로, 122년 164일을 살았다.

우리를 포함해 어떤 생명체가 얼마나 오래 살지 여부는 심장박동 수와 관련이 깊다. 인간은 평생 심장이 평균 22.1억 번 뛴다. 고양이는 11.8억 번이다. 증명된 바에 따르면 심장박동 수는 각 생물의 생존 햇수와 곧장 연결된다. 물벼룩을 따뜻한 물에 넣으면 심장박동이 412% 증가하고, 수명이 77% 줄어든다. 하지만 전체 심장박동 수는 변함없이 1,540만 번에 머무른다. 하지만 여기에서도 주의할 것이 있다. 노화 전문가는 심장박동 수를 아주 엉성한 경험칙으로 본다. 새와 박쥐는 기대 수명보다 심장박동 수가 훨씬 많다. 그렇다 해도

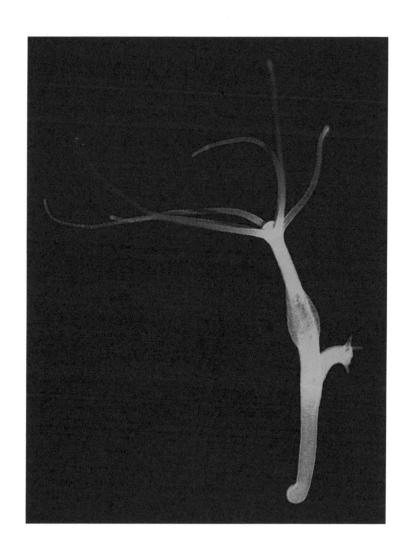

민물 동물인 히드라는 1,400살까지 살 수 있다고 한다.

종마다 심장박동 수가 정해지기는 한 듯하다. 우주 비행사 닐 암스트롱은 이런 현상을 재치 있게 표현했다. "사람마다 정해진 심장박동 수가 있다고 믿는다. 그래서 내 심장박동을 한 번이라도 허투루 쓰고 싶지 않다." 달리 말해, 운동으로 분당 심장박동 수가 늘어나면 실제로 수명이 줄어들지도 모른다는 뜻도 된다. 아, 운동을 안 해도 될 완벽한 명분을 얻었다.

이런 법칙을 체세포에 적용해보자면, 체세포 하나하나도 정해진 수만큼 분열하다가 멈춘다. 이 현상은 레너드 헤이플릭^{Leonard Hayflick}이라는 과학자가 처음 자세히 연구했으므로, 세포마다 정해진 분열 횟수를 '헤이플릭 한계^{Hayflick limit}'라 부른다. 즉 헤이플릭 한계란 각 세포가 늙기 전에 분열할 수 있는 회수다. 태아 세포는 이 수가 60번이다. 한 번도 분열하지 않는 세포도 있다. 가장 좋은 예가 뇌의 신경세포다. 뇌를 다쳤을 때 완벽하게 회복하기 어려운 까닭도 바로 이렇게 신경세포가 애초에 분열하지 않기 때문이다.

그렇다면 세포는 자신이 헤이플릭 한계에 다다른 줄을 어떻게 알까? 엘리자베스 블랙번^{Elizabeth Blackburn}, 캐럴 그라이더^{Carol Greider}, 잭 쇼스택^{Jack Szostak}이 놀라운 사실을 발견했다. 이들이 살펴보니 염색체의 끄트머리에 뉴클레오타이드가 잇달아 붙어 있었다. 기억하는가? 우리 염색체는 DNA로 만들어진다. 그리고 DNA는 여러 뉴클레오타이드가 아주 긴 사슬로 엮인 것이다. 우리 인간의 DNA에서는 이런 사슬 23쌍이 염색체 23쌍을 이룬다. 블랙번과 동료들은 염색체 끄트머리에 똑같은 뉴클레오타이드가 여럿 달려 있다는 사실을 알아냈다. 마치 구슬 한 줄의 끄트머리에 노란색 구슬 여러 개가 매달려 있는 모습이었다. 이 노란 부분을 끄트머리에 있는 부분 즉 텔로미어 telomere(말단 소체)라고 한다. 세 사람은 이 발견으로 2009년 노벨 생리의학상을 받았다.

세포가 분열할 때마다 텔로미어가 조금씩 짧아진다. 즉 염색체가 노란 공을 몇 개씩 잃는다. 텔로미어가 마침내 아주 짧아지면 세포가 이를 감지해 분열을 멈춘다. 마치 세포 안에 계수기가 들어 있는 것과 같다. 그런데 암세포의 큰 특징이 죽지 않는다는 것이다. 암세포는 분열에 분열을 거듭하여 종양을 형성한다.(종양tumour의 어원인 라틴어 tumor는 혹처럼 부어오른다는 뜻이다.) 암세포가 계속 구슬을 되돌리기 때문이다. 텔로미어를 계속 생성하는 효소가 바로 텔로머레이즈telomerase(말단 소체 복원 효소)로, 암세포가 자라지 못하게 막을 방법으로 탐구해봐야 할 흥미로운 표적이다.

헤이플릭 한계나 텔로미어 길이가 우리 목숨이 다하는 것과 도대체 어떻게 관련하는지는 알지 못한다. 하지만 과학자들은 텔로미어와 수명이 틀림없이 관련한다고 믿는다. 모든 세포가 끝내 분열을 멈출 때 우리가 죽기 때문이다. 아마 이 현상은 줄기세포와 관련이 있을 것이다. 줄기세포는 우리가 나이 들 때 조직을 계속 복원하는 세포다. 상황에 따라 예컨대 창자 세포로 분화하여 헤이플릭 한계가 정한 분열을 계속하다 마침내 죽는다. 죽은 세포가 대체되지 않으면, 바로 그것이 노화의 신호다.

우리가 늙는 과정을 자세히 밝히려는 노력은 두 측면에 초점을 맞춘다. 첫째는 유전자다. 다른 부문에서도 대개 그렇듯, 여기에서도 특정 유전자의 변이가 한몫을 한다. 장수가 대물림한다는 말을 들어본 적이 있을 것이다. 그런데 정확히 어떤 유전자가 장수에 관여하는지 정확히 짚어내기도 어렵다. 둘째 측면인 환경요인이 유전 요인과 뒤섞여 영향을 미치기 때문이다. 예컨대 어떤 어머니가 자신의 어머니에게서 배운 방법을 바탕으로 자녀를 건강하게 키웠다면, 유전 때문인지 환경 때문인지는 모르지만 그 어머니와 자녀 모두 나이 지긋한 노인이 될 때까지 산다.

하지만 환경요인에서는 한 가지가 특히 중요한 역할을 하는 듯하다. 바로 무엇을 먹느냐다. 우리가 음식을 먹으면, 몸은 음식을 분해해 나온 산물로 몸을 유지하고, 또 ATP라는 분자를 생성한다. ATP는 모든 생명체에서 에너지 화폐 역할을 한다. 따라서 우리가 근육을 쓸 때든, 피를 흐르게 할 때든, 세포분열로 DNA를 복제할 때든, 몸에서 에너지가 필요한 모든 일에 연료를 공급할 배터리 구실을 한다. 그런데 차량 엔진이 기름을 태울 때 엔진이 배기가스를 내뿜듯, ATP를 생산하는 과정에서도 부산물이 생긴다.

이 부산물이 바로 '활성산소'다. 노화 측면에서 보면 활성산소가 주로 생기는 곳은, 음식에서 흡수한 영양분으로 세포 안에서 ATP를 만드는 기관인 미토콘드리아다. 활성산소는 반응성이 워낙 높은 화학물질이라(실제로 표백제에 활성산소가 많이 들어 있다), 우리 몸은 여러 방법을 이용해 활성산소를 제어한다. 활성산소를 없애는 산화방지제를 세포에서 만들기도 하고 음식으로 섭취하기도 한다. 하지만 공기가 쇠를 녹슬게 하듯이, 활성산소도 우리 DNA를 녹슬게 한다. 그래서 끝내는 DNA를 망가뜨린다. 비록 이견이 있기는 하지만, 어떤 과학자들은 노화 기제의 핵심이 DNA가 녹스는, 달리 말해 DNA가 천천히 손상되는 데 있다고 본다.

활성산소를 해독하는 데 뛰어난 단백질들을 만드는 유전자가 변이를 일으키면 노화를 촉진하는 듯하므로 우리가 먹는 것이 결국 우리를 죽인다는 견해에 무게를 더한다. 이 단백질들이 더 강력한 산화방지제 역할을 하기 때문이다. 그러므로 블루베리와 브로콜리처럼 산화방지제가 풍부한 음식을 먹으면, 활성산소가 미치는 악영향에 맞설 수 있을지 모른다. 우리를 끝내 죽이는 음식에서는 적게 먹어 비만해지지 않는 것 말고는 우리가 그다지 할 수 있는 일이 없다. 100살 넘게 산 사람들을 연구한 여러 결과에 따르면, 이들의 공통점은 대체로 적게 먹고 뚱뚱하지 않다는 것이다.

다른 연구들에 따르면, 50대에 운동하는 사람은 수명을 2.5년 늘릴 수 있다. 결혼도 수명을 7년 정도 늘린다. 아마 결혼이 스트레스를 줄이기 때문일 것이다. 반대로 이혼은 수명을 평균 3년 줄인다. 결혼이 건강에 이롭다는 것은 쉽게 알 수 있다. 배우자는 좋은 습관을 들이도록 우리를 지지하고 때로 격려한다. 하지만 여기에서 원인과 결과를 구분하기는 어렵다. 결혼이 타고나기를 건강하게 오래 살 확률이 높은 사람의 수명을 더 늘린다는 증거는 있지만, 정서 불안정처럼 바람직하지 못한 특성이 있는 사람들은 이미 건강한 삶을 살 확률이 낮고 더 쉽게 이혼한다. 또 어떤 사람들에게는 불행한 결혼에서 벗어

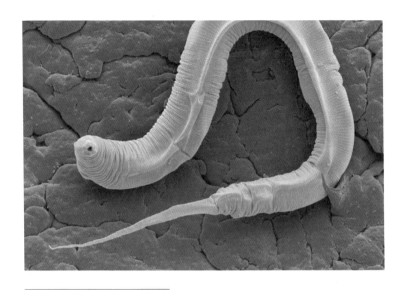

현미경으로 들여다봐야 하는 예쁜꼬마선충의 어떤 유전자를 바꾸면 평균
수명보다 두 배나 오래 산다. 이때 변형한 유전자는 영양에 관여하는 역할
을 한다.

나는 것이 새로운 삶을 시작할, 달리 말해 더 오래 더 행복하게 살 기
회가 될 것이다.

동물 연구도 음식이 노화에 영향을 미친다는 견해를 뒷받침한다.
그중에서도 눈에 띄는 연구 대상은 현미경으로 들여다봐야 보이는
예쁜꼬마선충이다. 예쁜꼬마선충은 썩은 버섯을 먹고 사는데, 노화
를 연구하는 사람들은 이 동물을 사랑해 마지않는다. 2~3주를 살 뿐
이라 짧게 사는지 길게 사는지를 파악하기가 쉽다. 세포 수도 기껏해
야 자웅동체는 959개, 수컷은 1,031개뿐이라(인간은 사뭇 다르게도 수
십 조 개에 이른다.) 모든 세포를 추적하기가 쉽다. 케임브리지 대학교

에서 연구할 때 존 설스턴^{John Sulston}이라는 과학자를 만난 적이 있다. 무엇을 연구하느냐고 물었더니, 하루에 8시간씩 현미경을 들여다보며 예쁜꼬마선충의 세포를 세고 추적한다고 답했다. 속으로 '무슨 그런 빌어먹을 연구가!'라고 생각했는데, 설스턴이 이 연구로 2002년 노벨 생리의학상을 받았다. 이 획기적인 연구 덕분에, 세포가 어떻게 살다가 죽는지를 아주 깊이 이해할 수 있었기 때문이다. 예쁜꼬마선충은 유전자를 조작한 뒤 무슨 일이 벌어지는지를 파악하기도 쉽다. 과학자들이 이 작은 생물에서 영양과 관련한 유전자들을 조작했더니, 선충의 수명이 두 배로 늘어났다.

이 수치를 인간에 대입하면, 우리는 200살 넘게 살 수 있다. 수명을 늘리는 유전자를 변형한 예쁜꼬마선충은 먹이를 더 효과적으로 소화했다. 달리 말해 고연비 상태가 되어 활성산소를 덜 내뿜으니, DNA 손상이 덜 일어났다. 사람에서도 DNA 손상이 노화를 일으킨다는 증거가 있다. 베르너 증후군^{Werner's syndrome}이라고도 하는 선천성 조로증은 사람이 아주 빠르게 늙는 병이다. 이런 질환이 있는 사람들은 손상된 DNA를 복구하는 효소를 만드는 유전자에 변이가 있는 탓에 DNA 손상이 쌓여 노화를 촉진한다. 정상 효소는 영양 섭취의 부산물인 활성산소가 DNA에 일으킨 손상을 복구한다.

그렇다면 먹을 것을 조심하면 더 오래 살 수 있을까? 증거를 보아하니 실제로 그렇다. 과식은 몸에 나쁘다. 이와 달리 효과가 무척 뛰어난 식습관도 있다. 그중에서도 지중해 식단은 과일과 채소, 올리브 오일과 해산물로 구성되어 특히 몸에 좋다. 적당한 운동도 좋지만 지

이탈리아의 아차롤리라는 고장에는 100살 넘은 사람이 놀랍도록 많다. 비
결은? 부지런히 몸을 움직이고 가볍게 먹는 것이다.

나친 운동은 해롭다. 너무 열심히 운동하면 활성산소를 더 많이 생성
하기 때문이다. 이와 달리 가벼운 운동은 손상된 조직을 복구하는 등
여러모로 몸에 이로운 화학물질을 만든다.

이런 현상이 일어나는 진짜 이유를 밝히고자, 때때로 과학자들은
평균수명보다 오래 사는 사람들이 사는 지역을 조사한다. 이탈리아
의 외진 고장인 아차롤리는 어니스트 헤밍웨이 Ernest Hemmingway에게
《노인과 바다》를 쓸 영감을 줬다고 여겨지는 곳이다. 바로 이곳 사람
들 가운데 100살 넘게 산 사람들이 300명 정도다.(이 고장 사람들은
이제 그 이유를 파헤치고 싶은 과학자들의 등쌀과 지나친 관심 탓에 아마

수명이 줄어들었을 것이다.) 아무튼 이곳 사람들이 이렇게 오래 사는 원인은 무엇일까? 이들은 노인성 질환인 심장병과 알츠하이머병을 앓는 비율이 매우 낮았다. 대대로 내려온 지중해 식단을 유지해 생선과 올리브 오일, 그리고 로즈메리 같은 허브를 많이 먹었다. 로즈메리는 카르노스산이라는 천연 화학물질을 만든다. 증명된 바에 따르면 이 물질은 나이 든 사람들의 기억력을 높이고, 활성산소가 미치는 악영향을 줄인다. 또 아차롤리 사람들은 가파른 언덕배기에 살므로 언덕을 오르내리며 걷는 것이 일상이라, 여느 사람보다 운동도 더 많이 한다. 그러므로 저 먼 옛날부터 들어왔듯이, 장수의 비결은 건강하게 먹고 운동하는 것이다. 그런 말도 있지 않은가. '네가 먹는 것이 너를 무덤으로 이끈다.'

노화와 관련한 또 다른 흥미로운 이론은 염증의 진행 과정과 관련한다. 앞 장에서 봤듯이 염증은 우리 몸을 방어하는 데 중요한 부분이다. 감염되거나 발을 삐면 염증이 일어난다. 즉 다친 곳이 열이 나는 데다, 빨갛게 부어 쓰리고 아프다. 우리 몸이 염증을 일으키는 목적은 다친 곳을 회복하는 것이다. 이런 증상은 대개 면역 체계가 감염에서 우리 몸을 보호하고 손상된 조직을 복구하도록 다친 곳으로 피가 몰려들기 때문에 나타난다. 몸을 치유하는 이 과정은 매우 정교하게 작동한다. 그런데 관절염부터 대장염, 뇌를 괴롭히는 다발경화증과 알츠하이머병 같은 질병에서는 염증 반응이 엉뚱하게 작용하기도 한다.

우리를 몹시 괴롭히는 이런 질병을 치료할 새 방법을 찾아내고자,

과학자들이 염증의 과정을 파악하는 데 크나큰 노력을 쏟고 있다. 이런 질병 가운데 몇 가지는 노화 질환으로, 노화 과정이 발병에 한몫하는 듯하다. 그래서 생긴 용어가 노화에 따른 염증을 뜻하는 '노화염증inflammaging'이다. 활성산소도 염증을 유발한다. 그러므로 항염증제가 노화를 줄일지도 모른다. 실제로 라파마이신rapamycin이라는 항염제는 노화를 늦추는 기능이 증명되었다. 여러 약물 중에서도 라파마이신은 쥐의 수명을 20%까지 늘렸다. 이를 인간에 적용하면 우리 평균수명은 96살까지 늘어난다.

뇌의 시상하부가 노화에 중요한 역할을 한다는 것도 증명되었다. 시상하부에 존재하는 NF-카파B(NF-κB)가 염증을 일으키기 때문이다. NF-κB를 차단했더니 쥐의 수명이 20% 더 늘어났다. 또 핏속에 있는 대식세포에서 염증을 일으키는 주요 인자로 NLRP3(이 물질이 질병에 어떤 역할을 하는지는 15장을 참조하라)이라는 물질이 있다. NLRP3은 우리가 나이 들면서 쌓이는 손상, 이를테면 혈관에 쌓이는 콜레스테롤 같은 찌꺼기를 감지한다. 쥐에서 NLRP3을 억제하면 노화 과정을 늦춘다는 것이 증명되었다. NLRP3이 없는 쥐는 백내장이 거의 없고, 뼈도 덜 약해졌다. 이는 눈여겨볼 만한 결과로, 우리가 노화 질환을 억제할 새로운 대안에 한 걸음 더 다가가게 해준다.

앞으로 모든 나라가 일본처럼 바뀔지도 모른다. 무슨 말이냐 하면, 건강하게 나이 드는 사람들이 흔해지리라는 뜻이다. 일본에서 일어난 일은 놀랍기 그지없다. 1950년에는 일본인 중 65살 넘는 사람이 5%였다. 이제는 이 수치가 무려 50%다. 여성 한 명당 출산율이

1.4명이니, 인구가 줄고 있다는 뜻이다. 일본은 성인용 기저귀 판매가 갓난아기용 기저귀 판매를 넘어선 첫 나라다. 놀이터는 이제 노인용 운동 공간으로 바뀌고 있다. 이곳에서도 식습관이 장수에 영향을 미친다는 결과가 나타난다. 일본인은 서양인에 견줘 해산물을 많이 먹고 설탕이 든 음료를 훨씬 적게 마신다. 스모 선수를 빼면, 일본에는 뚱뚱한 사람이 드물다.

이 모든 연구를 고려하면 이런 물음이 떠오른다. '우리가 마침내 젊음을 유지할 묘약을 찾아낼까?' 이미 그런 묘약을 먹고 있는지도 모른다. 저용량 아스피린(피를 묽게 해 심장마비 위험을 낮추고자 먹는다)이나 메트포르민(2형당뇨병에 쓰인다) 같은 흔한 약품이 수명을 어느 정도 늘린다고 나타났다. 이유는 이런 약품들에 항염증 특성이 있기 때문으로 보인다. 사실 메트포르민은 무척 흥미로운 약품이다. 더블린의 트리니티 칼리지에서 에밀 워너Emil Werner와 제임스 벨James Bell이 처음으로 합성한 이 약품은 옛날 옛적부터 2형당뇨병에 쓰였던 콩과 식물에서 추출한 약용 성분을 본따 만들었다. 2형당뇨병은 몸에서 인슐린을 만드는데도 세포가 인슐린에 반응하지 못해 밥을 먹은 뒤에 혈당이 높게 나타나는 질병이다. 영국인 18만 명을 조사한 연구에 따르면 메트포르민을 복용하는 사람의 수명이 15% 늘어났다. 메트포르민이 몸에서 정확히 무슨 역할을 하는지 알아낸다면, 효과가 더 뛰어난 메트포르민이 나올 것이다. 메트포르민도 혈당을 낮게 유지하므로 영양 섭취에 관여하고, 또 항염증 특성을 보인다.

생각지 못하게 수명을 늘릴 또 다른 묘약은 젊은 피다. 꽤 특이하

DRACULA

젊은 피를 나이 든 쥐에 주사하면 노화를 늦춘다고 증명
되었다. 드라큘라가 죽지 않는 이유가 이것일까?

/6 Net. BRAM STOKER 1/6 Net.

면서도 눈에 띄는 연속 실험에서 연구자들이 나이 든 쥐에게 젊은 쥐의 피를 주입했더니, 나이 든 쥐가 더 건강해지고 눈이 밝아지고 관절이 더 유연해졌다. 젊은 피는 실제로 나이 든 쥐를 다시 젊어지게 했다. 마치 드라큘라가 젊은이의 피를 실컷 맛봤다는 말로 들리기도 한다. GDF11이라는 인자는 젊은 피에 더 많고 나이가 들면 줄어든다. 이 인자를 쥐에 적용했더니 비슷한 효과가 나타났다. 어떻게 이런 효과가 나타나는지는 명확하지 않지만, 어쩌면 오랫동안 찾아온 젊음의 묘약이 젊은 피인지도 모른다. 그렇지 않을 수도 있고. 이런 기대가 헛된 꿈으로 끝난 일이 어디 한두 번이던가.

이 모든 연구가 저마다 가치가 있을까? '우리는 왜 늙는가?'는 다음 장에서 살펴볼 '우리는 왜 죽는가, 어떻게 죽는가?'와 더불어 지금도 무척 흥미로운 철학적 질문이다. 노화를 늦출 약을 혹시 정말로 찾아내더라도 한없이 수명을 연장할 수는 없을 테니, 우리는 기껏해야 120년 남짓 살 것이다. 물론 줄기세포를 배양해, 노쇠한 장기와 조직을 대체할 새로운 장기와 조직을 계속 생산할 방법을 찾아낸다면 이 한계를 뛰어넘을지도 모르겠다. 하지만 우리는 그보다는 노화 염증 때문에 생기는 쇠락을 억제함으로써, 노화가 남기는 손상을 늦출 것이다. 또 나이 든 뇌는 알츠하이머병 같은 질환에 걸리기 쉬우므로, 나이가 들더라도 치매에 덜 걸릴 방법도 찾아야 한다. 이를테면 두뇌 활동을 계속 활발하게 유지해 어떻게든 뇌를 보호한다면, 치매를 예방할 것이다.(두뇌 활동이 활발하면 뇌세포들이 더 많이 연결되므로, 나이가 들었을 때 뇌세포 연결이 줄어들더라도 대응할 여력이 있어 뇌 건강에 도움이 될 것이다.)

그런데 나이 드는 것을 덮어놓고 나쁘게 볼 일은 아닌 듯하다. 잇따른 연구가 증명한 바에 따르면, 어떤 특성이냐에 따라 우리가 정점에 이르는 나이가 다르다. 삶을 되돌아볼 때 가장 좋았다고 생각할 나이가 몇 살일 것 같은가? 스물넷? 마흔일곱? 일흔다섯? 우리 몸과 마음이 몇 살에 정점을 찍는지 밝히고자 과학자들이 다양한 신체 특성과 정신 특성을 살펴봤더니 무척 흥미로운 결과가 몇 가지 나왔다. 외국어를 배우기에 가장 좋은 나이는 일고여덟 살이다. 남의 말을 가장 잘 받아들이는 때가 이 나이인 듯하다. 부모의 조언을 무시했다가는 사고로 다칠지도 모를 나이이므로, 귀를 가장 쫑긋 세우는 때이기 때문일 것이다.

조심할 것이 있다. 이 나이에는 정보의 영향도 무척 크게 받는다. 예수회 사람들도 이 사실을 알고서 "일곱 살짜리 사내아이를 내게 보내보라. 사내로 만들어주겠다"라고 말했잖은가. 서른 살을 넘어서면 외국어를 배우기가 훨씬 더 어렵다. 하지만 뇌의 처리 능력, 예컨대 정보를 이해하고 긴 숫자를 기억하는 능력은 열여덟 살에 가장 뛰어나다. 이 능력은 대학에 다닐 때 유용하다. 뇌가 복잡한 학부 과정을 학습할 준비를 단단히 마쳤기 때문이다. 낯선 이름을 기억하는 능력은 스물두 살에 정점에 이른다. 이제 거친 사회에 발을 들였으니, 다른 부족 족장의 이름을 까먹어 심기를 건드리고 싶지 않아서일 것이다. 따라서 이때는 지위 불안도 정점을 찍는다.

남성이 가장 매력을 느끼는 여성의 나이는 스물두 살이다. 이와 달리 여성은 자기보다 한두 살 많은 남성을 매력 있게 여긴다.(하지만 온라인 데이트 주선 사이트인 오케이큐피드OKCupid의 자료를 바탕으로 나온 결과이므로 무의미한 수치일 수 있다. 이 사이트에 접속한 사람들이 일반인을 대표한다고 보기 어려우므로 대체로 믿을 만한 자료가 아니기 때문이다.) 근력은 스물다섯 살에 정점을 찍는다. 마라톤에 가장 뛰어난 나이는 스물여덟이다. 골밀도는 뼈의 칼슘 함유량이 가장 높은 서른 살에 가장 높다. 체스 경기 우승자 96명을 살펴보니, 기량이 정점에 오르는 나이는 서른한 살이었다.

만 명을 조사한 한 연구에 따르면(이 정도면 대규모 연구이므로 결과도 정확할 것이다), 다른 사람의 감정을 이해하는 능력은 40대와 50대에 가장 뛰어나다. 나이가 들수록 더 좋아지는 능력은 또 있다. 산수 능력은 쉰 살에 가장 뛰어나고, 어휘력은 60대 후반에 가장 뛰어나다(그러니 대표작을 쓰겠다면 그때까지 기다리시라). 70대에는 자신의 몸을 훨씬 만족스럽게 여긴다. 그리고 누구나 알다시피, 우리가 가장 지혜로워지는 때는 일흔 살이 넘어서다. 이 결론은 사람들에게 갈등 상황을 제시한 뒤, 다른 사람의 견해를 파악하고 주어진 상황에서 나올 만한 결과를 고려하여 타협을 모색할 줄 아는 능력이 있는지 조사한 결과다. 따라서 나이가 들면 지혜로워진다는 말은 정말로 맞다.

여러 연구를 종합한 놀라운 결론 하나는 살면서 삶의 만족도가 두 번 정점을 찍는다는 것이다. 한 번은 스물셋, 한 번은 예순아홉에. 삶의 만족도는 유명한 U자형 곡선으로 나타난다. 스물셋에 가장 행복했다가 만족도가 뚝뚝 떨어져 쉰 살에 바닥을 친 다음 다시 올라가 예순아홉에 다시 정점에 오른다. 이런 현상은 아이가 있든 없든, 결혼을 했든 안 했든, 아일랜드 축구팀을 응원하든 안 하든 상관없이 나타난다. 이유는 모르겠지만 우리가 애초에 그렇게 설계된 듯하다. 무엇보다도, 일흔 살이 넘으면 우리는 자기 인생에 10점 만점에 적어도 7점을 매긴다. 젊을 때는 이 점수가 더 낮다. 혹시 삶이 불행하다고 느끼는가? 그렇다면 기다려보라. 어느 현명한 노인이 이런 말을 남겼다. "스무 살에는 남들이 나를 어떻게 생각할지를 걱정한다. 마흔 살에는 남들이 나를 어찌 생각할지에 신경 쓰지 않는다. 예순 살에는 남들이 나를 안중에 두지도 않는다는 사실을 깨닫는다." 그러니 당신이 그 자리에서 버티며 우아하게, 그리고 부디 건강하게 나이 먹는다면, 그럴 만한 가치가 충분한 일이다. 삶이 나아질 일밖에 남지 않았기 때문이다.

17장

저승사자를 두려워하지 말라
: 죽음과 사후의 과학

DON'T FEAR THE REAPER :
DEATH AND BEYOND

당신도 나도 언젠가는 죽는다. 그리 유쾌한 전
망은 아니지만 말이다. 하지만 기억하라. 과학은 어떤 주제도 회피
하지 않는다. 아일랜드에서는 해마다 약 3만 명이 죽는다. 그 바람에
장의사들이 늘 바쁘다. 이들은 죽은 사람을 수없이 본다. 어떤 사람
은 사고 때문에 수명보다 일찍 죽는다. 어떤 사람은 지긋하게 나이
들어 죽는다. 삶에 온갖 일정을 빼곡히 채워 넣지만, 스마트폰에 있
는 달력을 보면 틀림없이 언젠가 당신이 죽을 날이 있다. 자, 달력 화
면을 뒤로 쭉쭉 넘겨봐라. 그러다 보면 … 아마 당신이 죽을 날을 지
나쳤을 것이다. 저승사자가 아직 그 날짜를 적어 넣지 않았으니까.

흥미롭게도, 요즘 아일랜드에서 태어난 아이는 100살 넘게 산다고
봐도 이상할 것이 없다. 현대 의학이 발전하여 스타틴(혈관 속 콜레스
테롤 수치가 올라가지 않게 억제하여 심장마비 위험을 낮춘다) 같은 약물
이 나온 데다, 희망 사항이지만 이 아이들이 금연, 소식, 운동, 숙면처
럼 수명을 늘릴 더 나은 생활 방식을 실천할 터이기 때문이다. 그래도
20%쯤은 사고나 뇌졸중 같은 발작으로 갑자기 예상치 못하게 죽을
것이다. 또 다른 20%는 암으로 죽을 것이다(물론 15장에서 봤듯이 새

로운 암 치료법이 계속 등장하고 있으니, 이 수치는 내려갈 것이다).

암 환자는 그런대로 꽤 건강한 삶을 유지하다가 죽음이 몇 주 앞으로 다가오면 몸이 빠르게 나빠진다. 그리고 나머지 사람들은 나이가 들면서 서서히 몸이 나빠진다. 그사이 한편으로는 심장이나 신장의 기능 부전, 치매 같은 만성질환에 시달리고, 한편으로는 다양한 약물에 힘입어 수명을 늘린다. 어떤 추정치에 따르면 우리는 평생 먹는 약의 90% 이상을 생애 마지막 해에 먹는다고 한다. 그러므로 이 세상에서 보내는 마지막 달은 신체 기능이 서서히 떨어지는 상황에서 몸이 아팠다가 나아지기를 반복하는 특징을 보인다. 꽤 암울한 소식이다. 안 그런가? 그러니 먹고 마시고 즐겨라. 내일이면(그렇지 않다고 해도 언젠가는) 죽을 몸이니.

죽음과 관련하여 오랫동안 사람들의 뇌리를 떠나지 않았던 한 가지 물음이 있다. 사람이 정말로 죽었는지를 실제로 어떻게 알 수 있을까? 지금이야 뻔히 알 수 있는 일로 보이겠지만, 그 옛날에는 목이 잘렸으면 모를까 죽음을 판단하기가 어려웠다. 당신이 몇 백 년 전 사람이라고 생각해보자. 어느 날 나이 든 할아버지(그때는 할아버지라고 해봤자 마흔 살쯤이었다)를 보니 꼴까닥 숨이 넘어가신 듯하다. 당신은 의사가 아니라 신부를 부른다. 그 신부가 사망 판정을 내릴 것이다. 그때 신부들이 죽음을 확인할 방법이라고는 기껏해야 겉으로 드러나는 신호뿐이었다. 거울을 입 위에 대 김이 서리는지 보거나, 깃털을 코 아래에 대 깃털이 움직이는지 봤을 수도 있다. 1700년대가 한창 무르익었을 무렵에는 심장박동을 확인하는 방법이 알려졌다. 하지만 심장박동을 크게 들을 수 있는 청진기는 1816년에야 발명되었다. 프랑스인 의사 르네 라에네크 René Laennec가 처음 발명한 청진기는 대롱 모양이라 한쪽 귀로만 들을 수 있었다. 이어서 아일랜드인 의사 아서 리어드 Arthur Leared가 두 귀로 들을 수 있는 청진기를 발명했고, 이것이 현대 청진기의 바탕이 되었다. 죽음을 확인하는 방법 중에는 밸푸어 검사 Balfour's test라는 아주 오싹한 것도 있었다. 이 방법에서는 가늘고 긴 바늘을 심장에 찔러 넣은 다음, 밖으로 튀어나온 쪽에 작은 깃발을 붙였다. 깃발이 움직이면 심장이 뛰고 있다는 뜻이니 그 사람이 살아 있다고 봤다.

그런데 의사들이 어떤 사실을 깨닫기 시작했다. 사람이 실제로는 여전히 살아 있어 회복할 수 있는데도 겉보기에는 심장박동이나 호흡이 감지되지 않아 죽은 듯이 보일 때가 있다는 사실이다. 이런 현상 때문에 19세기에는 사람들이 산 채로 묻히는 일이 드물지 않았다. (존 레넌 John Lennon에 따르면 자주 걷어차였다*는 에드거 앨런 포 Edgar Allan Poe는 그런 오싹한 이야기를 굉장히 자주 이용했다.) 그래서 당시 사람들은 관에 안전장치를 달았다. 땅 위에 있는 종과 관 속 사람을 줄로 연결해, 어느 운 없는 사람이 관에서 정신을 차리더라도 종을 울릴 수 있게 했다. 죽은 자가(실제로는 산 자가) 종을 울리는 셈이다. 오늘날에도 의사들은 특정 상황에서 사망 선고를 내릴 때 주의를 기울인다. 어떤 환자가 자살하려 했거나 물에 빠지는 바람에 혼수상태에 빠져

---

* 비틀스의 〈나는 바다코끼리 I am the Walrus〉에 그런 가사가 나온다.

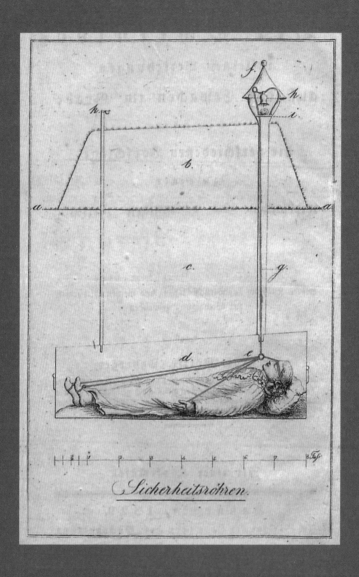

소생 종. 산 채로 묻히지 않게 막아줄 안전장치다.

병원에 실려 온다면, 체온이나 맥박 같은 활력징후가 전혀 없기 일쑤다. 만져보면 몸이 차가울 이런 환자들은 활력징후가 돌아올 수 있으므로, 정말로 죽었는지 확인하고자 대개 먼저 몸을 따뜻하게 덥힌다. 그래도 활력징후가 나타나지 않는다면 이 불운한 사람이 진짜 죽었다는 뜻이다.

요즘에는 위급한 환자의 목숨을 되살리거나 유지하는 데 쓸 방법이 무척 다양하다. 인공호흡기를 달아 호흡을 유지하고 혈액을 순환시킬 수 있다. 살아 있다는 신호인 맥박만 잡힌다면 환자의 생명을 계속 유지할 수 있는 장치가 가지가지다. 하지만 의사들은 이런 환자들의 목숨이 기계 때문에 강제로 유지될 뿐이라는 사실을 이미 1950년대에 알아챘다. '지속하는 식물인간 상태'나 '회복할 수 없는 혼수상태'라는 말은 이런 환자들을 설명하고자 만든 말이다. 이들은 회복할 길이 없는 뇌를 다쳤으므로 의식이 돌아오지 않는다. 그래서 이제 우리는 죽음을 '뇌사'로 정의한다.

뇌로만 정의한 이런 죽음에 해당하는 사람은 스스로 숨을 쉬지 못한다. 우리 몸이 생명을 유지하는 데 필요한 에너지를 공급하려면 연료를 태워야 하고, 연료를 태우려면 산소가 있어야 한다. 이 산소를 공급하는 데 꼭 필요한 것이 바로 호흡이다. 간단히 말해, 우리 몸이 생존에 필요한 산소를 충분히 얻지 못하면 우리는 죽기 시작한다. 그런데 몸에 있는 다양한 세포는 저마다 다른 속도로 죽는다. 예컨대 손을 베는 바람에 바닥에 피를 흘렸다고 해보자. 그 피에 가득한 백혈구는 몸 밖에서도 몇 시간은 계속 살아 있다. 그러므로 죽는 데 걸리는 시간은 사실 수많은 세포 중 어떤 세포가 산소를 공급받지 못하느냐에 달렸다.

뇌는 산소 공급에 특히 욕심이 많다. 두뇌 활동을 유지하려면 엄청난 연료가 필요하기 때문이다. 우리가 소비하는 포도당의 75%를 뇌에서 타닥타닥 불꽃을 튀기는 신경세포들이 태운다. 그리고 이 포도당을 태우려면 산소가 필요하다. 그런데 예컨대 심한 뇌졸중이 일어나 뇌의 주요 혈관인 중간뇌 동맥이 막힐 때처럼 뇌에 산소가 끊기면, 우리는 3분에서 7분 안에 죽는다. 청산가리가 뇌졸중에 맞먹을 만큼 빠르게 사람을 죽이는 까닭도 호흡 과정에 직접 개입해 세포가 산소를 호흡하지 못하게 가로막기 때문이다. (세포는 산소가 있어야만 연료를 태워 ATP라는 에너지 화폐를 만들 수 있다.) 마찬가지로 예컨대 심장동맥이 심각하게 막혀 심장에 피가 공급되지 않으면 심장이 경련을 일으켜 꽤 빨리 죽음에 이른다.

하지만 우리 대다수는 이렇게 갑작스러운 죽음을 맞지 않는다. 16장에서 봤듯이 세월이 흐르면서 몸의 기관들이 서서히 고장 난다. 기계와 마찬가지로, 우리 몸의 구성품도 닳는다. 죽음이 다가오면 이런 기관들이 슬슬 고장 난다는 신호가, 저승사자가 문을 두드리고 있다는(또는 죽음을 알리는 아일랜드 유령 밴쉬가 지붕 위에서 울부짖는다는) 신호가 조금씩 밖으로 드러난다. 죽음이 가까운 사람은 마치 절전 모드에 들어간 컴퓨터처럼 남은 기운을 아끼고자 더 오래 잔다. 기운이 너무 달리면 먹고 마실 기운도 나지 않는다. 음식을 삼키기 어려워지고 입안이 바싹 마른다. 이때 느낄 모든 고통은 대개 의사가 해결해준다. 실제로 많은 사람이 그리스 로마 신화 속 꿈의 신이자 잠의 신 모르페우스에서 따온 모르핀 같은 진정제에 취해, 말 그대로 모르페우스의 품에 안긴 채 이승의 짐을 벗는다. 딱히 나쁘지는 않은 방법이다.

죽음이 다가오면 우리는 고통 완화 치료라는 영역에 발을 디딘다. 고통 완화 치료의 목적은 환자의 목숨을 연장하는 것이 아니라 환자를 안심시키고 삶의 질을 높이는 것이다. 그러니 사람의 생명을 연장하고자 최선을 다하는 의료 종사자에게는 힘든 일일 수도 있다. 그래도 고통 완화 치료는 중요한 의료 영역이다. 그 이유는 의사이자 작가인 시슬리 손더스Cicely Saunders가 쓴 대로다. "우리가 어떻게 죽느냐가 계속 살아갈 사람들의 기억에 남는다."

그런데 죽음 앞에서 슬픔에 잠긴 가족들을 당혹스럽게 하는 소리가 있다. 사람이 죽을 때 나는 가래 끓는 소리다. 이 소리는 기관지 분비물이 폐에 쌓여 생긴 울혈 탓에, 사람이 마지막 숨을 내쉴 때 나는 것이다. 그리고 나면 심장이 멈추고 그것으로 끝이다. 엄마 배 속에서부터 한 해도 쉬지 않고 평균 20억 번 넘게 뛴 심장이, 생명이 빚어낸 멋진 걸작이, 이 세상 모든 멋진 것이 그렇듯 끝을 맞이한다.

우리가 모르는 것은 죽는 사람이 정확히 무엇을 느끼느냐다. 그런데 더러 죽음의 문턱에서 돌아온 사람들에 따르면 평온과 안락을 느낀다고 한다. 이런 경험을 임사 체험이라고 한다. 이들이 말하는 내용은 놀랍도록 비슷하다. 자신의 몸에서 벗어나 둥실 뜬 기분이 드는 유체 이탈을 경험했다거나, 밝은 빛을 보고서 그쪽으로 다가갔다거나, 죽은 피붙이가 자기에게 오라고 손짓했다거나. 이런 주장은 모든 문화에서 놀랍도록 비슷하게 나타난다.

이들이 밝은 빛을 본 이유를 시신경의 마지막 발화로 설명하기도 한다. 다른 임사 반응을 설명할 가장 그럴듯한 이유는 뇌에 생긴 변화가 환각을 일으켰다는 것이다. 몸이 천연 진통제인 엔도르핀을 만드느라 이런 반응이 일어났을 수 있다. 우리가 고통을 느끼거나 격렬한 운동을 하면 몸은 흔히 엔도르핀을 분비한다. 바로 이 엔도르핀이 죽음 앞에서도 진정제처럼 고통을 가라앉히고 꿈을 꾸는 듯한 상태를 일으킬 것이다. 물론 이런 상황을 숭고하게 해석하는 사람들도 있다. 이들에 따르면 사람이 죽어가는 과정은 죽음이 전혀 두려워할 일이 아니라고 다른 사람들에게 알리는 구실을 한다. 실제로도 그렇게 보인다. 죽음을 눈앞에 둔 사람들은 대체로 죽음에 불안해하지 않는다. 죽음이 진행되면서 엔도르핀이 효과를 발휘하기 때문일 것이다.

그러다 마침내 회복하지 못할 단계에 다다른다. 이를 '생물학적 죽음'이라고 한다. 심장박동이 멈추고, 뒤이어 산소 부족으로 뇌세포가 죽기 시작한다. 이런 일이 일어난 뒤에는 어떤 소생술도 소용이 없다. 하지만 때로는 죽음이 마지막 속임수를 하나 쓰기도 한다. 라자로 징후Lazarus sign는 막 죽음을 맞은 사람들에서 드물게 나타나는 척수 반사다. 즉 척수에 있는 신경세포가 아직 죽지 않은 까닭에 반사 행동을 일으킨다. 죽은 사람의 두 팔이 움직여 가슴에서 교차했다가 뚝 떨어진다. 이런 극적인 일이 벌어지면 의료진이나 애꿎은 가족들이 화들짝 놀랄 것은 불 보듯 훤하다.

사람이 죽고 나면 그 사람의 본질에는 무슨 일이 일어날까? 종교
나 문화에 따라 견해가 갈린다. 어떤 이들은 사랑하는 사람을 잃었을
때 그 사람을 사후 세계에서 다시 본다는 생각에 위안을 받기도 한
다. 그래도 의심할 바 없는 사실은 죽음이 모든 사람의 흥미를 사로
잡는다는 것이다.

최근 주목 받는 과학적 물음은 이것이다. '내가 몇 살에 죽을지 예
측할 수 있을까?' 정부와 보험 계리사들은 이런 계산을 하고 싶어 한
다. 연금을 충당하려면 보험료나 연금 납부액을 얼마나 청구해야 할
지, 사람들이 나이 들었을 때 얼마나 많은 의료 서비스가 필요할지를
이 수치로 계산할 수 있기 때문이다.

온라인에는 몸무게, 나쁜 버릇, 가족력 같은 정보를 입력하면 예상
사망 시기를 툭 내놓는 설문지들이 있다. 또 건강한 사람이 앞으로
5년 안에 어떤 질병 때문에 죽을 확률을 예측해주는 '죽음 예측 시
계Death Clock'라는 것도 있다. (내 정보를 입력해봤더니 나는 78번째 생일
에서 3개월 14일을 더 살고 죽는다고 한다. 그러니 내게 남은 시간은 글을
쓰는 지금 219,012시간 17분 21초고, 이마저도 계속 줄어들고 있다. 당장
일정표에 날짜를 적어놓아야겠다. 2042년 10월 1일. 꼴깍!)

과학자들은 간단한 피검사만으로도 어떤 사람이 당장 병이 없어도
앞으로 5년 안에 죽을 위험이 있는지를 예측할 수 있다는 사실을 알
아내고서 놀랐다. 혈액 속 네 가지 특정 인자의 수준을 종합하면 그
사람이 얼마나 '허약'한지를 측정할 수 있었다. 어떤 사람의 이 네 가

지 생체 표지자^{biomarker}(바이오마커)*가 평균과 꽤 차이 난다면, 그 사람은 5년 안에 죽을 확률이 다섯 배 더 높았다. 흥미롭게도 이 연구에서 사용한 네 가지 표지자는 심장병 같은 특수 질환 때문에 죽을 위험이 아니라, 전반적인 건강을 나타내는 신호였다. 생체 표지자는 대개 심장마비를 겪을 위험을 알려주는 콜레스테롤 수치 같은 지표를 포함한다.

이와 달리 네 가지 생체 표지자는 그런 지표가 아닌 생화학 물질, 즉 알부민, 알파 1산 당단백질, 구연산염, 혈액에 쌓이는 나쁜 콜레스테롤인 초저밀도 리포 단백질의 크기가 대상이었다. 연구진은 대체로 건강한 사람 17,345명의 피를 뽑아 100개 넘은 생체 표지자를 살펴봤다. 그 가운데 죽을 확률과 가장 관련 있는 인자가 이 네 가지였다. 연구 대상자 가운데 사망한 684명에서 가장 두드러지게 정상에서 벗어난 인자였기 때문이다. 이 인자들의 수치가 높은 사람은 다섯 명 중 한 명이 1년 안에 죽었다.

이 연구는 사실 과학이 제대로 작동한 훌륭한 사례다. 처음에는 에스토니아인 9,842명을 대상으로 한 연구에서 이와 같은 결과를 얻었지만, 연구진은 결과가 믿기지 않았다. 그래서 핀란드인 7,503명을 더 살펴봤더니 같은 흐름이 나타났다. 그러므로 이 결과는 재현 가능했고, 보편적일 확률도 높았다. 어떤 발견의 정확성을 확실하게 보장하려면 반드시 재현할 수 있어야 한다. 그러므로 이 네 가지 생체 표

---

* 특정 질병이 있는지, 얼마나 심각한지를 측정할 수 있는 표지

우리가 죽고 나면 어디로 갈 것인가? 누구나 언젠가 죽
는다는 사실만이 확실할 뿐이다.

지자 분석을 폭넓게 활용한다면, 누가 죽을 위험이 크므로 치료를 받아야 하는지를 예측할 수 있을지 모른다.

그런데 여기서 윤리가 작동한다. 기억하는가? 이들은 대체로 건강한 사람들이었다. 과학자들이 1년 안에 죽을 위험이 높은 사람들에게 그 사실을 알려야 할까? 사람들이 그런 정보를 알고 싶어 할까? 그런 정보가 이들의 행동에는 어떤 영향을 미칠까? 이들이 당장 버킷 리스트를 작성한 뒤 남은 인생을 즐기고자 가족을 떠나 세계 곳곳을 여행할까? 누가 알겠는가? 지구에 머무는 시간을 즐기려면 누구나 어떤 허가증을 받아야 할지도 모른다. 그렇다면 이런 검사가 도움이 될 것이다. 하지만 기억하라. 이 검사는 죽을 위험이 있다고만 알려줄 뿐, 확실히 죽는다고 알려주지는 않는다. 게다가 어떤 사람들은 네 가지 생체 표지자의 수치가 높아도 죽지 않을 것이다.

그렇다면 우리가 죽은 다음에는 무슨 일이 벌어질까? 자, 이제부터 훨씬 더 오싹한 이야기를 해보려 한다. 그러니 간이 콩알만 한 사람은 불을 훤히 켜고 독한 술 한 잔을 손에 들고서 책을 읽으시라. 하지만 우리 과학자들은 이 문제도 회피하지 않는다. 죽고 나면 열역학 제2법칙이 작동한다. 이 법칙에 따르면 물질은 언제나 갈수록 무질서가 늘어난다. 더 과학적으로 말하자면 모든 것은 엔트로피가 늘어나는 방향으로 움직인다. 이 법칙을 죽음에 적용하면, 사체가 부패한다는 뜻이다. 생명이 꺼진 몸은 구성 요소로 분해된다. (그런 상태에서는 분자가 죄다 제멋대로 움직이는 기체처럼 활동해 엔트로피가 증가한다.)

어떤 정의에 따르면, 삶은 '엔트로피에 저항하는 것'이다. 우리 몸은 매우 질서 있는 상태를 유지한다. 살아 있는 동안에는 모든 신체 구조가, 그러니까 뼈와 장기와 세포조직이 음식물로 섭취하는 에너지를 이용해 상태를 고스란히 유지한다. 그 에너지가 빠져나가면 열역학 제2법칙이 가차 없이 작동하여 몸이 썩기 시작한다. 부패하는 데 걸리는 시간은 사체가 어디에 있느냐에 따라 다르다. 냉장 보관된 상태라면 추운 곳에서는 분자가 더 느리게 움직이므로 모든 과정이 느려진다. 따라서 부패가 일어나기까지 시간이 꽤 걸린다. 냉장고에 고기를 넣어뒀을 때를 생각해보면 이해하기 쉽다. 납으로 만든 관에 들어 있다면 완전히 부패하기까지 수십 년이 걸린다. 하지만 공기에 드러나거나 땅에 묻혀 있다면 몇 달 만에 뼈만 남을 것이다.

그렇다면 부패가 일어나는 과정을 살펴보자. 이 과정은 사망 시간을 밝히려 애쓴 과학 수사 연구진들 덕분에 자세히 드러났다. 죽은 지 몇 분이 지나지 않아 핏속에 이산화탄소가 쌓인다. 우리가 살아 있을 때 대개 날숨으로 내뱉는 이산화탄소는 몸이 음식물을 태워 에너지를 방출할 때 부산물로 나오는 기체다. 그런데 이산화탄소는 세포에 무척 해로우므로 이산화탄소가 쌓이면 세포가 죽기 시작한다. 세포에 들어 있는 단백질에는 분해 기능이 있어서 먹이를 분해한다. 따라서 이 단백질이 죽은 몸을 분해하기 시작한다.

30분쯤 지나면 심장이 뛰지 않아 순환을 멈췄던 피가 바닥 쪽으로 쏠리기 시작한다. 이렇게 피가 아래로 몰리므로, 바닥에 닿는 신체 부위는 검게 바뀌고 다른 부위는 아주 창백해진다. 근육세포에서는 칼슘이 빠져나온다. 즉 근육이 수축한다. 죽은 뒤 우리 몸이 뻣뻣하게 굳는 이 현상을 알다시피 사후 경직이라고 한다. 슬프게도 세상을 떠난 내 사랑하는 친구 스티븐 코널리는 발기를 '뻣뻣한 연인'이라 불렀지만, 사후강직은 발기와는 사뭇 다른 현상이다.

그다음으로 주목할 현상은 창자에 가스가 차서 터지는 것이다. 이때 창자 안에 있던 셀 수 없이 많은 세균이 쏟아져 나와 분해를 돕는데, 그 바람에 역겨운 시체 썩은 내도 함께 생긴다. 또 세균이 내뿜은 가스가 2주 정도 몸에 쌓이면 시체가 부풀어 오른다. 익사한 사람들이 물 위로 떠올라 물가로 밀려오는 시기가 바로 이때다.

수많은 생명체에서 그렇듯, 시간이 갈수록 많은 곤충이 몰려온다. 가장 먼저 찾아오는 곤충은 집파리를 포함한 온갖 파리다. 갖가지 파리가 시간을 달리해 찾아오므로, 법의학자에게는 파리가 많은 정보를 알려준다. 사실 범죄 과학수사 안에는 법 곤충학이라는 전문 분야가 있다. 법 곤충학은 어떤 곤충이 언제 시체에 찾아오는지, 어떤 구더기가 처음 생기는지를 연구한다(근사한 저녁 식사 자리에서 입에 올리기에 기막히게 알맞은 주제다). 어떤 파리는 더 부패한 시체를 좋아한다. 딱정벌레는 완전히 부패한 시체를 좋아하므로 잔칫상에 가장 늦게 모습을 드러낸다. 파리가 알을 낳으면 머잖아 구더기가 생겨 더 많은 파리가 들끓는다. 이 순환이 계속 이어진다.

여러 달이 지나면 마침내 뼈만 남는다. 물론 시체가 놓인 장소와 기후에 따라 몇 년이 걸리기도 한다. 뼛속에 든 콜라겐은 무척 질긴데도 결국은 분해된다. 뼈는 칼슘이 주를 이루는 딱딱한 무기물이므로 어떤 생물도 분해하지 못한다. 그런데 가끔은 뼈가 바스러져 가루

법 곤충학은 다른 시기에 출현한 곤충과 벌레로 시체가 죽은 날짜를 추정할
수 있다.

가 된 뒤 멀리 날아간다. 이제 죽은 몸은 완전히 순환하여 자신이 왔
던 우주의 먼지로 되돌아간다. 데이비드 보위가 남긴 명언 대로다.
재는 재로 펑크는 펑키로*.

사망 시간 추정은 사실 매우 정밀한 과학이다. 처음 하는 일은 죽
은 사람이 시계를 차고 있는지 알아보는 것이다. 시계가 망가져 멈췄
다면 시간을 알 수 있다. 복잡할 것이 없어 보인다. 안 그런가? 하지
만 사실 사망 시간은 세 가지다. 생물학적 사망 시간(사람이 실제로 죽

---

* 데이비드 보위의 〈재는 재로Ashes To Ashes〉에 나오는 가사다.

은 시간이다), 사망 추정 시간(생물학적 사망 시간과 똑같아야 하지만 살짝 벗어난다), 법적 사망 시간(사망 진단서에 기입하는 시간이다). 법적 사망 시간은 시체가 발견되었거나 다른 사람이 죽음을 선언한 시간이다. 사망 시간을 추정하는 데 쓰는 한 방법은 체온 측정이다. 살아 있는 사람의 심부 체온은 37.5℃다. 하지만 사망 뒤에는 상온과 같아질 때까지 한 시간마다 1.5℃씩 떨어진다.

또 다른 방법은 래브라도 LABRADOR로, 이 명칭은 Lightweight Analyser for Buried Remains and Decomposition Odour Recognition(매장 유해와 부패 냄새 인식용 경량 분석기)의 약자다. 썩어가는 시체가 내뿜는 다양한 화학물질의 냄새를 맡는 기계치고는 귀여운 이름이다(틀림없이 한참 생각한 끝에야 떠올린 이름일 것이다). 시체 썩는 냄새는 다양한 세균이 내뿜는 화학물질에서 나온다. 곤충과 마찬가지로 세균도 다른 종이 다른 시간에 모습을 드러낸다. 그러므로 시간에 따라 내뿜는 냄새도 다르다. 이 연구를 수행하는 곳은 가장 오싹한 과학의 장이라고밖에 묘사할 길이 없다. 텍사스주 헌츠빌에 있는 인체 분해 연구소Human Decomposition Research Laboratory가 바로 그곳이다. 이곳은 기증받은 시체를 0.028제곱킬로미터(약 8,500평)인 부지 곳곳의 다양한 장소에 내버려둔다. 과학자들은 특정 '분해' 세균 즉 시체의 살갗뿐 아니라 시체 아래 있는 흙에 사는 미생물을 이용하면 정확한 사망 시간을 예측할 수 있다는 사실을 알아냈다. 한 가지 무척 흥미로운 연구 결과는, 시체가 있으면 그 아래 있는 흙의 미생물 조성이 극적으로 바뀌므로 시체가 거기 있었다는 흔적이 된다는 것이다. 이 흔적은 시체가 죽은 뒤에 옮겨졌다는 증거가 될 수 있으니 살인 사건 공판에서 중요한 역할을 할 것이다.

마지막으로, 사망 시간 추정이 얼마나 뜨거운 연구 주제인지를 뚜렷이 알려주는 획기적인 발전이 최근에 나왔다. 사망 시간을 아주 정확하게 알려줄 이 방법은 유전자의 발현을 측정하는 것이다. 놀랍게도 어떤 세포는 우리가 죽은 뒤에도 아직 살아서 단백질을 만든다. 그런 세포의 유전자가 여전히 활동한다. 이런 현상은 쥐와 제브라피쉬에서 처음 증명되었지만, 인간에서도 마찬가지로 일어날 것이다. 연구진은 죽은 지 나흘이 지난 쥐와 제브라피쉬에서 뇌 표본과 간 표본을 채취한 뒤 mRNA(유전자가 처음 합성하는 물질로, 단백질을 만든다)를 측정했다.

세포가 활동을 멈추자 예상대로 mRNA가 많이 줄어들었다. 하지만 제브라피쉬의 유전자 중 548개, 쥐의 유전자 중 515개를 만드는 mRNA는 몸이 죽은 뒤에 활동이 한 번 이상 급격히 늘었다. 달리 말해 적어도 일부 단백질을 빠르게 만들어낼 에너지가 세포들에 넉넉히 남아 있었다는 뜻이다. 특히 흥미롭게도, 어떤 유전자는 몸이 죽은 뒤에 '깨어났다.' 게다가 태아 상태일 때 볼 수 있는 유전자였으므로 더욱더 놀라운 일이었다. 마치 정말로 죽음 뒤 부활이 일어나는 듯했다. 이 가운데 어떤 유전자들은 성장과 재생에 관여한다. 그러니 우리 몸이 마치 죽음에 저항하는 듯 보인다. 태아 상태로 되돌아가 삶을 다시 시작하거나, 그동안 생긴 손상을 재생하여 몸을 정상으로 되돌리려는 듯이.

세포가 죽은 뒤에 활동을 멈춘 유전자가 보통 때는 이 유전자들의 활동을 억제했을 수 있다. 이유가 무엇이든, 이 유전자의 스위치가 특정 시기에 켜지고 꺼지므로, 유전자 발현이 바뀐 시기를 근거로 사망 시간을 정확하게 추정할 수 있을 것이다. 어쩌면 분 단위까지 정확한 사망 시간을 얻을 수 있을지도 모른다. 여기에서 아주 흥미롭게 볼 대목은 우리 삶이 죽음에 맞선다는 것이다.

우리 삶은 시작과 끝이 명확하다. 출생증명서는 태어난 때를 기록하고, 사망진단서는 죽은 때를 기록한다. 그것도 분 단위까지. 수많은 굴곡을 오르내리는 우리 삶은 모두 이 두 시기 안에서 펼쳐진다. 그리고 마침내 벌레의 먹이가 된다. 그러니 부디 삶을 당신의 뜻대로 채워라.

인간 생명의 탄생과 삶, 죽음의 순환을 그린 구스타브 클림트의 그림.

18장

우리는 죽음에 맞설 수 있을까?
: 생명연장의 과학

DEFYING DEATH

당신이 굉장한 부자이고 죽고 싶지 않다고 해
보자. 당신은 영원히 살고 싶다. 인생은 즐겁고 아직 하고 싶은 일도
많다. 계속 기쁨을 맛보고 싶다. 하지만 슬프게도 영원한 삶은 불가
능하다. (약 2,000년 전 중동의 어느 유명한 양반이 죽은 자 가운데 다시
살아났다고 주장했지만, 그런 일은 한 번뿐인 듯하다.) 그래서 당신은 차
선책을 받아들인다. 몸을, 또는 머리만이라도 얼려두기로. 그리고 당
신을 죽인 질병이 뿌리 뽑혔을 때 당신을 해동해달라는 지시를 남긴
다. 이것이 바로 인체 냉동 보존술의 세계다. 인간의 몸을 얼려뒀다
가 뒷날 적절한 때가 오면 해동해 재생시키는 과학 말이다.

냉동 보존술cryonics은 몹시 춥다는 뜻인 그리스어 kryos에서 나
온 말로, 오늘날 존재하는 의술로는 살리기 어려운 사람들을 초저온
인 영하 196℃에 보존하는 기술이다. 이 기술은 냉동 보존된 사람들
을 앞으로 언젠가는 다시 소생시켜 정상으로 복귀시킬 수 있으리라
고 기대한다. 눈여겨볼 만한 최근 사례에서는 암으로 죽어가던 14살
영국 소녀가 자신의 몸을 냉동 보존해달라고 요청했다. 소녀의 아버
지는 반대했지만, 딸의 생각에 동의한 어머니가 법원에 허가를 요청

하면서, 이 사안이 고등법원 판사 피터 잭슨에게 배당되었다. 어찌할지 결정해야 했던 이 운 없는 판사는 어머니의 손을 들어줬다. 사망한 소녀는 현재 미국에 있는 냉동 보존 시설의 액체 질소 탱크에 둥둥 뜬 채 보존되어 있다. 비록 죽은 상태이지만, 소녀는 암을 치료할 날이 오기를, 잠자는 숲속의 미녀처럼 다시 깨어나 건강을 완전히 회복하기를 기다리고 있다. 다만 그때 소녀를 깨울 사람은 백마 탄 왕자가 아니라 미국의 냉동 보존 연구소Cryonics Institute다. 나는 이 소녀가 깨어났을 때 과학계의 일곱 난쟁이에 해당하는 사람들이, 그러니까 다양한 전공 분야의 과학자들이 소녀를 도울지 궁금하다. 소녀는 판사에게 손수 이런 호소문을 보냈다. "제가 냉동 보존된다면 비록 수백 년 뒤에라도 깨어나 치료받을 희망이 있다고 생각해요. 저는 땅속에 묻히고 싶지 않아요." 이 사건은 냉동 보존과 관련한 첫 판결이었다. 여기에서도 드러나듯이 판사 앞에 어떤 사건이 나타날지는 아무도 모르는 일이다.

냉동 보존술은 정규 의료 행위가 아니다. 의료계에서도 이 기술을 의심스러운 눈초리로 바라보고 있다. 아직은 냉동 보존된 인체를 원래대로 되돌릴 방법이 없을뿐더러 앞으로도 그런 일이 가능할지 확실하지 않기 때문이다. 하지만 연구가 매우 활발히 진행되는 분야라, 몇몇 실험실이 다양한 동물을, 더 중요하게는 이식용 장기를 얼리는 실험을 하고 있다. 예컨대 이식에 쓸 신장을 얼릴 수 있다면 이식이 성공할 확률이 커질 것이다. 몸 밖으로 나온 지 너무 오랜 뒤에 이식된 장기는 거부반응을 일으키기 쉽다. 장기가 몸 밖으로 나오면

가난한 가족의 구성원이 죽어가는 모습을 묘사한 그림.

사실상 망가지기 때문이다. 때로 냉각액을 사용하지만, 만약 기증자에게서 적출한 장기를 신선한 상태로 냉동했다가 녹여 사용한다면, 계속 몇 시간이나 영상에서 보관한 탓에 세포가 망가진 장기보다 효과가 더 좋을 것이다.

　법적으로 따지면 냉동 보존 절차는 어떤 사람이 죽었다고 선언될 때만 시작할 수 있다. 시신을 냉동 보존할 때 밟아야 하는 표준 절차가 있기 때문이다. 첫 냉동 보존된 사람은 1967년에 사망한 제임스 베드퍼드James Bedford 박사다. 그 뒤로 지금까지 미국에서 냉동 보존된 사람은 약 250명으로 추정된다. 또 자신을 냉동 보존해달라는 유언장을 작성한 사람이 1,500명이다. 앞 장에서 봤듯이 죽음 뒤에는 손상이 일어나므로 이를 줄이려면 되도록 빨리 냉동 과정을 밟아야 한다. 가장 처음 하는 일은 시체를 차가운 얼음 욕조에 넣는 것이다. 가끔은 뇌 손상을 줄이고자 심폐 소생술을 쓰기도 한다.(이때 심장이 계속 뛰도록 전기 충격을 주기도 한다.)

이 단계에서 밟는 절차는 소설《프랑켄슈타인 Frankenstein》에서 일어나는 일과 거의 비슷하다. 이 소설에서 프랑켄슈타인 박사는 전기를 이용해 생명을 창조하려다 의도치 않게 괴물을 만들고 만다. 번쩍번쩍 내비치는 번개, 머리털이 바짝 곤두서는 두려움, 두 귀를 막고 싶은 수많은 고함, 몸에 볼트로 고정해놓은 머리. 물론 최첨단 냉동 보존술에서는 이런 일이 하나도 일어나지 않는다. 하지만 어떤 일이 일어날지는 미루어 짐작할 수 있다. 이 책을 쓴 메리 셸리 Mary Shelly는 이탈리아의 해부학자 루이지 갈바니 Luigi Galvani가 죽은 개구리에 전류를 흘려 근육 경련을 일으켰던 실험에서 글의 영감을 얻었다.

갈바니의 실험은 19세기 사람들의 마음에 강한 인상을 남겨, 죽은 사람의 팔다리가 마술에 걸린 양(전기가 무엇인지 아무도 모르던 때였다) 실룩실룩 움직이는 모습을 떠올리게 했다. 이제는 근육에 전류를 흘리면 신경에 전기가 통하면서 근육이 수축한다는 사실을 알지만, 아직도 이런 현상은 살짝 기괴하게 여겨진다. 죽은 사람의 근육도 사후경직으로 뻣뻣하게 굳기 전에 전류를 흘리면 이런 현상이 일어난다.

다음 단계에서는 급속 냉동을 시작할 때 얼음 결정이 생기지 않도

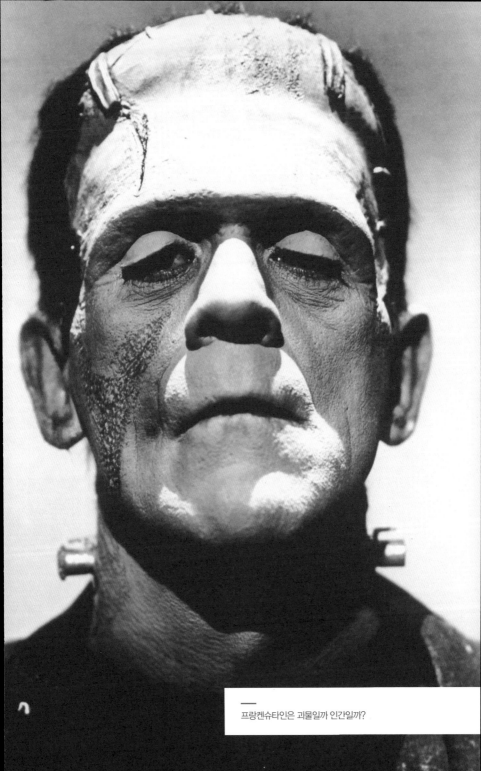

프랑켄슈타인은 괴물일까 인간일까?

록, 몸에 있는 액체란 액체를 모두 빼낸 뒤 글리세롤이 주성분인 부동액을 집어넣는다. 얼음 결정이 생기면 우리 몸 구석구석을 흐르는 미세 혈관처럼 섬세한 신체 구조가 망가질 수 있어서, 이 과정이 중요하다. 그런 다음 인체를 얼음에 싸서 미국이나 러시아의 냉동 보존 시설로 이송한다. 어디로 가느냐는 당신이 누구에게 돈을 내느냐에 달렸다. 열네 살 영국 소녀의 몸은 미국 시설로 보내졌다. 냉동 보존할 인체가 도착하면 시설은 시신을 극지방용 특수 침낭에 넣은 뒤 몇 시간 동안 질소 가스를 이용해 영하 110℃로 얼린다. 이 정도도 몹시 낮은 온도다.

그리고 이어지는 2주 동안 온도를 차츰 영하 196℃까지 낮춘다. 정말 상상이 안 되게 차가운 온도다. 그런 다음 으스스한 일이 벌어진다. 액체 질소가 든 커다란 통에 들어간 인체가 마치 부표처럼 위아래로 까딱까딱 움직인다. 그런 다음에는 '환자 보호 구역'으로 옮겨진다. 인체는 맡긴 돈이 모두 떨어지거나, 죽은 라자로가 무덤에서 살아 나왔듯이 건강을 완전히 회복시켜줄 관련 기술이 발견될 때까지 이곳에 보관된다. 더 값싼 대안도 있다. 뇌 냉동 보존술은 머리만 따로 냉동 보존한다. 가족들이 극구 부인하기는 했지만 월트 디즈니의 머리가 미국의 어느 냉동 보존 시설에 얼려져 있다는 소문이 강하게 나돌기도 했다.

이쯤 되면 냉동 보존에 모두 얼마가 드는지 궁금할 것이다. 14살 소녀를 냉동 보존하는 데 든 비용은 37,000파운드(한화 약 5,500만 원)였다. 물론 냉동 처리 과정에 든 비용만 따졌을 때다. 여기에는 죽는 순간에 대기한 의료진, 냉동 처리(냉동된 인체는 사실상 유리나 다름 없어 산산이 부서질 수 있으므로, 이 과정을 유리화vitrification라고 한다.), 냉동 유지용 신탁 기금 설립(시설 유지비, 냉동을 유지하는 데 드는 전기 요금, 가끔 액체 질소를 충전하는 비용을 충당한다)에 드는 비용이 포함된다. 미국에서는 저가 사양인 28,000달러(한화 약 3,300만 원)짜리부터 고급 사양인 20만 달러(한화 약 2억 4,000만 원)짜리까지 선택지가 다양하다.

한 회사는 여러 인체를 같은 진공 보온 장치(그래서 인체를 보관한 큰 통을 듀어dewar(진공 보온병)라고 한다)에 보관한다. 따라서 한 통에 보관된 사람들의 머리가 함께 부표처럼 오르락내리락한다. (적어도 사교 생활은 하는 셈이다.) 이 방식은 저가 사양으로, 비용이 12,000달러(한화 약 1,400만 원)뿐이다. 그런데 1970년대에 큰 불상사가 일어났다. 캘리포니아에 있는 한 회사가 자금이 달리자 보관 용기에 너무 많은 인체를 집어넣었다. 그 바람에 용기 두 개가 깨져 인체 9구가 부패했다. 결코 훌륭한 결과는 아니었다.

한 회사는 머리만 냉동 보존하는 데 무려 75,000파운드(한화 약 1억 1천만 원)를 청구한다. 비용 중 3분의 1은 사망 시 대기했다가 머리를 따로 떼어내 보존하는 의료진에게 간다. 3분의 1은 미래에 머리를 되살리는 데 쓸 기금으로 들어가고, 나머지 3분의 1은 액체 질소를 충전할 수입을 마련할 신탁으로 들어간다. 현재 냉동 보존 시설은 미국에 세 곳, 러시아에 한 곳이 있다. 열네 살 소녀의 청원을 중재 재판했던 영국 법원은 총비용을 43,000파운드(한화 약 6,300만 원)로 계산했다. 한마디 보태자면, 이 비용은 말 그대로 빙산의 일각에 지나지 않을 것이다.

그러므로 이런 물음이 떠오른다. 냉동 보존술이 성공할 확률은 얼마일까? 개와 원숭이처럼 큰 동물로 실험한 사례는 있다. 이 동물들의 혈액을 부동액으로 교체한 뒤 영하로 얼렸다가 재빨리 수혈했더니 소생했다고 한다. 이는 어떤 사람이 심장마비를 일으켜 죽은 듯 보일 때 벌어지는 일과 비슷하다. 이들에게 심폐 소생술을 하면 숨이 돌아온다. 한 회사는 토끼의 신장을 영하 135℃까지 얼렸다가 되살려 무사히 이식했다고 주장한다. 이 주장은 냉동 보존술이 이식용 장기를 보관하는 데 도움이 될지 모른다는 희망을 안긴다. 캘리포니아에 있는 한 회사는 최근 토끼의 뇌를 얼렸다가 '거의 완벽한' 상태로 되살렸다고, 그러니까 뇌의 전기 활성을 복원했다고 주장했다. 이 과정 뒤 토끼가 어떤 생각을 했는지는 알 길이 없지만, 'brain freeze'에 차가운 음식을 먹은 뒤 잠깐 느끼는 찌릿한 두통 말고도 새로운 의미를 추가했다. 이 회사는 현재 돼지의 뇌를 얼리는 실험을 하고 있다.

세포 냉동 보존 연구(토끼의 신장과 뇌로 실행했던 실험은 사실 세포 냉동 보존 연구다)는 인체 냉동 보존술보다 더 평판이 좋다. 많은 실험실이 나중에 녹여서 실험에 쓸 셈으로 세포를 얼린다. 정자와 난자도 얼렸다가 녹여 체외수정에 쓴다. 흔히들 세포를 얼렸다 녹이면 세포 안에 든 액체가 얼었다 녹는 과정에서 세포를 터트리지 않을까 생각했지만, 사실은 그렇지 않다. 실제로 어는 것은 세포 바깥의 액체라,

사실은 세포에서 수분이 빠져나가 세포가 납작해진다. 글리세롤 같은 동결 보호제는 이런 일이 일어나지 않게 막아준다.

하지만 수십 년 동안 알아낸 바로는 어떤 동물을 통째로 녹이기가 어렵다. 세포 조직에 생긴 얼음 결정이 조직을 손상하거나, 장기가 제대로 작동하는 데 필요한 세포 간 교신을 막기 때문이다. 동결 보호제는 얼음 결정이 생기지 못하도록 막고, 세포 조직이 낮은 온도에서 응집하도록 돕는다. 이것이 바로 유리화 과정이다. 문제는 세포 조직이 클수록 냉각 과정에서 깨질 수 있고, 따라서 나중에 녹였을 때 커다란 손상이 생길 수 있다는 것이다. 즉 뇌 조각이나 간 조각이 떨어져 나갈지도 모른다. 또 한 가지 쟁점은 유리화 과정에서 죽는 세포조직이 틀림없이 생기기 마련이므로 생명이 다시는 되돌아오지 못할 수 있다는 것이다.

특히 뇌에 해당하는 문제도 있다. 뇌는 부위마다 다른 속도로 냉각해야지, 그렇지 않으면 다른 부위에 맞춰 냉각된 부위에 손상이 일어난다. 그런데 인체 냉동 보존에서든 머리 냉동 보존에서든 부위별 냉각을 한 적이 없어서, 냉동 보존 업계에 많은 회의론이 일었다. 이런 업체들이 액체 질소 진공 용기라는 꽁꽁 얼어붙은 불모지에서 간을 되살릴지는 몰라도, 뇌를 되살리지는 못할 터이기 때문이다.

그래서 이런 물음이 떠오른다. 인체 재생은 어떻게 일어날까? 인체를 재생하려면 많은 복구와 회복이 필요하다. 페이스 크림과 보톡스를 꽤나 써야 한다는 뜻이다. 산소 부족은 손상을 일으키는 주요 원인으로 보이므로, 이렇게 일어난 손상을 어떻게든 되돌려놓아야 한다. 동결 보호제 자체에 독성이 있을 수도 있고, 장기가 파열되었을지도 모른다. 물론 죽음을 일으켰던 원인도 해결해야 한다. 사람들은 이 모든 문제가 언젠가는 해결되리라고 덮어놓고 믿는다. 적어도 그런 생각을 받아들인다.

한 회사는 인체 냉동 보존을 흥미롭게 광고한다. 이들에 따르면 냉동 보존 절차가 갈수록 발전하고 인체 재생이 가능한 때가 가까워지므로, 가장 최근에 보존된 인체일수록 재생될 확률이 높다. 그리고 과학자들이 이들을 재생하는 과정에서 겪은 경험을 바탕으로, 가장 오랫동안 보존된 다루기 어려운 사람들을 무사히 재생할 확률을 높일 것이다. 당신이라면 이런 감언이설을 믿겠는가? 어떤 말을 듣는다면 냉동 인간의 재생을 믿겠는가?

과학자들은 냉동 인체의 재생 확률을 높이고자 냉동 보존과 관련해 자연에서 배울 만한 것들을 연구하고 있다. 살펴보니 갖가지 연구가 진행 중이다. 영하에서도 오랫동안 살아남는 생명체가 한둘이 아니다. 이 가운데 많은 생물이 특수 단백질, 알코올의 한 종류인 폴리올polyol이라는 합성물, 많은 포도당을 포함해 냉동 보존에 도움이 될 만한 화학물질을 스스로 만든다. 식물은 지온에서 살아남는 데 특히 뛰어나다. 또 곰벌레라고도 하는, 크기가 0.5~1밀리미터밖에 안 되는 완보동물은 절대 온도에 가까운 영하 272℃ 같은 극한 환경에서도 회복력을 유지한다. 이들은 우주 공간에서도 살아남았다.

또 귀에 쏙쏙 박히게도 카르노박테리움 플라이스토체니움Carnobacterium pleistocenium, 크리세오박테리움 그린란덴시스Chryseobacterium

완보동물은 영하 20℃로 30년 동안 얼어 있다가도 되살아난다.

greenlandensis, 헤르미니모나스 글라치아이^{Herminiimonas glaciei}라는 이름

이 붙은 세균 세 종은 수천 년 동안 얼음에 갇혀서도 죽지 않고 견디

다가 다시 살아났다. 빨강 머리대장^{red flat bark beetle}은 영하 150℃로

냉동된 뒤에도 살아남는다. 엑세키아 누가토리아^{Exechia nugatoria}라는

버섯 파리는 머리를 뺀 몸에서만 얼음 결정을 형성하는 영리한 수법

을 쓰면 영하 50℃에서도 얼릴 수 있다. 그러니 버섯 파리 연구에 매

진하는 과학자들에 특별한 환호를 보내야 마땅하다.

　하지만 동물을 얼렸다가 되살리는 세계에서 빛나는 두 별은 따로

있다. 라나 실바티카^{Rana sylvatica}라는 송장개구리는 겨울에 몸의 45%

가 말 그대로 꽁꽁 얼어붙는다. 살갗 아래로 얼음 결정이 생겨 근육

으로까지 퍼진다. 놀랍게도 이때부터 호흡, 심장박동, 혈액순환이 모두 멈춘다. 이 개구리는 동결 과정에서 조직을 보존하고자 특별한 단백질과 많은 포도당을 만든다. 이 단백질과 포도당이 생명 유지와 관련된 장기가 얼지 않도록 막아준다. 그 덕분에 영하 4℃에서도 11일까지 살아남을 수 있으니 대단히 놀라운 생존술이다. 냉동 생물계의 또 다른 별은 북극땅다람쥐다. 이 동물이 특히 흥미로운 까닭은 포유동물이라 송장개구리와 달리 피가 따뜻하기 때문이다. 북극땅다람쥐는 영하 2.9℃에서도 한 번에 3주 동안 생존할 수 있다. 이때 머리는 0℃ 또는 0℃를 살짝 웃도는 체온을 유지한다. 이 동물을 연구하는 과학자들은 장기 보존에 쓸 만한 생화학적 비결을 배울 수 있으리라 희망한다. 게다가 또 누가 아는가? 인체 냉동 보존에 쓸 만한 비결까지 찾아낼지.

인체 냉동 보존을 완전히 실현하는 일이 한참 멀어 보이지만, 그렇다고 이 기술을 이용하겠다고 말하는 사람들을 막지는 못했다. 1960년대 저항 문화의 상징인 티머시 리리^{Timothy Leary}는 자신의 몸을 냉동 보존하겠다고 공식 선언했었다. 하지만 실망스럽게도 죽기 직전 마음을 바꿨다. 냉동 용기에서 위아래로 오르락내리락하는 그의 모습을 볼 수 있다면 참 좋았을 텐데, 아마 냉동 보존되면 너무 춥다고 생각했지 않을까 싶다. 래리 킹^{Larry King}과 브리트니 스피어스도 인체 냉동 보존에 관심을 드러냈지만, 실제로 그렇게 할지는 두고 볼 일이다. 그러므로 지금까지는 인체 냉동 보존이 죽음에 맞서는 제한된 선택지일 뿐이다.

북극땅따람쥐. 영하에서도 3주 동안 생존할 수 있다. 이때 뇌가 얼지 않도록
머리를 영상으로 유지한다.

그렇다면 다른 대안이 있을까? 사실 다른 방법도 있다. 예컨대 장
기가 고장 날 때마다 계속 교체하는 방법이 있다. 15장에서 봤듯이
줄기세포 연구는 지난 10년 동안 눈부신 발전을 이뤘다. 그러므로 새
로 성장시킨 신경세포를 이용해, 손상된 척수를 재생하는 등 여러 의
학적 문제에 답을 제시할 것이다. 사실 줄기세포를 이용한 재생은 자
신의 몸에서 세포를 추출한 뒤 프로그램을 다시 짜 수정란과 같은 상
태로 되돌리는 과정을 포함한다. 이 기술 또는 이와 비슷한 기술을
연구하는 회사가 여럿이다. 이 회사들은 자기네가 우리 세포를 추출
해 보관했다가 나중에 우리가 나이 들었을 때 새로운 간이나 신장으
로 성장시킬 수 있다고 주장한다. 줄기세포를 이용해 성장시킨 장기

는 새것이니, 기능도 뛰어나고 우리 몸속 오래된 장기를 대체할 수 있다. 게다가 자신의 줄기세포로 만들었으므로 면역 체계가 외부 물질로 인식하지 않을 테니 거부반응도 일으키지 않을 것이다. 그러므로 차량에 쓸 예비 부품을 주문하듯이 예비 장기를 주문하는 상황이 펼쳐질지도 모른다.

그렇다 해도 뇌 이식은 아직도 파악해야 할 내용이 많고, 어쩌면 아예 파악이 불가능할지 모르므로 까다롭기 그지없는 문제다. 그런데 다른 분야의 과학자들이 언젠가는 뇌의 정보를 슈퍼컴퓨터에 업로드할 날이 오고, 그래서 실험실에서 배양한 신선한 장기를 슈퍼컴퓨터가 뇌를 대신해 움직일지 모른다고 추측한다. 아니면 아바타를 움직이게 하거나. 마치 과학소설처럼 들리지 않는가? 우리가 늙어 가는 세상에서 벗어나, 오래된 장기를 간단하게 새로운 장기로 교체하고 우리 몸을 슈퍼컴퓨터에 연결한다니. 마침내 불멸이다! 하지만 그런 삶이 재미있을까? 그것을 살아 있는 삶이라 할 수 있을까? 새로 탄생한 우리는 전과 다른 사람이 될까? 지금은 알지 못하지만, 그런 날을 짐작해 할리우드 영화의 대본을 쓴다면 꽤 흥미로울 것이다. 그래도 결국 우리는 죽음을 속일 수 없다는 현실을 마주해야 한다. 설사 죽음을 속이더라도 그렇게 태어난 새로운 사람은 우리가 아닐 것이다. 다른 성격, 다른 기질, 다른 장기를 지닌, 그리고 우리가 살았던 삶을 살지 않은 새로운 누구일 것이다.

액체 질소 안에서 몇 년을 둥둥 떠다니거나 실험실에서 배양한 장기로 구성된 몸을 갖는 것은 우리 대다수가 꿈꾸는 완벽한 미래가 아

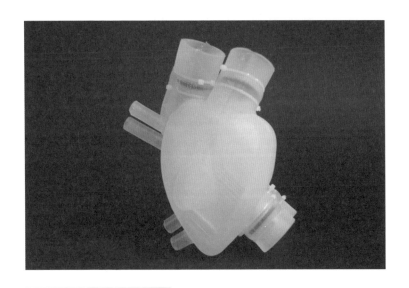

어쩌면 미래에는 뇌의 정보를 슈퍼컴퓨터에 업로드하고, 그 슈퍼컴퓨터가
인공 장기로 구성된 몸을 움직일지도 모른다.

니다. 16장에서 봤듯이 우아하게 나이 들었다가 자신의 지혜를 다음
세대에 물려준 뒤 공경 받는 나이에 죽는 것이 최선일 것이다. 우리
는 어쨌든 다음 세대에게 길을 비켜 줘야 하고, 그들이 지구에서 살
아갈 기회를 줘야 한다. 그보다 더 큰 바람은 자기도취이고 탐욕이
다. 게다가 그 누가 영원히 살고 싶겠는가? 2,000년 전 태어났던 그
사내야 예외겠지만.

19장

우리는 곧 멸종할까?
: 대멸종의 과학

WILL WE BECOME
EXTINCT?

종말이 가까워지고 있다. 주요 대도시치고 회개를 외치는 현수막을 두른 사람들이 돌아다니지 않는 곳이 드물다. 지진, 허리케인, 성경의 예언, 대통령과 독재자들이 내뱉는 화염과 분노라는 말이 주변을 맴돈다. 그런데 거의 틀림없이 다가올 종말은 언제쯤 닥칠까? 종말은 수백만 년 뒤 우리 태양이 훨씬 더 뜨거워졌을 때 닥칠지 모른다. 아니면 어떤 끔찍한 세균이 우리를 모두 휩쓸 때 올지도 모른다. 하지만 한 가지는 확실하다. 언젠가는 이 지구에 우리 인간이 존재하지 않는 때가 오리라는 것이다.

지구 생명체는 사실 아주 연약한 존재다. 역사를 볼 때 지구 생명체는 적어도 다섯 번은 멸종할 뻔했다. 기후변화, 소행성 충돌, 머나먼 별의 감마선 폭발이 지구 생명체를 모조리 죽일 뻔했다. 과학자들은 지구 생명체의 다양성이나 풍요로움을 급격하고 꽤 빠르게 바꾸는 이런 사건을 멸종 사건extinction event, 대멸종mass extinction, 또는 생물 위기biotic crisis라고 한다. 그렇다면 지구 역사에 일어난 멸종 사건은 무엇이 있을까?

첫 대멸종은 약 24.5억 년 전에 일어났다. 산소 급증 사건Great Oxy-

이라 부르는 이 일은 대기에 산소가 쌓인 탓에 벌어졌다. 산소는 다른 화학물질과 반응해 그 물질을 산화시키므로, 사실 독성이 무척 강한 분자다. 좋은 예가 철이다. 산소와 반응해 산화한 철은 녹이 슬어서 일반 철보다 안정성이 떨어진다. 산화란 대개 어떤 것이 망가진다는 뜻이다. DNA와 단백질 같은 생물 분자는 산화에 무척 취약하므로, 우리 세포는 산소의 독성을 없앨 갖가지 수단을 갖췄다. 산소를 이용해 음식을 분해하는 것도 산소를 계속 제어하는 한 방법이다. 또 세포에는 산화방지제라는 분자가 가득 들어 있어, 산소가 세포에 얼쩡거리지 못하게 막는다.

그렇다면 산소 급증 사건에서는 왜 산소가 쌓였을까? 생명 활동에서 가장 대단하다 할 믿기 어려운 요술을 부릴 줄 알았던 생물, 남세균이 진화했기 때문이다. 남세균은 공기에서 이산화탄소를 흡수한 뒤 태양에너지를 이용해 이산화탄소를 물과 결합함으로써 증식한다. 또 탄수화물을 생성한다. 남세균의 진화는 지구 생명체가 우주와 연결되었다는 뜻이었다. 상상해보라. 공기와 물이 만나 식물을 만드는 모습을(남세균이 바로 그런 식물이다). 이 과정을 '광합성'이라고 한다. 그리고 이 화학반응의 부산물이 바로 산소다.

보통 산소는 철이나 물에 용해된 다른 화학물질과 결합한다. 하지만 당시 물속 산소가 포화 상태에 이르자 대기로 산소를 방출한 것으로 보인다. 당시 암석을 분석하면 이 사실을 알 수 있다. 산소는 다른 생물에 유해했으므로, 여러 생물이 떼로 죽어갔다. 하지만 남세균은 방어 수단을 진화시켰다. 또 호기성세균이라는 다른 생물도 산소를

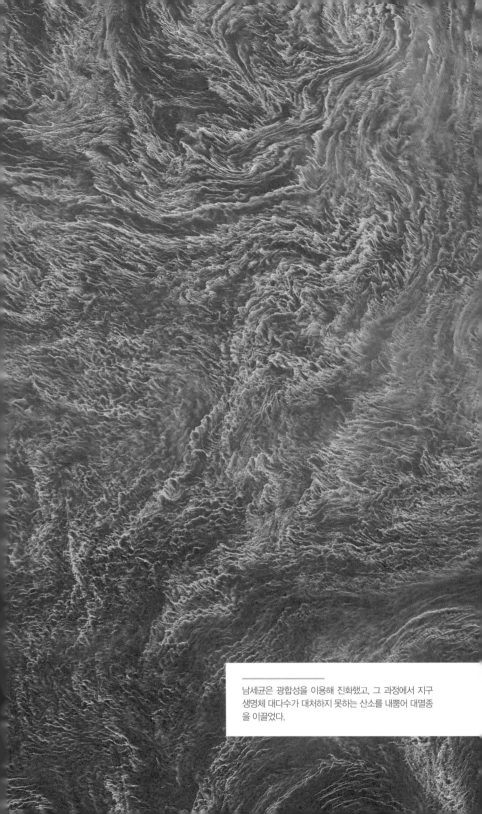

남세균은 광합성을 이용해 진화했고, 그 과정에서 지구
생명체 대다수가 대처하지 못하는 산소를 내뿜어 대멸종
을 이끌었다.

이용할 줄 알았으므로, 아마 산화를 이용해 에너지원을 최대한 흡수했을 것이다.

따라서 지구에는 생명체가 끈질기게 이어졌지만, 전과는 종류가 달라졌다. 생물들은 산소가 풍부한 새로운 환경에 적응했다. 파티에 빗대자면 누군가가 파티에서 음악 소리를 고막이 찢어질 만큼 올린 상황과 같다. 많은 사람이 자리를 뜨고 귀마개를 낀 사람만 남아 아이를 낳으므로, 이어폰을 낀 사람들이 더 많이 생겨난다. 이때 시끄러운 음악에 해당하는 것이 바로 산소다.

이 사건은 지구 생명체의 진화에 매우 중요한 역할을 했다. 1장에서 봤듯이 호기성세균 일부가 산소를 활용할 줄 모르는 혐기성세균 속으로 들어가 특별한 공생 관계를 형성했다. 세포내공생이라 하는 이 가설은 미국의 생물학자 린 마굴리스Lynn Margulis가 처음 주장한 이론이다. 이 호기성세균은 그 뒤로 오늘날 우리가 미토콘드리아라 부르는 기관이 되었다. 그러므로 우리 몸속 세포에서 소비하는 산소는 대부분 미토콘드리아가 에너지원을 태워 ATP라는 에너지 분자를 만드느라 소비하는 것이다. 이 미토콘드리아는 산소를 처리할 줄 알았던 초기 호기성세균이 남긴 자취다.

우리 몸속 모든 세포마다 산소를 이용하는 세균이 숨어 있다고 생각하니 어째 으스스하다. 어느 시점에서는 남조류가 호기성세균을 품은 새로운 세포 안으로 들어갔다. 그리고 오늘날 우리가 '엽록체'라 부르는 기관을 형성했다. 이렇게 하여 식물이 태어났다. 그러므로 산소 급증은 지구에 첫 대멸종을 일으키기도 했지만, 식물과 동물 세포의 진화로 이어지는 원동력이 되기도 했다. 모든 식물세포에 엽록체와 미토콘드리아가 있고, 모든 동물 세포에 미토콘드리아가 있는 것이 그 증거다. 그러므로 지구 생명체가 거의 완전히 파괴된 일은 운 좋게도 우리로 이어지는 진화를 몰고 오는 파급효과를 낳았다.

이 변화가 매우 중요한 까닭은 미토콘드리아가 산소를 이용해 에너지 분자인 ATP를 만들 능력을 얻었기 때문이다. 이렇게 ATP를 만드는 방식은 효율이 무척 높아, 다세포 생명체의 진화를 이끌 에너지를 제공했다. 다양한 여러 세포를 지닌 생명체가 진화하려면 ATP를 만들 효과적인 방법이 필요했다. 그리고 그 일을 미토콘드리아가 담당했다. 그런 다세포 생명체가 진화한 끝에 마침내 우리 인간이 되었다. 닉 레인이 《바이털 퀘스천》에서 말했듯이, "우리는 진화에서 에너지의 역할을 지금껏 너무 오랫동안 무시해왔다."

그다음으로 큰 멸종은 4.5~5.5억 년 전에 일어났다. 참 기억하기 쉽게도 오르도비스기-실루리아기 대멸종이라는 이름이 붙은 이 사건이 벌어지는 동안, 지구 생명체의 70%가 멸종했다. 그다음으로는 3.6~3.75억 년 전에 후기 데본기 대멸종이 일어나, 또다시 70%에 이르는 종이 멸종했다. 이 시기에 나타난 '멸종 파동extinction pulse'으로 볼 때, 이 사건은 2,000만 년 동안 지속했다. 그리고 2.52억 년 전 마침내 대멸종 중 가장 큰 페름기-트라이아스기 대멸종이 일어나 해양 생물의 96%, 육상 생물의 70%가 멸종했다. 여기에는 곤충 대다수가 포함된다. 곤충은 핵 재앙에서도 살아남으리라고 예측할 만큼 매우 튼튼한 생물이므로, 특히 눈길을 끈다. 하지만 페름기-트라이아스기 대멸종은 곤충의 씨를 거의 말리다시피 했다.

그다음으로는 2.01억 년 전에 트라이아스기-쥐라기 대멸종이 일어나 지구 종의 75%가 멸종했다. 여기에는 양서류가 많이 포함되었으므로, 경쟁자가 거의 사라진 덕분에 공룡이 진화하기 쉬운 무대가 마련되었다. 그리하여 공룡의 시대가 열린다. 그런데 어머니 자연은 공룡에게도 대멸종을 안겼다. 6,600만 년 전에 공룡이 모두 멸종했기 때문이다. 틀림없이 공룡이 너무 자만했던 탓일 것이다. 이 사건을 백악기-팔레오기 대멸종이라고 한다. 이 기간에 모두 합쳐 지구에 살던 종 75%가 멸종했다. 익룡을 제외한 모든 공룡이 멸종했으므로(우리가 오늘날 보는 새는 공룡의 후예다), 포유류와 새의 진화를 가로막을 생명체가 사라졌다. 빽빽한 숲에서 풀과 나무를 베어내면 새로운 식물이 자랄 공간이 생기듯이, 지구 생명체에도 비슷한 일이 벌어졌다.

요약하자면, 지구에는 수많은 멸종 사건이 일어나고 있다. 그리고 멸종에서 얻은 중요한 결론은 한 종의 위기가 다른 종의 기회라는 것이다. 예컨대 산소가 쌓이지 않았다면 우리가 진화할 일은 없었을 것이다. 공룡이 사라지지 않았다면 우리가 이 지구에 무사히 자리 잡기에는 정글이 너무 붐볐을 것이다.

그런데 이런 대멸종은 왜 일어났을까? 산소 급증 사건으로 일어난 대멸종은 원인이 분명하다. 광합성을 할 줄 아는 생물이 진화하자, 지구에 산소가 쌓였다. 다른 대멸종은 왜 일어났을까? 원인이 가장 잘 알려진 사건은 공룡을 깡그리 없앤 대멸종이다. 현재 이 대멸종은

6,600만 년 전 멕시코 유카탄반도에 커다란 소행성이 충돌하여 공룡을 모조리 없애버린 것으로 보인다.

지구와 충돌한 커다란 소행성이 멕시코 유카탄반도의 해안가를 살짝 벗어난 곳에 떨어지는 바람에 일어났다고 본다. 충돌로 생긴 커다란 구멍이 그 증거로 존재하고, 세계 곳곳에 남은 당시 암석층에서 이리듐이 검출된다. 이리듐은 충돌한 행성이 흩뿌린 먼지에서 나왔다가 지구에 안착한 금속이다. 이 충돌로 소행성과 지구에서 모두 엄청난 먼지가 일어나 해를 가렸다. 마치 누군가가 불을 끈 것과 같은 상황이 벌어졌다.

따라서 많은 식물이 더는 광합성을 할 수 없던 탓에 이윽고 멸종했다. 이는 먹이사슬의 붕괴를 불러왔다. 또 황을 풍부하게 함유한 암석이 부서져 유독한 산성비가 내리는 바람에 먹이사슬을 더 크게 망가뜨렸다. 어두컴컴해진 지구와 세찬 산성비가 많은 식물을 죽였다. 말할 것도 없이, 커다란 공룡은 외부 영향에 특히 약했다. 다행히 자그마한 땃쥐 같은 동물이던 우리 먼 조상들은 쓰레기 더미를 뒤져 살아남을 수 있었나. 그러므로 영화와 만화에서 그리는 광경과 달리 공룡 시대에는 인간이라는 존재가 돌아다니지 않았다.

오르도비스기–실루리아기 대멸종과 후기 데본기 대멸종은 지구 냉각 때문에 벌어졌다고 본다. 지표면 냉각 때문에 물이 얼음과 눈에 갇히면서 지구는 메마른 땅이 되었다. 차가운 날씨와 메마른 땅 때문에 식물이 멸종했고, 또다시 먹이사슬이 깨졌다. 페름기 대멸종은 반대로 지구온난화 때문에 벌어졌다고 본다. 오늘날 우리도 지구온난화를 걱정하지만, 페름기를 덮친 지구온난화는 정말로 엄청난 파괴를 낳았다. 궂은 날씨가 훨씬 늘었고, 많은 식물이 평소보다 더 따뜻해진 기후를 견디지 못해 멸종했다.

지구온난화가 낳은 또 다른 결과는 온실가스인 메탄을 내뿜은 일이다. 메탄가스는 클래스레이트^{clathrate}라는 화합물 구조에 묶여 있다. 그런데 지구 온도가 올라가자 클래스레이트가 메탄을 내뿜었고, 그 바람에 지구온난화가 한층 더 촉진되었다. 클래스레이트가 총알처럼 메탄을 내뿜는다고 하여 이를 클래스레이트 총 가설^{clathrate gun hypothesis}이라고 한다. 그렇다면 무엇이 지구 냉각이나 온난화를 일으켰을까? 완전히 알려지지는 않았지만, 태양이 내뿜는 에너지가 바뀌었기 때문일 수 있다. 태양 에너지는 증가와 감소를 거듭한다. 지구 생명체는 태양에 크게 의지하므로 태양에 변화가 일어날 때 대멸종이 일어난다 해도 놀랄 일이 아니다. 이런 일은 최대치에 이르렀다가 수그러드는 피드포워드 루프를 유발해 상황을 정상으로 되돌린다.

대멸종에 어느 정도 영향을 끼친 사건은 이것 말고도 또 있다. 후기 데본기 대멸종에는 독성을 띠었던 해양 심층수가 표층수로 전복 overturn한 일도 영향을 미쳤을 것이다. 이런 전복은 열 염분 순환(심층 순환)이 무너질 때 잘 나타난다. 열 염분 순환은 바람을 타고 이동하는 표층해류가 극지방을 지나면서 온도가 내려가고 결빙 작용으로 염도가 높아지면 밀도가 올라가, 바다 아래로 가라앉은 뒤 심층해류를 형성하기 때문에 일어난다. 그런데 바닷물의 밀도가 불안정해져 심층수와 표층수의 구분이 모호해지면, 열 염분 순환이 멈추고 더 중요하게는 산소 함유량이 적은 심층수가 표면으로 올라오면서 많은 생명체를 죽일 것이다. 이런 붕괴는 너무 많은 민물, 이를테면 빙하가 녹은 물이 바다로 흘러들 때 일어날 수 있다. 멕시코만류도 열 염분 순환으로 일어나는 해류다. 아일랜드가 온대 기후인(그러니까 끊임없이 부슬비가 내리는) 까닭도 바로 이 멕시코만류 때문이다. 그러므로 만약 멕시코만류가 전복한다면 아일랜드의 기후가 완전히 바뀔 것이다. 온대 기후에서는 온대성 식물과 동물이 번성하므로, 멕시코만류가 멈추면 아일랜드에 멸종이 일어날 것이다.

감마선 폭발을 일으키기 쉬운 신성이나 초신성이 지구 가까이에서 감마선 폭발을 일으킨다면 지구에 무시무시한 파장을 미칠 수 있다. 6,000광년 떨어진(엄청난 거리로 들리지만 우주에서는 그리 먼 거리가 아니다) 신성이 감마선 폭발을 일으킨다면 지구의 오존층을 홀라

어느 예술가가 생각한 감마선 폭발 모습. 이런 폭발 한 번으로 오르도비스기 대멸종이 일어나 지구 생명체의 70%가 사라진 것으로 보인다.

당 벗겨낼 것이다. 그러면 지구 생명체가 자외선에 고스란히 무방비로 노출되어 엄청난 해를 입는다. 이런 감마선 폭발이 오르도비스기 대멸종에 영향을 미친 것으로 보인다. 저 멀리 떨어진 별이 날린 한 방이 지구 생명체의 70%를 죽일 수도 있다. 여기에는 우리도 예외가 아니다. 그래도 감마선 폭발이 일어나는 광경은 정말 장관일 것이다.

그러므로 지금까지 소행성, 감마선 폭발, 지나친 지구온난화나 냉각, 해류 순환이 무너진 대양이 지구 생명체를 거의 모두 없애버렸다. 따라서 이런 질문이 절로 떠오른다. 이런 일이 다시 일어날 확률은 얼마일까? 소행성이 지구와 충돌하거나 감마선 폭발이 일어날 확률은 아주아주 작아 보인다. 앞날은 모르는 법이지만, 이런 일은 정말로 어쩌다 한번 불쑥 일어나기 때문이다.

언젠가 일어날지 모를 태양의 온도 상승과 팽창이 언젠가 일어날지 모를 대기 중 이산화탄소 감소와 결합한다면 지구 역사에서 가장 무시무시한 대멸종이 벌어져 모든 생명체가 끝장날 것이다. 태양이 팽창하면(이런 일이 일어나려면 앞으로 수백만 년이 흘러야 한다) 바닷물이 펄펄 끓어 증발하고, 풍화작용으로 암석이 부서질 것이다. 또 부서진 암석이 이산화탄소를 흡수해 대기 중 이산화탄소 농도를 낮출 것이다. 따라서 이산화탄소와 물이 있어야 살 수 있는 식물이 죽을 것이다. 이때쯤에는 모든 광합성 생물이 사라지므로, 식물에서 나온 산소가 있어야 살 수 있는 호기성 생물도 모두 죽어 없어진다. 그리하여 지구 첫 세포였던 혐기성 세균의 조상이 남는다. 하지만 이들도 결국은 태양의 뜨거운 열기에 죽고 만다. 지구 생명체는 끝내 불타 사라질 것이다. 그리하여 42억 년 전 첫 세포로 시작한 생명의 여정은 온갖 시련을 겪으며 우리 인간을 포함한 수많은 종을 진화시킨 끝에 모든 것이 처음 시작된 곳, 혐기성 단세포 원핵생물로 돌아갔다가 그마저도 죽어 마침내 끝을 맞을 것이다. 아주 기운이 샘솟는 소식이지 않은가?

그런데 그런 사건이 앞으로 아주 많아질 것이다. 그때쯤 인간은 십중팔구 우리가 알아보지도 못할 만큼 다른 종으로 진화했을 것이다. 우리가 어떻게 진화할지를 놓고 이런 예측이 나온다. 힘든 일은 모두 기계가 할 터이므로 근육량은 줄어들고, 시각 자료를 흔하게 사용하므로 시력이 나빠지고, 체모가 줄어들 것이다. 우리가 네안데르탈인의 유전자를 지금까지 품고 있듯이 다른 종의 유전자도 품을지 모른다. 사이보그처럼 인간과 컴퓨터가 뒤섞인 낯설고 희한한 유전자를 보유하고서 다른 행성에서 살지도 모른다.

어느 소행성이 우리를 쓸어버리거나 태양이 끝내 우리를 죽일 가능성 말고도, 우리 눈앞에 있는 다른 문제가 우리를 죽일 위험이 있다. 이 위험은 인위적 멸종 즉 인간이 일으키는 멸종이다. 이런 일을 일으킬 만한 위험 요소로는 무엇이 있을까? 핵무기 때문에 절멸할 위험은 언제나 우리 머릿속을 맴돈다. 3차 세계대전도 우리를 멸종시킬 수 있다. 설마하니 우리가 그 정도로 멍청하지는 않겠지만. 그렇지 않은가?

가능성이 그다지 크지는 않지만, 핵무기나 세계대전보다는 일어날 가능성이 더 큰 일이 있다. 바이러스 때문에 또는 항생제에 내성이

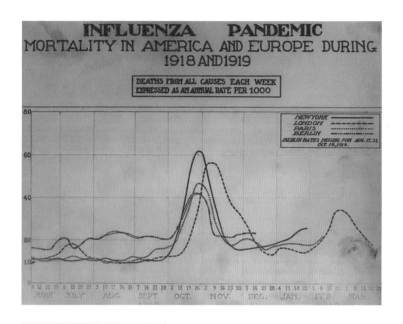

1918년에 발생한 스페인 독감으로 1차 세계 대전 때보다도 더 많은 사람이
목숨을 잃었다.

생긴 세균 때문에 감염병이 번질 위험이다. 이런 일은 전에도 일어
났었다. 1918년에 발생한 스페인 독감은 1차 세계대전보다도 더 많
은 사람의 목숨을 앗아갔다. 치명적인 전염병이라도 사람만 감염시
킬 때는 결국 소멸하므로, 외딴곳에 사는 사람들은 무사해 피해를 보
지 않는다. 하지만 다른 종도 감염시킨다면 멀리 떨어져 사는 사람들
에게까지 퍼지고 말 것이다. 갈수록 아이를 더 적게 낳아 인구가 줄
어드는 현상도 또 다른 위험이다. 어떤 학자들은 인류가 인구 감소로
3000년 무렵에 멸종하리라고 내다봤다. 하지만 흐름과 달리 아이를

많이 낳는 사람들도 있으니, 그런 일은 일어나지 않을 듯하다.

우리가 파괴한 생태계도 우리에게 악영향을 미칠 것이다. 대기에 축적된 온실가스는 지구온난화를 일으킬뿐더러 호흡에도 영향을 미쳐 건강을 해친다. 따라서 온실가스가 더 심각해진다면 인구가 줄어들 수도 있다. 그래도 인구과잉이 먼저 일어날 것이다. 지금껏 어떤 대형 척추동물도 우리만큼 빠르게 수가 늘어난 적이 없다. 지구 인구는 1800년에 10억 명이었지만 이제는 70억 명을 넘기고서도 계속 늘고 있다. 스웨덴의 유명한 통계학자 한스 로슬링Hans Rosling은, 인구가 120억 명에서 정점을 찍었다가 자원 부족이나 출산율 감소로 소멸하기 시작하리라고 내다봤다.

이런 가능성 말고도 과학소설에 등장하는 가능성이 있다. 우리가 언젠가 초지능superintelligence을 지닌 개체나 나노봇 수천 개가 결합한 개체를 만들고, 이 개체가 지구를 장악해 우리를 몰살하리라는 두려움이다. 또 고에너지 물리 실험을 하다가 마이크로 블랙홀이란 것이 생겨나 지구를 통째로 빨아들일지 모른다는 두려움도 있다. 대형 강입자 충돌기에서 원자를 부딪치는 실험을 할 때 실제로 이런 두려움도 있었다. 특히 양성자를 빛에 가까운 속도로 부딪치는 실험은 블랙홀을 생성할지 모르므로 꽤 두려움을 샀다. 하지만 그런 일은 일어나지 않았다.

이런 갖가지 두려움 때문에 미국에서 큰 사업이 생겨났다. 다가올 대재앙에 미리 대비하려는 사람들이 있기 때문이다. 최근 일어난 지진이나 기상이변으로 두려움이 커진 사람들은 이제 냉동건조 식품,

방독면 같은 생존 물품을 차곡차곡 쟁이고 있다. 방독면은 200달러, 화학무기, 생물학무기, 방사능 무기, 핵무기에서 우리를 보호해준다는 화생방 보호복은 500달러에 살 수 있다. 북한의 김정은이 핵무기를 쏘겠다는 뜻을 내비칠 때마다 생존 장비 판매량이 올라간다. 어쩌면 김정은이 이런 장비 관련 업체의 주식을 갖고 있는지도 모르겠다. 그런데 생존 장비를 사들이는 사람들이 대재앙 뒤 어떤 세상이 다가올지 한 번이라도 생각해본 적이 있을까 싶다. 내 생각에 그런 세상은 결코 살기 좋은 곳이 아니다.

그렇다면 우리는 어떻게 해야 할까? 호모사피엔스라는 종이 멸종하는 것은 머나먼 일 같다. 그때쯤에는 우리가 더는 호모사피엔스가 아닌 다른 종으로 진화했을 것이다. 그러니 너무 걱정할 일이 아니다.

사실 우리가 멸종을 걱정해야 할 대상은 우리가 아니다. 과학자들은 현재 여섯 번째 대멸종, 즉 홀로세 멸종Holocene extinction이 한창 진행하고 있다고 본다. 이 사태의 어려움은 그 원인이 우리라는데 있다. 1900년부터 지구 동식물이 이전까지의 배경 멸종*에 견줘 1,000배 넘게 멸종했다. 정말 충격적인 수치다. 실제로 인간의 활동은 여러 동식물의 멸종을 불러왔다.

우리는 기후변화만 일으킨 것이 아니다. 그동안 지나치게 많은 동물과 물고기를 사냥했고, 외래종을 들여와 어떤 생태계를 아수라장으로 만들어 파괴하기도 했다. 이런 요인이 모두 결합하면 대량 학살

---

* 특별한 원인이 아닌 자연 현상에 따른 멸종

아일랜드 고유종도 아니고 엘크도 아니지만 아일랜드 엘크라고도 부르는 큰뿔사슴은 1만 년 전 인간이 지나치게 많이 사냥했거나 아니면 인간이 일으킨 환경 변화 탓에 멸종한 듯하다.

이 벌어진다. 잘 알려진 사례로는 인간이 멸종시킨 새, 도도가 있다. 또 매머드와 역사상 덩치가 가장 큰 사슴인 아일랜드 엘크가 멸종한 까닭도 인간의 지나친 사냥 탓으로 보인다. 그동안 지구에 살았던 동물 가운데 이제 절반이 멸종했다. 종들이 멸종하면 당연히 새로운 종이 출현하겠지만, 우리가 많은 종을 멸종시키고 있다는 사실은 바뀌지 않는다.

그러니 DNA로 따지면 우리 사촌인 동료 생명체가 계속 살아남아 진화하고 번성하도록 돕는 것이 마땅하지 않을까? 게다가 지구 생명체는 복잡하게 얽힌 망을 이루므로, 이 망이 흔들린다면 틀림없이 연쇄반응이 일어날 테고, 그 와중에 우리도 멸종할 것이다. 그렇게 된다면 원인은 오롯이 우리 인간의 자만과 무능력이다. 그러므로 우리는 그저 땅이 꺼져라 걱정만 하기보다, 크나큰 부끄러움을 느껴야 한다.

20장

미래는 나아질 일밖에 없다
: 과학의 성과와 미래

THINGS WILL
ONLY GET BETTER

우리 호모사피엔스에게는 어떤 미래가 펼쳐질까? 글쎄, 잔이 벌써 반이나 비었다고 보는 사람들, 반대와 비관과 부정을 입에 달고 사는 사람들이 뭐라 해도, 모든 과학과 첨단 기술은 실제로 이 세상을 인간이 살기에 더 좋은 곳으로 만들고 있고, 앞으로도 쭉 그럴 것이다. 전쟁, 기아, 범죄가 넘쳐 나는 듯 보이지만, 보기와 달리 실제로 오늘날은 적어도 우리가 농경을 발명한 이래로 그 어느 때보다 인류가 살아가기에 좋은 상황이다. 물론 농경이 사실 이 세상에 많은 고통과 불평등을 몰고 온 원인이라는 증거는 확실하다. 농경이 생긴 뒤로 일꾼들은 자기네 위에 군림하여 자신들을 노예로 만드는 권력을 위해 들판에서 힘들게 일해야 했다. 농경은 불평등과 인구 과밀을 낳았고, 그 때문에 감염병이 생겨났다.

인류 역사 대부분에서 한 줌도 안 되는 소수가 부의 대부분을 차지했고, 소작농들을 계속 자기네 발아래 둘 체제를 구축했다. 어쩌다 가끔 혁명이 일어나 한동안 상황을 뒤흔들었던 때를 빼면, 인류는 어떤 사람이 다른 사람보다 더 우월한 지위를 누리는 상황으로 돌아갔다. 하지만 이제 우리 눈앞에는 실제로 '멋진 신세계'가 시작되고 있는 듯하다. 이 신세계는 결국 과학과 첨단 기술에 크게 힘입어 우리를 다시금 자유롭게 할 것이다.

내 말이 헛소리일까? 세상이 굳이 우리에게 안락한 삶을 제공할 이유가 있을까? 언제나 불운한 사람들이, 알맞지 않은 때에 또는 알맞지 않은 곳에 잘못된 유전자를 타고 태어난 사람들이 있지 않을까? 운이 나빠 남들보다 성공하지 못한 사람들이 있지 않을까? 글쎄, 그렇지는 않다. 인류 전체의 삶을 나타내는 신호는 좋아 보인다. 특히 2차 세계대전이 끝난 뒤로 전 세계의 가난이 크게 줄었다. 영유아 사망이 훨씬 줄었고, 교육 기회는 더 많아졌다. 전쟁 사망자도 줄었고, 어느 때보다 민주주의가 퍼져 있다. 지구 인구 전체를 놓고 보면 그렇다. 물론 엄밀히 따지면 개자식이라 불러 마땅한 인간들이 상황을 좌지우지하는 탓에, 다른 곳과 동떨어지게 끔찍한 상황에 부닥친 지역도 있다. 하지만 전 세계를 놓고 보면 상황이 좋아졌고, 더 나아질 일만 남은 듯하다.

먼저 빈곤을 살펴보자. 현재 극빈층은 하루 생계비가 1.9달러에 미치지 못하는 사람들을 가리킨다. 빈곤을 측정할 때는 화폐 이외의 소득을 포함하고, 나라마다 다른 물가지수와 해당 기간의 인플레이션을 반영해 조정한다. 1820년대를 되돌아보면 높은 생활수준을 누린 사람은 극소수에 그쳤다. 이들은 성에 살면서, 자신을 보호해줄 군대를 거느렸다. 하지만 나머지 대다수는 극심한 가난 때문에 말 그대로 하루 벌어 하루 먹고 살기도 버거웠고, 영양부족과 감염병에 시달리다 한꺼번에 수많은 사람이 목숨을 잃었다.

1820년 이후로 극빈층의 비율이 꾸준히 줄어들었다. 1950년에는 전 세계 인구의 75%가 극심한 가난 속에 살았다. 1981년에는 44%로 떨어졌고, 최근 나온 수치는 10%다. 인구 증가를 고려하면 아직도 엄청나게 많은 사람이 가난 속에 살고 있다는 뜻이지만, 비율은 꽤 많이 내려갔다. 상황이 이렇게 나아진 까닭은 무엇일까? 바로 산업화다. 산업화는 생산성을 높여 사람들에게 엄청난 부를 안겼다. 그리고 그 기술을 만든 사람들, 기계를 만들어낸 사람들은 어마어마한 돈을 벌어 살찐 고양이 즉 배부른 자본가가 되었다.

산업화의 물결은 모든 사람에게 이익을 안겼다. 생산력이 올라가자, 사람들은 더 많은 소득을 올렸다. 이는 우리 인류 역사에서 가장 큰 성과로 보인다. 지구 인구의 무려 90%가 이제 극심한 가난에서 벗어났다. 이런 성과가 더 놀라운 까닭은 지구 인구가 지난 200년 동안 7배나 늘어났기 때문이다. 인구가 이렇게 많이 늘었는데도 우리는 용케도 더 많은 사람을 극심한 가난에서 끌어올렸다. 생산성 향상은 더 많은 상품과 서비스, 더 나은 먹거리, 더 좋은 옷, 더 안락한 주거 시설과 위생 시설이 생겨난다는 뜻이었다. 또 사람들이 가난에서 벗어난다는 것은 더 건강해지고 밝은 미래를 꿈꿀 수 있다는 뜻이었다. 겨우 입에 풀칠만 하고 사는 농부들은 아이들에게 농사 말고는 가르칠 시간이 없다. 그러므로 가난이 줄어들자 교육도 발전했다.

여기에서 산업화로 놀랍게 발전한 두 번째 측면이 눈에 들어온다. 바로 글을 읽고 쓸 줄 아는 능력이다. 지난날에는 글을 읽고 쓸 수 있는 사람도 극소수에 지나지 않았다. 1,500년 전 서양에서 글을 읽고 쓸 줄 아는 사람이라고는 성경 때문에 글 읽는 법을 배웠던 성직자(어원이 같은 서기^{clerk}도 글을 읽고 쓸 줄 아는 사람이라는 뜻이다)나 왕을 보좌하는 관리들이었다. 이들 관리 대다수는 세금을 거두는 세리였다. 그러니 글을 읽을 줄 아는 능력을 틀림없이 희한하게 여겼을 것이다. 《켈스의 서》를 만든 아일랜드 수도승들은 글쓰기를 신성한 행위로 봤다. 이들에게는 기도문이나 예수의 이야기를 적는 행위가 놀라운 일이었다. 글쓰기는 이들의 마음에 강렬한 감동을 남겼다. 한가한 부자들도 글을 읽고 쓸 줄 알았다. 이들은 골똘히 뜻깊은 생각을 하면서 느긋하게 그리스를 둘러봤다. 1820년에는 열에 한 명만이 글을 알았다. 1930년에는 셋에 한 명이, 그리고 오늘날에는 전 세계 인구의 85%가 글을 읽고 쓸 줄 안다. 이 성과도 놀랍기는 마찬가지다. 게다가 글을 모르는 사람 대다수가 노인이므로 젊은 사람이라면 그 비율이 85%를 훌쩍 뛰어넘는다. 달리 말해 1800년에는 글을 읽고 쓸 줄 아는 사람이 1억 2,000만 명뿐이었지만, 이제는 무려 62억 명에 이른다. (다만 안타깝게도 이들은 페이스북에 몰려 있다.)

건강과 관련한 통계도 놀랍기는 마찬가지다. 1800년에는 아이들 43%가 다섯 돌을 맞기도 전에 죽었다. 한번 생각해보라. 어느 여성이 아이 둘을 낳는다면 하나는 5살이 되기도 전에 죽을 확률이 높았다. 엄청난 낭비로 보이지만, 생명 활동에서 보면 대수롭잖은 일이다. 아이 일부가 살아남아 더 많은 아이를 낳으면 되기 때문이다. 1915년에는 평균 기대 수명이 35살이었다. 그러니 40살만 넘어도 현명한 어르신 노릇을 할 수 있었다. 아일랜드 소설가 제임스 조이스^{James}

인쇄기가 발명되자, 지식이 빠르게 퍼져 배움이 크게 늘었다.

Joyce의 소설 《율리시스Ulysses》에 나오는 레오폴드 블룸은 서른여덟, 그의 아내 몰리는 서른세 살인데도, 자신들을 중년으로 여겼다. 요즘 아일랜드인의 평균 기대 수명은 남성이 78.3살, 여성이 82.7살이다.

이런 성과는 새로운 의술 때문만은 아니다. 큰 요인은 주거 시설과 위생 시설의 발전이었다. 위생 시설이 열악하면 감염병이 더 많이 퍼진다. 감염병은 이곳저곳을 떠돌아다니며 살던 인류가 한 곳에 정주하는 농부로 탈바꿈하고, 그래서 사방에 쓰레기를 남기면서 생겨났다. 주거 시설과 위생 시설이 향상하면서 주요 사망 원인인 감염원에 맞서 이길 확률이 높아졌다.

더 풍성해진 먹거리도 면역 체계를 강화했으므로 감염에 맞서 싸우는 데 도움이 되었다. 물론 과학과 의술도 중요했다. 생산성이 향상한 덕분에 과학은 전문 직업이 되었고, 따라서 탄탄한 과학교육 체계가 구축되었다. 이렇게 교육받은 과학자들은 획기적인 성과를 이뤘다. 그 가운데 손꼽히는 것이 로베르트 코흐Robert Koch와 동료들이 발표한 세균설germ theory이다. 세균설이란 현미경으로 봐야 할 만큼 작은 세균이 병을 일으킨다는 견해다. 폐를 망가뜨리는 결핵 같은 병을 세균이 일으킨다는 주장은 언뜻 듣기에는 터무니없었다. 하지만 달리 보면, 시체를 다룬 의사가 아이를 받으러 분만실에 들어가기 전에 간단히 손만 씻어도 엄청난 차이가 생긴다는 뜻이었다. 지난날 영아 사망의 주요 원인이 바로 세균투성이인 의사였다.

세균설은 항생제와 백신을 발명하는 근거가 되었다. 그리고 대중의 건강을 살피고 치료하는 공중 보건이 생겨난 이유이기도 했다. 공중 보건은 특히 백신에서 중요한 역할을 했다. 거의 모든 사람이 백신을 맞으면 이른바 무리 면역herd immunity이 생겨 다른 사람에게도 이롭기 때문이다. 병원균을 물리치려면 무리에서 특정 비율 이상이 백신을 맞아야 한다. 그래야 숨어들 숙주가 충분하지 않아 균이 사라지기 때문이다. 2015년 세계 영유아 사망률은 4.3%로, 200년 전보다 10배나 낮다. 15장에서 봤듯이 백신은 인류 건강에 크나크게 이바지했다. 소아마비는 이제 지구에서 거의 사라졌다. 유럽의 중세 암흑시대를 괴롭힌 천연두는 이제 완전히 사라졌다. 국제적인 백신 접종이 없을 때는 미국에서만도 해마다 400만 명이 홍역을 앓았다. 하지만 1963년에 예방 백신이 나온 뒤로는 홍역이 거의 사라져, 2014년에는 달랑 667명이 홍역을 앓았다. 이 또한 다른 성과와 마찬가지로 놀라운 수치다.

인류 건강에 둘째로 크게 이바지한 것은 항생제다. 항생제가 없다면 사람들이 지금도 계속 감염병으로 목숨을 잃을 테니, 감염병이 주요 사망 원인이었을 것이다(이와 달리 현재 주요 사망 원인은 암과 심장병이다). 또 항생제가 없다면 상처가 세균에 감염되어 목숨을 위협할 위험이 있으니 수술도 할 수 없었을 것이다. 우리가 항생제 내성을 크게 두려워하는 까닭도 이 때문이다. 현재 실제로 일어나듯이 항생제에 내성이 있는 세균이 진화한다면, 세상은 사뭇 다른 곳이 되고, 인류가 건강과 관련해 이룬 성취로 보였던 것들이 심하게 줄어들어 항생제 이전 시대로 돌아갈 것이다. 그러니 우리가 독창성을 발휘해 세균을 앞서기를 바라자. 그렇지 못했다가는 세균이 우리 목숨을 앗

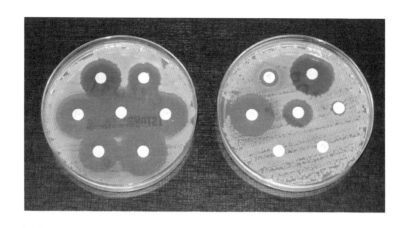

두려워해야 할 것 – 항생제 과용은 감염병을 다시 불러올지도 모른다.

아갈 것이다. 들리는가? 지금 세균이 우리를 비웃고 있다.

가난이 줄어들자 영유아 사망률과 전체 사망률이 함께 줄었고, 따라서 인구가 크게 늘었다. 물론 중국은 인구 과잉으로 몸살을 앓았던 탓에 한 자녀 정책을 도입했다. 강제 낙태 같은 문제를 일으키기는 했지만, 지나치게 빠른 속도로 늘던 인구를 억제하려던 노력은 무척 타당했다. 하지만 한편으로는 다른 나라가 그렇듯, 중국인의 건강과 소득이 높아진 덕분에 출산율이 높아진 현상을 반영한 조치이기도 했다. 어떤 추산에 따르면 근대 이전, 그러니까 산업혁명 이전에는 여성 한 명이 대여섯 명을 낳았을 만큼 출산율이 높았다고 한다.

그런데도 인구가 크게 늘지 않았던 까닭은 갓난쟁이나 어린아이가 많이 죽었기 때문이다. 인구 증가는 높은 출산율과 낮은 사망률 때문에 일어난다. 그런데 영유아 사망률이 줄자 언뜻 이해하기 어려운 이상한 결과가 나타났다. 출산율이 떨어진 것이다. 여성들이 영유아 사망률이 줄어든 사실을 알아채고서 아이를 적게 낳기로 한 모양이다. 이런 현상은 지난 200년 동안 산업화한 나라에서 차례로 사실로 드러났다. 그 결과 인구 증가가 끝나고 있고, 지구 곳곳에서 이런 현상이 늘어나고 있다. 이런 현상을 '인구 전환demographic transition'이라고 한다. 인구 전환이 보이는 수치는 흥미롭다. 영국처럼 먼저 산업화를 거친 나라들은 여성 한 명당 여섯 명이던 출산율이 세 명 아래로 떨어지기까지 95년이 걸렸다. 하지만 더 최근에 산업화를 거친 나라들은 인구 전환이 훨씬 빠르게 일어났다. 예컨대 대한민국은 이 기간이 18년밖에 걸리지 않았다. 이란은 그 속도가 훨씬 빨라서, 달랑 10년이었다. 그래도 지구 전체로 보면 20세기 동안 인구는 4배나 늘었다.

하지만 21세기에는 그 정도로 인구가 늘지 않을 것이다. 2100년까지 인구가 2배로 늘어도 놀랄 일이다. 현재 예상하기에 지구 인구는 2075년에 성장을 멈추고 줄어들기 시작한다. 만약 미래에 세상이 인구 부족을 겪을 때 여성들이 아이를 더 많이 낳기로 마음먹는다면 인구는 다시 늘어날 것이다. 그래도 한 가지는 분명하다. 더 많이 교육받은 여성일수록 아이를 더 적게 낳는다. 교육은 여성의 시야를 넓혀 출산율을 낮춘다. 여성이 아이를 낳는 시기를 늦추고, 더러는 출산이 너무 늦어져 생식능력이 줄어드는 까닭도 교육 때문일 수 있다. 이 현상을 어떻게 바라보든, 여성들은 아이를 낳고 그 아이 중 절반이 죽는 모습을 속수무책으로 지켜봐야 했던 가혹한 쳇바퀴에서 벗

교육 운동가 말랄라 유사프자이|Malala Yousafzai. 지난날 글은 부유한 남성의 전유물이었다. 오늘날에는 지구 인구의 85%가 글을 안다. 그중에서도 여성의 문맹률이 크게 줄어들었다.

어났다. 이것이야말로 진정한 진전이다.

말할 것도 없이 교육은 그동안 우리가 이룬 모든 진전을 열어젖힌 열쇠였다. 교육이 불러올 미래는 쉽게 그려볼 수 있다. 오늘날 글을 아는 젊은 여성은 2080년에는 글을 아는 나이 든 여성이 될 것이다. 중고등 학생은 장차 대학생이 될 것이다. 교육은 스스로 지속한다. 게다가 갈수록 더 많은 사람이 교육을 받는다는 좋은 소식도 있다. 촉매 반응이 일어날 때처럼, 교육은 우리 아이들의 두뇌를 단련해 재능을 끌어내고, 이렇게 교육으로 성장한 아이들이 자신의 삶을 바꾼다. 교육에 쓰는 돈은 한 푼도 낭비가 아니다.

현재 예상에 따르면 2100년 무렵에는 70억 명이 적어도 중고등 교육을 받는다. 이것도 지구 행성이 이룬 엄청난 성과다. 물론 교육은 지금껏 수백 년 동안 가치를 인정받았다. 우주 비행사 존 글렌John

Glenn의 말대로 "나라를 가로질러 동쪽 해안가에서 서쪽으로 퍼질 때, 미국인은 가는 곳곳마다 먼저 학교를 세우고 교사를 채용한 다음, 아이를 모두 학교에 보냈다." 교육이 없었다면 우리 사회에 큰 영향을 미치는 과학자도, 공학자도, 사업가도, 의사도 없었을 것이다. 지구에 사는 사람들의 삶을 계속 개선하려면, 교육이야말로 올바로 세워야 할 가장 중요한 일이라 할 수 있다. 교사가 더할 나위 없이 중요한 까닭도 이 때문이다. 교사는 학생들에게 앞으로 걸어가야 할 신비로운 문을 열어준다. 교육은 학생들의 재능과 역량을 드러낸다. 그러니 교사들이여, 당당히 일어서라. 당신들이야말로 가장 중요한 사람이다.

교육은 눈부신 발전을 보여준 마지막 영역으로 우리를 이끈다. 바로 평화다. 언젠가 만난 어느 교육학자는 대학 교육의 목적 중 하나가 합리성을 기르는 것이라고 말했다. 남과 토론할 줄 아는 능력은 전쟁을 멈추는 데 특히 중요하다. 이제 그 어느 때보다 많은 사람이 평화 속에 살고 있다. 존 레넌의 바람대로 우리는 정말로 평화에 기회를 주었다*. 1980년대에 전쟁과 평화의 과정을 연구한 군사 전문가들은 굉장히 놀라운 사실을 알아냈다. 감염을 제외한 가장 큰 사망 원인이, 그러니까 강대국과 선진국들이 벌이던 전쟁이 사실상 멈췄다는 것이다. 물론 소련과 미국 사이에 벌어진 쿠바 미사일 위기처럼 이따금 무력 과시가 벌어졌고, 핵 위협도 있었다(사실 핵 위협은 지금도 존재한다). 하지만 심각한 무력 충돌은 그때부터 지금까지 한 번

---

* 존 레넌은 〈평화에 기회를Give Peace a Chance〉이라는 노래를 불렀다.

도 일어나지 않았다. '장기 평화long peace'라 부르는 이 평화가 2차 세계대전이 끝난 뒤로 쭉 이어졌다. 전쟁 연구자들이 중요한 정량 지표로 사용하는 1인당 사망률*은 2차 세계대전에서 정점을 찍었다가 한국 전쟁에 이르러 10분의 1로 줄어들었고, 그 뒤로 더 가파르게 줄어 100분의 1로 떨어졌다. 종족 학살을 포함한 여러 대량 학살 수치도 가파르게 떨어졌다. 물론 대량 학살 이야기를 들으면 소름이 끼치도록 무섭다. 사실 대량 학살은 지금도 벌어지지만, 그래도 빈도가 훨씬 줄어들었다. 그러니 감소 흐름이 이어지기를 바라자.

그러므로 호모사피엔스 전체로 보면 인류는 어느 때보다 더 많은 사람이 어느 때보다 더 많은 번영을 누리고 있다. 이제 우리는 더 오래, 더 건강하게 산다. 더 많은 사람이 고등교육을 받는다. 도대체 무슨 목적인지 알지도 못할 쓸모없는 전쟁에 휩쓸리지도 않는다. 이렇게 증거가 뻔히 눈앞에 있는데도, 왜 우리 대다수는 상황이 더 나빠지고 있을뿐더러 앞으로도 쭉 더 나빠지리라고 생각할까? 최근 연구에 따르면 스웨덴 사람 가운데 앞으로 상황이 나아지리라고 여기는 사람은 겨우 10%뿐이었다. 미국은 6%였고(트럼프 효과일까?), 독일은 4%였다(여기는 메르켈 효과일까?).

심리학자들은 이런 현상을 '인지 부조화'라고 한다. 인지 부조화는 우리가 인지하는 것(이를테면 텔레비전에 나오는 사망 사건)이 데이터 (이를테면 많은 사람이 여전히 살아 있는 사실)와 다를 때 생긴다. 우리

---

* 총인구 대비 특정 기간에 나타난 사망자 수

대다수는 페이스북이나 트위터로 세상을 가늠한다. 폭력이 사라지지 않았다고, 폭발과 전쟁이 여전히 계속된다고 여기는 한, 이들은 비관적인 견해를 지닐 것이다. 이런 견해는 우리 대다수가 그런 사태에 시달리지 않는다는 사실에 어긋난다. 한 가지 문제는 평화를 알리고 싶은 사람이 아무도 없다는 것이다. 빌 클린턴Bill Clinton이 북아일랜드 분쟁에 특사로 파견한 조지 미첼George Mitchell은 북아일랜드 의회에서 (유혈 충돌이 아닌) 양 사육 쿼터를 놓고 토론할 날이 오기를 간절히 바랐다고 털어놓았다. 하지만 아무도 그런 바람을 겉으로 드러내지 않는다. 이들은 그저 잇속을 따지느라 주판알을 튕기기에 바쁘다.

이런 심리는 아마 방어기제일 것이다. 우리는 자신을 보호하려는 마음에 더 비관적인 태도에 끌린다. 그렇게 최악의 상황에 대비하려 한다. 혹시라도 닥칠지 모를 폭풍에 단단히 대비한다. 하지만 상황을 정확히 파악하려면, 반드시 데이터를 수집하고(모든 과학자가 맡아야 할 중요한 역할이다) 체계적으로 분석하여 시간의 흐름에 따라 표시해야 한다.

우리 생명은 약 42억 년 전 단일 세포로 시작했다. 그다음에는 진화가 다윈의 자연 선택에 따라 영향을 미쳤다. 그 뒤로 삶은 전쟁이 되었다. 세포와 유기체는 자원을 놓고 다른 세포나 유기체와 경쟁했고, 그 결과 더 진화했다. 우리는 우연에 우연이 수없이 겹친 끝에 인류 즉 두 발로 걷는 털 없는 원숭이가 되었다. 백만 번에 한 번 있을까 말까 한 확률로 우리가 생겨났다. 그러니 지구에는 완전히 다른 상황이 펼쳐졌을 수도 있다. 우리 조상이 대멸종 사건 중 하나 때 멸종했을 수도 있다. 공룡이 살아남아 계속 지구를 휘저었을 수도 있다. 그랬다면 우리가 생겨날 일은 거의 없었을 것이다.

우리 인간은 호기심이 많은 종이다. 그 덕분에 갖가지 흥미로운 것들을 알아냈다. 하지만 아주 오랫동안 인간 대다수에게 삶은 잔인한 경험이었다. 가난, 영유아 사망, 억압, 전쟁 같은 모든 시련이 결코 이해할 수 없는 이유로 우리를 괴롭혔다. 그러다 상황이 나아지기 시작했다. 교육받은 과학자와 공학자가 등장해 우리를 도왔다. 과학자들은 세균을 죽일 약물을 알아냈고, 공학자들은 위생 시설을 갖출 방법을 찾아냈다. 그러자 상황이 향상에 향상을 거듭해 이제는 끝없이 나아지고 있다. 앞으로 무엇이 계속 향상할까? 갈수록 더 많은 사람이 가난에서 벗어나 빈곤선을 훌쩍 뛰어넘을까? 특히 개발도상국에서 아직도 사람들을 괴롭히는 질병을 예방하거나 치료할까? 세상은 더 평등해질까? 로봇공학과 인공지능이 우리 삶을 어마어마하게 바꿔놓을까? 우리는 어느 종과도 달리 환경을 제어할 줄 안다. 그러니 우리가 물이나 먹이사슬을 위협해 환경을 엉망으로 만드는 일을 멈춘다면, 환경을 파괴하는 일을 멈춘다면, 우리는 무사할 것이다.

지구에 존재하는 사람이라면 누구나 우리를 위해, 또 미래 세대를 위해 성취한 과학의 혜택을 빠짐없이 계속 누릴 권리가 있다. 그런 성취는 호기심으로 이룬 것이다. 상황을 개선하여 사람들을 계몽하거나 실질적인 이득을 얻고자 이룬 것이다. 사람들의 삶을 향상하고자 이룬 것이다. 과학자들은 아무도 발 디딘 적이 없는 곳으로 계속 담대하게 나아간다. 그러니 인간 동지들이여, 장수와 번영을!

1900년 무렵 파리 미술가가 상상한 미래의 유토피아.

참고문헌
~~~~~~~~~~~~~~~~~~~~~~~~~~~~~~~~~~~~~
BIBLIOGRAPHY

CHAPTER 1

Dalrymple, G.B. (2001). The age of the Earth in the twentieth century: a problem (mostly) solved. Special Publications, Geological Society of London 190(1): 205 – 221

Dodd, M.S. et al. (2017). Evidence for early life in Earth's oldest hydrothermal vent precipitates. Nature 543:60 – 64. doi:10.1038/nature21377

Gould, S. J. (1993). Fall in the House of Ussher. In Eight Little Piggies (Penguin Books) John Joly, 1857 – 1933. (1934). Obituary Notices of Fellows of the Royal Society, 1(3), 259 – 286.

Service, R.F. (2015). Origin of life puzzle cracked. Science 347, 1298 – 1299

Bell, E.A. et al. (2015). Potentially biogenic carbon preserved in a 4.1 billion-year-old zircon. Proc. NatlAcad. Sci. USA 912: 14518 – 14521

Y.M Bar-On, Y.M., Phillips, R. and Milo, R. (2018) The biomass distribution on Earth. Proc Natl Acad Sci USA doi: 10.1073/pnas.1711842115

Miller, S.L. (1953). Production of amino acids under possible primitive Earth conditions. Science 117 (3046): 528. doi:10.1126/science.117.3046.528

Patel, B.H. et al. (2015). Common origins of RNA, protein and lipid precursors in cyanosulfidic protometabolism. Nat. Chem. 7: 301 – 307

Margulis, L. (1998). The Symbiotic Planet: A New Look at Evolution. London: Weidenfeld & Nicolson; Choi, C.Q. (2017). How Did Multicellular Life Evolve? NASA. Available at: https://astrobiology.nasa.gov/news/how-did-multicellular-life-evolve/

Lane, N. (2015). The Vital Question. London: Profile Books

Altwegg, K. et al. (2016). Prebiotic chemicals – amino acid and phosphorus in the coma of comet 67P/Churyumov-Gerasimenko. Science Advances 2, no. 5, e1600285

CHAPTER 2

Diamond, Jared (1991). The Third Chimpanzee: The Evolution and Future of the Human Animal. London: Hutchinson Radius

Thompson, J.D., Higgins, D.G. and Gibson, T.J.(1994). CLUSTAL W: improving the sensitivity of progressive multiple sequence alignment through sequence weighting, position-specific gap penalties and weight matrix choice. Nucleic Acids Research 22(22): 4673–4680

Britten, R.J. (2002). Divergence between samples of chimpanzee and human DNA sequences in 5 percent counting indels. Proceedings of the National Academy of Sciences 99, 13633–13635

Diogo, R., Molnar, J. L. and Wood, B. (2017) Bonobo anatomy reveals stasis and mosaicism in chimpanzee evolution, and supports bonobos as the most appropriate extant model for the common ancestor of chimpanzees and humans. Scientific Reports 7: 608

Harari, Y. (2014). Sapiens: A Brief History of Humankind. New York: Harper

Klein, R. (1995). Anatomy, behavior, and modern human origins. Journal of World Prehistory 9(2):167–198

Dhillon, P. (2006). Humans, A migration out of Africa? The Naked Scientist. Available at:https://www.thenakedscientists.com/articles/features/humans-migration-out-africa

Elliott, M. (2017). Inequality has deep roots in Eurasia. Nature 551, 573–574

Gibbons, J. (2014). Why did Neanderthals go extinct? Smithsonian Insider. Available at: https://insider.si.edu/2015/08/why-did-neanderthals-go-extinct

Gibbons, Ann (2017). Neanderthals mated early with modern humans. Science 356, 14; Sankararaman, S. et al (2014). The genomic landscape of Neanderthal ancestry in present-day humans. Nature 507, 354–357; Vernot, B. and Akey, J.M. (2014). Resurrecting surviving Neanderthal lineages from modern human genomes. Science 343, 1017–1021

Sankararaman, S., et al. (2016). The combined landscape of Denisovan and Neanderthal ancestry in present-day humans. Current Biology 26 (9):1241–1247

Diamond, J. (1999). Guns, Germs, and Steel: The Fates of Human Societies. New York: W.W. Norton & Company

CHAPTER 3

Joel, S., Eastwick, P.W. and Finkel, E.J. (2017). Is romantic desire predictable? Machine learning applied to initial romantic attraction. Psychological Science 28, 1478–1489

Anders, S. et al. (2016). Neural mechanisms of interpersonal attraction. Proceedings of the National Academy of Sciences Apr 2016, 201516191

Singh, D. and Bronstad, P.M. (22 April 2001). Female body odour is a potential cue to ovulation. Proceedings of the Royal Society B. 268(1469):797–801

Burriss, R. (2015). The face fertility – why do men find women ovulation more attractive? Available at: www.independent.health-and-families/features/fertility-why-do-men-findwomen-are-near-ovulation-more-attractive-10359906.html

Haselton, M. et al. (2007). Ovulation and human female ornamentation: Near ovulation, women dress to impress. Hormones and Behavior 51, 41–45.

Niesta Kayser, D., Agthe, M. and Maner, J. K.(2016). Strategic sexual signals: Women's display versus avoidance of the color red depends on the attractiveness of an anticipated interaction partner. PLoS One, 11(3), e0148501

Thornhill, R. and Gangestad, S.W. (1999). The scent of symmetry: A human sex pheromone that signals fitness? Evolution and Human Behaviour 20(3): 175–201

Thornill, R., Gangestad, S. and Comer, R. (1995). Human female orgasm and mate fluctuating asymmetry. Animal Behaviour 50, 1601–1615

Jasienska, G. et al. (2006). Symmetrical women have higher potential fertility. Evolution and Human Behaviour 390–400

Ferdenzi, C. et al. (2011). Digit ratio (2D:4D) predicts facial, but not voice or body odour, attractiveness in men. Proceedings of the Royal Society B:Biological Sciences 278(1724), 3551–3557.

Price, M. (2017). Study finds some significant differences in brains of men and women. Science. Available at: http://www.sciencemag.org/news/2017/04/study-finds-some-significant-differences-brains-men-and-women

Fujita, M. et al. (2012). In poor families, mothers' milk is richer for daughters than sons: A test of Trivers–Willard hypothesis in agropastoral settlements in Northern Kenya. Am. J. Phys. Anthropol, 149: 52–59

Feinberg, D.R, et al. (2006). Menstrual cycle, trait estrogen level, and masculinity preferences in the human voice. Hormones and Behavior 49(2):215–222; Gangestad, S.W, Thornhill, R. and Garver-Apgar, C.E. (2005). Women's sexual interests across the ovulatory cycle depend on primary partner developmental instability. Proceedings of the Royal Society B: Biological Sciences 272 (1576):2023–2027

Wedekind, C. et al (1995). MHC-dependent mate preferences in humans. Proceedings of the Royal Society B 260(1359): 245–249

Alvergne, A. et al. (2010). Does the contraceptive pill alter mate choice in humans? Trends in Ecol Evol 25: 171–179

Ronay, R. and von Hippel, W. (2010). The presence of an attractive woman elevates testosterone and physical risk taking in young men. Social Psychological and Personality Science 1(1): 57–64

Zhang, Y., Zheng, M. and Wang, X. (2016). Effects of facial attractiveness on personality stimuli in an implicit priming task: an ERP study. Neurological Research 38(8): 685–691

Singh, D. et al. (2010). Cross-cultural consensus for waist–hip ratio and women's attractiveness. Evolution and Human Behavior 31(3): 176–81; Hughes, S.M. and Gallup, G.R. (2003). Sex differences in morphological predictors of sexual behavior:Shoulder to hip and waist to hip ratios. Evolution and Human Behavior 24 (3), 173–178.

Maratzitti, D. and Canale, D. (2004). Hormonal changes when falling in love. Psychoneuroendocrinology 29, 931–936

Song, H. et al. (2015). Love-related changes in the brain: a resting-state functional magnetic resonance imaging study. Front Hum. Neurosci. 13(9): 71

Lee, H.J. et al. (2009). Oxytocin: the great facilitator of life. Progress in Neurobiology 88(2): 127–151

Wang, H. et al. (2013). Histone deacetylase inhibitors facilitate partner preference formation in female prairie voles. Nat. Neurosci. 16(7): 919–24

Dolder, P. et al. (2016). Acute emotional and social cognitive effects of beer. European Neuropsychopharmacology 26, S678

Haase, C.M. et al. (2013). The 5-HTTLPR polymorphism in the serotonin transporter gene moderates the association between emotional behavior and changes in marital satisfaction overtime. Emotion 13(6): 1068–1079

CHAPTER 4

Knight, S. (2015). Everything you always wanted to know about panda sex (but were afraid to ask). The Guardian. Available at: https://www.theguardian.com/world/2015/aug/25/everything-about-panda-sex-edinburgh-zoo-long-read

Blocker, W. (2016). The journey from egg to embryo. OnHealth. Available at: https://www.onhealth.com/content/1/conception_pregnancy

Ikawa, M. et al. (2010). Fertilization: a sperm's journey to and interaction with the oocyte. J. Clin. Invest. 120, 984–994

Inoue, N., et al. (2005). The immunoglobulin superfamily protein Izumo is required for sperm to fuse with eggs. Nature 434, 234–238

Bianchi, E. et al. (2014). Juno is the egg Izumo receptor and is essential for mammalian fertilization. Nature 508, 483–487

Argo, J. (2007). Chronic disease and early exposure to air-borne mixtures: Exposure assessment. Environ. Sci. Technol. 15:41(20): 7185–7191

Fukuda, M. et al. (2014) Climate change is associated with male:female ratios of fetal deaths and newborn infants in Japan. Fertility and Sterility 102(5) 1364–1370.e2

Levine, H. et al. (2017). Temporal trends in sperm count: A systematic review and meta-regression analysis. Hum Reprod Update 23(6): 646–65

Reece, R. (2018). 10 ways he can have better baby-making sperm. Parents. Available at: www.parents.com/getting-pregnant/trying-to-conceive/tips/better-babymaking-sperm-healthy

Zhou, Q. et al. (2016). Complete meiosis from embryonic stem cell-derived germ cells in vitro. Cell Stem Cell 18(3): 330–340

CHAPTER 5

Shakeshaft, N.G. et al. (2013). Strong genetic influence on a UK nationwide test of educational achievement at the end of compulsory education at age 16. PLoS One 8(12):

e80341

Turkheimer, E. (1991). Individual and group differences in adoption studies of IQ. Psychological Bulletin 110(3), 392–405

Kan, K-J. et al. (2013). On the nature and nurture of intelligence and specific cognitive abilities: The more heritable, the more culture dependent. Psychological Science 24(12): 2420–2428

Freitag, C.M. (2007). The genetics of autistic disorders and its clinical relevance: A review of the literature. Mol. Psychiatry 12(1): 2–22

Rettew, D.C. and Hudziak, J.J. (2009). Genetics of ADHD, in Brown, T.E. (ed) ADHD Comorbidities:Handbook for ADHD Complications in Children and Adults. Washington, DC: American Psychiatric Publishing

Kaufman, S.B. (2009). The truth about the 'Termites'. Psychology Today. Available at:https://www.psychologytoday.com/blog/beautiful-minds/200909/the-truth-about-the-termites

Biedinger, N. (2011). The influence of education and home environment on the cognitive outcomes of preschool children. Germany Child Development Research Volume, Article ID 916303

Moffitt, T.E. et al. (2011). A gradient of childhood self-control predicts health, wealth, and public safety. Proc. Natl Acad. Sci. 108, 2693–2698

Mischel, W., Shoda, Y. and Rodriguzez, M.L.(1989). Delay of gratification in children. Science 244:933–938

Torrance, E. P. (1993). The beyonders in a thirty year longitudinal study of creative achievement. Roeper Review: A Journal on Gifted Education 15(3): 131–135

CHAPTER 6

Williams, R. (2014). Facebook's 71 gender options come to UK users. The Telegraph. Available at: www.telegraph.co.uk/technology/facebook/10930654/Facebooks-71-gender-optionscome-to-UK-users.html

Miss Tiffany Universe. Available at: www.misstiffanyuniverse.com

Stein, M.T., Zucker, K.J. and Dixon, S.D. (1997). Gender Identity, The Nurse Practitioner 22(12): 104

Berta, P. et al. (1990). Genetic evidence equating SRY and the testis-determining factor. Nature 348(6300): 448–450

Bermon, S and Garner, P. (2017). Serum androgen levels and their relation to performance in track and field: Mass spectrometry results from 2127 observations in male and female elite athletes. British Journal of Sports Medicine 51(17): 1309–1314

Park, D., et al. (2010). Male-like sexual behavior of female mouse lacking fucose mutarotase. BMC Genetics 11(1)

Langstrom, N., et al. (2010). Genetic and environmental effects on same-sex sexual behavior: a population study of twins in Sweden. Arch. Sex. Behav. 39(1): 75–80

Hamer, D.H., et al. (1999). Genetics and male sexual orientation. Science. 285(5429): 803

Ngun, T.C. and Vilain, E. (2014). The biological basis of human sexual orientation: Is there a role for epigenetics? Advances in Genetics 86: 167–184

Zietsch, B. et al. (2008). Genetic factors predisposing to homosexuality may increase mating success in heterosexuals. Evolution and Human Behavior 29(6): 424–433

Vasey, P. (2010). Study reveals potential evolutionary role for same-sex attraction. Psychological Science. Available at: www.psychologicalscience.org/news/releases/study-reveals-potential-evolutionary-role-for-same-sex-attraction.html

Barber, N. (2010) The secret of creativity: an oblique perspective. Why immigrants and gays are so creative. Psychology Today. Available at: https://www.psychologytoday.com/us/blog/the-human-beast/201009/the-secret-creativity-oblique-perspective

Bogaert, A.F. and Skorska, M. (2011). Sexual orientation, fraternal birth order, and the maternal immune hypothesis: A review. Frontiers in neuroendocrinology 32(2): 247–254

CHAPTER 7

Richards, J. (2014). Is the world becoming less religious and more secular? Quora. Available at: https://www.quora.com/Is-the-world-becoming-less-religious-and-more-secular

Singer, M. (2016). The mystery of the minimal cell, Craig Venter's new synthetic life form. Wired. Available at: https://www.wired.com/2016/03/mystery-minimal-cell-craig-venters-new-synthetic-life-form

Atran, S. and Norenzayan, A. (2004). Religion's evolutionary landscape: Counterintuition, commitment, compassion, communion. Behavioral and Brain Sciences 27 (6): 713–30

Shermer, M. (2004). The Science of Good and Evil. New York: Holt

McKee, M. (2005). Genes contribute to religious inclination. New Scientist. Available at: https://www.newscientist.com/article/dn7147-genes-contribute-to-religious-inclination

Hol-Lunstad, J and Smith, T.B. (2016). Loneliness and social isolation as risk factors for CVD: Implications for evidence-based patient care and scientific enquiry. Heart 102(13): 987–989.

Bartholomew, R. (2017). Why are females prone to mass hysteria? Psychology Today. Available at: https://www.psychologytoday.com/us/blog/its-catching/201703/why-are-females-pronemass-hysteria

Paxman, J. (2017). Jeremy Paxman on the Church of England's fight to survive. Financial Times. Available at: https://www.ft.com/content/fced3f20-9294-11e7-a9e6-11d2f0ebb7f0

Ecklund, E. H. (2010) Science vs. Religion: What Scientists Really Think. New York: Oxford University Press

CHAPTER 8

Bennett, M.P., Zeller, J.M., Rosenberg, L. and Mc-Cann, J. (2003). The effect of mirthful laughter on stress and natural killer cell activity. Altern. Ther.Health Med. Mar.–Apr. 9(2): 38–45

Rosenkranz, M.A. et. al. (2003). Affective style and in vivo immune response: Neurobehavioral mechanisms. Proc Natl Acad Sci USA 100, 11148–11152

Laughing 100 times is equivalent to 15 minutes of exercise on a stationary bicycle (2016). The Fact Speak. Available at: www.thefactspeak.com/laughing-100-times-equivalent-exercise

Hayashi, T. and Murakami, K. (2009). The effects of laughter on post-prandial glucose levels and gene expression in type 2 diabetic patients. Life Sci. 31.85(5–6): 185–187

Gendry, S. (2016). Social benefits of laughter, improves cooperation, communication, romance. Laughter Online University. Available at: www.laughteronlineuniversity.com/social-benefits-laughter

Provine, Robert. (2000). Laughter: A Scientific Investigation. New York: Penguin

Joseph, J. (2008). World's oldest joke traced back to 1900 BC. Reuters. Available at: https://www.reuters.com/article/us-joke-odd/worlds-oldest-joketraced-back-to-1900-bc-idUSKUA14785120080801

Dickerson, K. (2015). Here's the funniest joke in the world. Business Insider. Available at: www.uk.businessinsider.com/heres-the-funniest-jokein-the-world-2015-9?r=US&IR=T

Freud, Sigmund (1905). Jokes and Their Relation to the Unconscious. Vienna: Franz Deuticke

LaFrance, M., Hecht, M.A. and Paluck, E.L.(2003). The contingent smile: A meta-analysis of sex differences in smiling. Psychol. Bull. Mar. 129(2): 305–334

Barker E. (2014) Science of Sexy: 5 things that can make you irresistible. Time. Available at: http://time.com/2859728/science-of-sexy-5-things-thatcan-make-you-irresistible

Liana, S.E., Hone, H., William and Lieberman, D.(2015). Sex differences in preferences for humor:A replication, modification. Evol. Psychol. 13(1):167–181

Mitchell, C.V. (2016). Male humor versus female humor – it's no April fool's joke. Huffington Post. Available at: https://www.huffingtonpost.com/carol-vallone-mitchell/male-humor-versus-female-_b_9558646.html

Hall, J.A. (2017). Humor in romantic relationships:A meta-analysis. Personal Relationships, 24(2):306–322

Ishiyama, S. and Brecht, M. (2016). Neural correlates of ticklishness in the rat somatosensory cortex. Science 354(6313):757–760

CHAPTER 9

Higham, T. et al. (2012). Testing models for the beginnings of the Aurignacian and the advent of figurative art and music: The radiocarbon chronology of Geißenklosterle. J.

Hum. Evol. 62(6)664–676

Donovan, L. (2016). Do dogs like listening to music? American Kennel Club. Available at: www.akc.org/content/news/articles/do-dogs-like-listening-to-music

Snowdon, C.T., Teie, D. and Savage, M. (2015). Cats prefer species-appropriate music. Applied Animal Behavior Science 166, 106–111

Pearce, J.M.S. (2005). Selected observations on amusia. European Neurology 54(3): 145–148

Peretz, I., Cummings, S. and Dube, M.P. (2007). The genetics of congenital amusia (tone deafness): A family-aggregation study. American Journal of Human Genetics 81(3): 582–588

Loui, P., Alsop, D. and Schlaug, S. (2009). Tone deafness: A new disconnection syndrome? Journal of Neuroscience 29 (33): 10215–10220

Masataka, N. and Perlovsky, L. (2013). Cognitive interference can be mitigated by consonant music and facilitated by dissonant music. Sci. Rep.3:2028; Perlovsky, L. (2015). Origin of music and embodied cognition. Front Psychol. 28:6: 538;

Perlovsky, L. et al. (2013). Mozart effect, cognitive dissonance, and the pleasure of music. Behav.Brain Res. 244:9–14

Perlovsky, L. (2015). How music helps resolve our deepest inner conflicts. The Conversation. Available at: https://theconversation.com/how-music-helps-resolve-our-deepest-inner-conflicts-38531

Bowling, D.L. et al. (2010) Major and minor music compared to excited and subdued speech. J. Acoust Soc. Am. 127, 491–503

Balkwill, L.L. and Thompson, W.F. (1999). A cross-cultural investigation of perception of emotion in music: Psychophysical and cultural cues. Music Percept. 17, 43–64

McDermott, Josh H. et al. (2016) Indifference to dissonance in native Amazonians reveals cultural variation in music perception. Nature 535, 547–550

Charnetski, C.J., Brennan, F.X. and Harrison, J.F.(1998). Effect of music and auditory stimuli on secretory immunoglobulin A (IgA). Percept. Mot.Skills 87(3): 1163–1170

Wachi, M., et al. (2007). Recreational music-making modulates natural killer cell activity, cytokines, and mood states in corporate employees. Med. Sci.Monit. 13(2): CR57–1170

Keeler, J.R. et al. (2015). The neurochemistry and social flow of singing: bonding and oxytocin. Front Hum. Neurosci. 23(9): 518; Moss, H., Lynch, J. and O'Donoghue, J. (2017). Exploring the perceived health benefits of singing in a choir: An international cross-sectional mixed-methods study. Perspect. Public Health. Nov. 1:1757913917739652

Yelbay Yilmaz, Y. (2011). The Mozart effect in the foreign language classroom – a study on the effect of music in learning vocabulary in a foreign language. International Journal on New Trends in Education and Their Implications 2, 88.

Bones, O. and Plack, C.J. (2015). Losing the music:Aging affects the perception and subcortical neural representation of musical harmony. J. Neurosci. 35(9): 4071–4080

Gullick, J.G., Kwan, X.X. (2015). Patient-directed music therapy reduces anxiety and sedation exposure in mechanically-ventilated patients: A research critique. Aust. Crit. Care. 28(2): 103–105

Brand, D. (2015). Calming music can relax patients and staff in the operating theatre. Nurs. Stand. 29(51): 30

CHAPTER 10

Maquet, Pierre A.A. et al. (2005). Brain Imaging on Passing to Sleep. In Parmeggiani and Velluti (eds) The Physiologic Nature of Sleep. London: Imperial College Press

Siegel, J.M. (2005). Clues to the functions of mammalian sleep. Nature 437(7063): 1264–1271

Cespuglio, R., Colas, D. and Gautier-Sauvigne, S. (2005). Energy Processes Underlying the Sleep Wake Cycle. In Parmeggiani and Velluti (eds) The Physiologic Nature of Sleep. London: Imperial College Press

Xie, L. et al (2013). Sleep drives metabolite clearance from the adult brain. Science 342(6156):373–377.

Naska, A. et al. (2007). Siesta in healthy adults and coronary mortality in the general population. Archives of Internal Medicine 167(3): 296–301

How much sleep do we really need? (2018). Sleep Foundation. Available at: https://sleepfoundation.org/how-sleep-works/how-much-sleep-do-we-really-need

Liu, Y. et al. (2013) Sleep duration and chronic diseases among US adults age 45 years and older: Evidence from the 2010 behavioral risk factor surveillance system. Sleep 36(10), 1421–1427

Swanson, C.M. et al. (2017). Bone turnover markers after sleep restriction and circadian disruption: A mechanism for sleep-related bone loss in humans. J. Clin. Endocrinol. Metab 102(10):3722–3730

International Bedroom Poll (2013). Sleep Foundation. Available at: https://sleepfoundation.org/sites/default/files/RPT495a.pdf

Walch, O.J, Cochran, A. and Forger D.B (2016). A global quantification of 'normal' sleep schedules using smartphone data. Science Advances 2(5)

Vitaterna, M.S., Takahashi, J.S. and Turek, F.W. (2001). Overview of circadian rhythms. Alcohol Research and Health 25(2): 85–93

Bass, Joseph (2012). Circadian topology of metabolism. Nature 491 (7424): 348–356

Toh, K.L. et al. (2001). An hPer2 phosphorylation site mutation in familial advanced sleep phase syndrome. Science 291, 1040–1043

Jaffe, E. (2015) Morning people vs. night owls: 9 insights backed by science. Co.Design. Available at: www.fastcodesign.com/3046391/morning-peoplevs-night-people-9-insights-backed-by-science

Man, K., Loudon, A. and Chawla, A. (2016). Immunity around the clock. Science

354(6315):999–1003

He, Ying et al (2009). The transcriptional repressor DEC2 regulates sleep length in mammals. Science 325(5942):866–870

CHAPTER 11

Cullen, P. (2016). Ireland's obesity rate among world's worst. Irish Times. Available at: https://www.irishtimes.com/news/health/ireland-s-obesity-rate-among-world-s-worst-1.2594266

Ramos-Lobo, A.M., Donato, J. (2017). The role of leptin in health and disease. Temperature 26:4(3):258–291

Bouret, S.G. (2017). Development of Hypothalamic Circuits That Control Food Intake and Energy Balance. In Harris, R.B.S. (ed.) Appetite and Food Intake: Central Control. 2nd edition. Oxford Taylor Francis; Zanchi, D. et al. (2017). The impact of gut hormones on the neural circuit of appetite and satiety: A systematic review. Neurosci. Biobehav. Rev. 80:457–475

Søberg, S. et al. (2017). FGF21 is a sugar-induced hormone associated with sweet intake and preference in humans. Cell Metabolism 25, 1045–1053

Obert, J. et al. (2017). Popular weight loss strategies: A review of four weight loss techniques. Curr. Gastroenterol. Rep. 19(12):61

Fleming, A. (2015). Pregnancy food: What you eat can affect your child for life. The Guardian. Available at: https://www.theguardian.com/lifeandstyle/2015/jun/15/pregnancy-food-affect-child-eating-healthily-obesity

Stewart, P.C. and Goss, E. (2013). Plate shape and colour interact to influence taste and quality judgments. Flavour 2:27

Singh, S.B. et al. (1997). High altitude effects on human taste intensity and hedonics. Aviat. Space Environ. Med. 68(12):1123–1128

Heid, M. (2016). You asked: Should I be nervous about lab-grown meat? Time. Available at: www.time.com/4490128/artificial-meat-protein

Loizos, C. (2017). Impossible Foods just raised $75 million for its plant-based burgers. TechCrunch. Available at: https://techcrunch.com/2017/08/01/impossible-foods-just-raised-75-million-for-its-plant-based-burgers/

Oaklander, M. (2013). 11 most fraudulent foods. Prevention. Available at: https://www.prevention.com/food/healthy-eating-tips/food-fraud-11-most-common-cases

Ni Aodha, G. (2017). How did Ireland's horsemeat scandal spark a Europe-wide investigation? TheJournal.ie. Available at: www.thejournal.ie/horsemeat-scandal-explainer-3499580-Jul2017/

CHAPTER 12

Ma, H. et al. (2017). Correction of a pathogenic gene mutation in human embryos.

Nature 548, 413–419

Servick, K. (2017) CRISPR slices virus genes out of pigs, but will it make organ transplants to humans safer? Science. Available at: www.sciencemag.org/news/2017/08/crispr-slices-virus-genes-out-pigs-will-it-make-organ-transplants-humans-safer

Chen, R. et al. (2016). Analysis of 589,306 genomes identifies individuals resilient to severe Mendelian childhood diseases. Nature Biotechnology 34, 531–538

Naranbhai, V. and Carrington, M. (2017). Host genetic variation and HIV disease: from mapping to mechanism. Immunogenetics. 69(8-9): 489–498

Klein, G. (2016). Toward a genetics of cancer resistance. Proc. Natl Acad. Sci. USA 106, 859–867

Hough, A. (2010) Britain's 'oldest smoker' dies after puffing on cigarettes for 95 years. The Telegraph. Available at: www.telegraph.co.uk/news/health/news/7941676/Britains-oldest-smoker-dies-after-puffing-on-cigarettes-for-95-years.html

Galbraith, A. (2016). Can genetics explain the success of East African distance runners? The Conversation. Available at: www.theconversation.com/can-genetics-explain-the-success-of-east-african-distance-runners-62586

Yamamoto, H. et al. (2011). NCoR1 is a conserved physiological modulator of muscle mass and oxidative function. Cell. 147(4): 827–39

Ahlstrom, D. (2016) The science behind superheroes' powers. Irish Times. Available at: https://www.irishtimes.com/news/science/the-science-behind-superheroes-powers-1.2619521

CHAPTER 13

Aberystwyth and Cambridge universities – Robot ferments fresh findings. (2009). Times Higher Education. Available at: https://www.timeshighereducation.com/news/aberystwyth-and-cambridge-universities-robot-ferments-fresh-findings/406064.article

Extance, A. (2015). Robot scientist discovers potential malaria drug. Scientific American. Available at: https://www.scientificamerican.com/article/robot-scientist-discovers-potential-malaria-drug/

Makary, M.A. and Daniel, M. (2016). Medical error – the third leading cause of death in the US. BMJ 353:i2139

Cunninghan, S.A. et al. (2008). Doctors' strikes and mortality: A review. Soc. Sci. Med. 67(11): 1784–1788

Muro, M. and Andes, S. (2015). Robots seem to be improving productivity, not costing jobs. Harvard Business Review. Available at: https://hbr.org/2015/06/robots-seem-to-be-improving-productivity-not-costing-jobs

Palermo, E. (2014). Robot 'army' can swarm into 3D formations. Life Science. Available at: https://www.livescience.com/47359-robot-swarms-build-structures.html

Ohnsman, A. (2017) At $1.1 billion Google's self-driving car moonshot looks like a

bargain. Forbes. Available at: https://www.forbes.com/sites/alanohnsman/2017/09/15/
at-1-1-billiongoogles-self-driving-car-moonshot-looks-like-a-bargain/#a05ff4f57bbf

Frey, F. (2017) 25 shocking predictions about the coming driverless car era in the
U.S. Futurist Speaker. Available at: www.futuristspeaker.com/job-opportunities/25-
shocking-predictions-aboutthe-coming-driverless-car-era-in-the-u-s/

Google founder defends accident records of self-driving cars. (2015) Associated Press.
Available at: www.latimes.com/business/la-fi-google-cars-20150603-story.html

Moral Machine. Available at: www.moralmachine.mit.edu

CHAPTER 14

Harari, Y. (2014). Sapiens: A Brief History of Humankind. New York: Harper

What is the International Space Station? (2001). NASA. Available at: https://www.nasa.
gov/audience/forstudents/k-4/stories/nasa-knows/what-is-the-iss-k4.html; How could
the Large Hadron Collider unlock other dimensions? (2017). Wired. Available at: www.
wired.co.uk/article/large-hadron-collider-explained

Payette, J. (2012). Research and diplomacy 350kilometers above the earth: lessons from
the international space station. Science & Diplomacy 1(4)

Kelly, S. (2017). Endurance: A Year in Space, A Lifetime of Discovery. New York:
Doubleday

Astronaut bids farewell with Bowie cover version(2013) BBC. Available at: http://www.
bbc.com/news/av/science-environment-22506395/astronaut-bids-farewell-with-bowie-
cover-version

The Large Hadron Collider. CERN. https://home.cern/topics/large-hadron-collider

Highfield, R. (2008). Large Hadron Collider: Thirteen ways to change the world. The
Daily Telegraph. Available at: https://www.telegraph.co.uk/news/science/large-hadron-
collider/3351899/Large-Hadron-Collider-thirteen-ways-to-changethe-world.html

CHAPTER 15

Chan Zuckerberg Foundation. Available at:https://chanzuckerberg.com

Barberis, I. et al. (2017). The history of tuberculosis: From the first historical records to
the isolation of Koch's bacillus. J. Prev. Med. Hyg. 58(1): E9–E12

History of drinking water treatment. Centre for Disease Control. Available at: https://
www.cdc.gov/healthywater/drinking/history.html

Hajj Hussein, I. et al. (2015). Vaccines through centuries: major cornerstones of global
health. Front Public Health 3:269

Sinicki, A. (2018) Top 10 greatest medical discoveries of all time. Health Guidance.
Available at:www.healthguidance.org/entry/16851/1/top-10-greatest-medical-
discoveries-of-all-time.html

Hammarsten, J.F. et al. (1979). Who discovered smallpox vaccination? Edward Jenner or

Benjamin Jesty? Transactions of the American Clinical and Climatological Association. 90:44–55

Lobanovska, M. and Pilla, G. (2017). Penicillin's discovery and antibiotic resistance: Lessons for the future? Yale J. Biol. Med. 90(1): 135–145; Ban, T.A.(2006). The role of serendipity in drug discovery. Dialogues Clin. Neurosci. 8(3): 335–44

HIV/AIDS. World Health Organisation. Available at: www.who.int/gho/hiv/en; Trickey, A. et. al.(2017). Survival of HIV-positive patients starting antiretroviral therapy between 1996 and 2013: A collaborative analysis of cohort studies. Lancet 4, No. 8, e349–e356; Mandal, A. (2014). History of AIDS. News Medical. Available at: https://www.news-medical.net/health/History-of-AIDS.aspx

Cullen, P. (2014) Cancer survival rates higher than ever, says report. Irish Times. Available at: https://www.irishtimes.com/news/health/cancer-survival-rates-higher-than-ever-says-report-1.2041527; Cancer survival statistics. Cancer Research UK. Available at: www.cancerresearchuk.org/health-professional/cancer-statistics/survival

Sukari, A. et al. (2016). Cancer immunology and immunotherapy. Anticancer Res. 36(11):5593–5606; Edwards, E. (2017). Hundreds of cancer patients may benefit from breakthrough drug. Irish Times. Available at: https://www.irishtimes.com/news/health/hundreds-of-cancer-patientsmay-benefit-from-breakthrough-drug-1.3248595

Sarusi, D. (2017) 10 things chimpanzees eat. Jane Goodall Institute. Available at: https://janegoodall.ca/our-stories/10-things-chimpanzees-eat/

Ebbell, B. and Banov, L. (1937). The Papyrus Ebers: The greatest Egyptian medical document. Copenhagen: Levin & Munksgaard.

Gertrude B. Elion – Biographical. Nobelprize.org.Available at: https://www.nobelprize.org/nobel_prizes/medicine/laureates/1988/elion-bio.html

Redman, M. et al. (2016) What is CRISPR/Cas9? Archives of Disease in Childhood. Education and Practise edition, 101, 213–215

Hong, Ma et. al. (2017). Correction of a pathogenic gene mutation in human embryos. Nature 548, 413–419

Liu, X et al. (2008) Yamanaka factors critically regulate the developmental signalling network in mouse embryonic stem cells. Cell Res 18, 1177–1189

CHAPTER 16

Longo, V.D. et al. (2012). Replicative and chronological aging in saccharomyces cerevisiae. Cell. Metabolism 16, 18–31

How quickly do different cells in the body replace themselves? Cell Biology by the Numbers. Available at: www.book.bionumbers.org/how-quicklydo-different-cells-in-the-body-replace-themselves

List of countries by life expectancy. Wikipedia. Available at: https://en.wikipedia.org/wiki/List_of_countries_by_life_expectancy

Chan, C. (2013). How many heartbeats does each species get in a lifetime? Gizmodo. Available at:https://gizmodo.com/5982977/how-many-heartbeats-does-each-species-get-in-a-lifetime

Watts, G. (2011). Leonard Hayflick and the limits of ageing. The Lancet. 377 (9783): 2075

Shay, J.W. (2017). Telomeres and aging. Curr. Opin. Cell. Biol. 52: 1–7

Miranda-Vizuete, A. and Veal, E.A. (2017). Caenorhabditis elegans as a model for understanding ROS function in physiology and disease. Redox. Biol. 11: 708–714;

Williams, M.E. (2016). Oxygen and aging. Psychology Today. Available at: https://www.psychologytoday.com/blog/the-artand-science-aging-well/201609/oxygen-and-aging;

Srivastava, S. (2017). The mitochondrial basis of aging and age-related disorders. Genes (Basel) 8(12). pii: E398

Pasternak, H. and Moser, L. (2010). The 5-Factor World Diet. New York: Ballantine Books

Gallacher, D. and Gallacher, J. (2011) Are relationships good for your health? Student BMJ 19

Tissenbaum H.A. (2015) Using C.elegans for aging research. Invertebr Reprod Dev 59: 59–63

Cockburn, H. (2016). Scientists find 'key to longevity' in Italian village. The Independent. Available at: www.independent.co.uk/life-style/health-and-families/health-news/scientists-key-to-longevity-italy-acciaroli-centenarian-mediterranean-diet-a7230956.html

Harrison, D.E. et al. (2009) Rapamycin fed late in life extends lifespan in genetically heterogenous mice. Nature 460, 392–395

Zhang, G. et al. (2013). Hypothalamic programming of systemic ageing involving IKK-ß, NF-KB and GnRH. Nature 497(7448): 211–216

Youm, Y.H. et al. (2013). Canonical Nlrp3 inflammasome links systemic low-grade inflammation to functional decline in aging. Cell. Metab. 18(4)519–32

Web Clock of Child Population in Japan. Available at: http://mega.econ.tohoku.ac.jp/Children/index_en_2015.jsp

Dronsfield, A. and Ellis, P. (2011) Drug discovery: Metformin and the control of diabetes. Royal Society of Chemistry. Available at: www.rsc.org/images/eic_nov2011_metformin_tcm18-210010. pdf; Bannister, C.A. et al. (2014). Can people with type 2 diabetes live longer than those without? Diabetes Obes. Metab. 16(11): 1165–1173

Conese, M. et al. (2017). The fountain of youth: a tale of parabiosis, stem cells, and rejuvenation. Open Med. (Wars). 28(12): 376–383

Weller, C. (2017) Here are the ages you peak at everything throughout life. Business Insider. Available at: www.businessinsider.fr/us/best-agefor-everything-2017-3/

Stone, A.A. et al. (2010). A snapshot of the age distribution of psychological well-being in the United States. Proc. Natl Acad. Sci. USA 107(22): 9985–9990

CHAPTER 17

Jordan, A. (2018). Death and disease in Ireland: We reveal the nation's top 10 killer illnesses. Irish Mirror. Available at: www.irishmirror.ie/news/irish-news/health-news/ death-disease-ireland-reveal-nations-5494134

Emonds, M. (2009) How Dying Works. How Stuff Works. Available at: https://health howstuffworks.com/diseases-conditions/death-dying/dying3.htm

Sleutjes, A. et al. (2014) Almost 40 years investigating near-death experiences: an overview of mainstream scientific journals. J. Nerv. Ment. Dis. 202: 833–836

Death Clock. Available at: www.death-clock.org

Fischer, K. et al. (2014). Biomarker profiling by nuclear magnetic resonance spectroscopy for the prediction of all-cause mortality: An observational study of 17,345 persons. PLoS Med. 11(2)e1001606

Janaway, R.C., Percival, S.L. and Wilson, A.S. (2009). Decomposition of Human Remains. In Percival, S.L. (ed.), Microbiology and Aging. New York: Springer, pp. 13–334

Villet, M.H., Amendt, J. (2011). Advances in Entomological Methods for Estimating Time of Death. In Turk, E.E. (ed.), Forensic Pathology Reviews. New York: Springer, pp. 213–238

Page, D. (2010). LABRADOR: New alpha dog in human remains detection? Forensic. Available at:https://www.forensicmag.com/article/2010/06/labrador-new-alpha-dog-human-remains-detection

Pozhitkov, A.E. et al. (2017). Tracing the dynamics of gene transcripts after organismal death. Open Biol. 7(1): 160267

CHAPTER 18

Rayner, G. (2011). Girl, 14, who died of cancer cryogenically frozen after telling judge she wanted to be brought back to life 'in hundreds of years'. The Telegraph. Available at: www.telegraph.co.uk/news/2016/11/18/cancer-girl-14-is-cryogenically-frozen-after-telling-judge-she-w/

Varmon, V. (2013) How many people are currently estimated to be cryogenically frozen? Quora. Available at: www.quora.com/How-many-people-are-currently-estimated-to-be-cryogenically-frozen

Guide to cryonics procedures. Cryonics Institute. Available at: www.cryonics.org/ci-landing/guide-to-cryonics-procedures/

Thomson, H. (2016). Frozen rabbit kidneys could solve organ shortage for transplants. New Scientist. Available at: www.newscientist.com/article/2081623-frozen-rabbit-kidneys-couldsolve-organ-shortage-for-transplants

Fahy, G.M. (2009). Physical and biological aspects of renal vitrification. Organogenesis. 5(3): 167–175

Storey, K.B. (1990). Life in a frozen state: Adaptive strategies for natural freeze tolerance in amphibians and reptiles. Am. J. Physiol. 258(3 Pt 2): R559–68

Williams, C.T., Barnes, B.M. and Buck, C.L.(2016). Integrating physiology, behavior, and energetics: Biologging in a free-living arctic hibernator. Comp. Biochem. Physiol. A. Mol. Integr.Physiol. 202: 53–62

Kulcenty, K. et al. (2015). Molecular mechanisms of induced pluripotency. Contemp. Oncol. (Pozn).19(1A): A22–9

CHAPTER 19

Dunhill, A. (2017). Five mass extinctions – and what we can learn from them about the planet today. The Conversation. Available at: https://theconversation.com/five-mass-extinctions-andwhat-we-can-learn-from-them-about-the-planettoday-79971

Lane, N. (2016). The Vital Question: Why is Life the Way it is? (paperback ed.). London: Profile Books

Dinosaur Extinction. National Geographic. Available at: www.nationalgeographic. com/science/prehistoric-world/dinosaur-extinction

Mayhew, P.J., Jenkins, G.B. and Benton, T.G.(2008). A long-term association between global temperature and biodiversity, origination and extinction in the fossil record. Proceedings of the Royal Society B: Biological Sciences. 275 (1630):47–53

Wilde, P. and Berry, W.B.N. (1984). Destabilization of the oceanic density structure and its significance to marine 'extinction' events. Palaeogeography, Palaeoclimatology, Palaeoecology, 48(2–4): 143–162

Podsiadlowski, Ph. et al. (2004). The rates of hypernovae and gamma-ray bursts: Implications for their progenitors. Astrophysical Journal Letters 607: L17; Benitez, N. et al. (2002). Evidence for nearby supernova explosions. Phys. Rev. Lett. 88(8): 081101

Ceballos, G., Ehrlich, P.R. and Dirzo, R. (2017). Biological annihilation via the ongoing sixth mass extinction signaled by vertebrate population losses and declines. Proc. Natl Acad. Sci. USA 25, 114(30): E6089–E6096

CHAPTER 20

Roser, M. (2016). Proof that life is getting better for humanity, in 5 charts. Vox. Available at: https://www.vox.com/the-bigidea/2016/12/23/14062168/history-global-conditions-charts-life-span-poverty; Burkeman, O.(2017). Is the world really better than ever? The Guardian. Available at: https://www.theguardian.com/news/2017/jul/28/is-the-world-really-better-than-ever-the-new-optimists

Goodson, J.L. and Seward, J.F. (2015). Measles 50 years after use of measles vaccine. Infect. Dis. Clin. North Am. Dec. 29(4): 725–743

Saperstein, A.M. (1991). The 'Long Peace' – result of a bipolar competitive world? Journal of Conflict Resolution March 35(1): 68–79

옮긴이 김정아

사람과 세상이 궁금한 번역 노동자. 전산을 공부했고 IT 기업에서 일했다. 현재는 글밥아카데미 수료 뒤
바른번역 소속 번역가로 활동하고 있다. 옮긴 책으로는《왓츠 더 퓨처》《차이나 유스 컬처》《당신의 잠
든 부를 깨워라》《부자 교육》《통계학을 떠받치는 일곱 기둥 이야기》《초연결》등이 있다.

휴머놀로지
HUMANOLOGY

초판 1쇄 인쇄 2020년 1월 28일
초판 1쇄 발행 2020년 2월 7일

지은이 루크 오닐
옮긴이 김정아

펴낸이 김기훈 김진희
펴낸곳 (주)쎄듀
출판신고 2017년 4월 25일 제2017-000144호
주소 서울시 강남구 논현로 305 쎄듀타워
편집 (02)2088-0132 **마케팅** (02)3272-4763 **팩스** (02)702-0585
블로그 blog.naver.com/book_pause **이메일** book_pause@naver.com
인스타그램 book_pause **페이스북** bookthepause

ISBN 979-11-90623-00-1 03100

이 도서의 국립중앙도서관 출판예정도서목록(CIP)은 서지정보유통지원시스템 홈페이지(http://seoji.nl.go.kr)와 국가자료
공동목록시스템 (http://nl.go.kr/kolisnet)에서 이용하실 수 있습니다. (CIP제어번호: CIP2020002299)

파우제 는 ㈜쎄듀의 단행본 임프린트입니다.
잠시 멈추고 싶을 때 생각을 나누는 책을 펴냅니다.